促 学
成 理
才 论

CU XUE
CHENG LI
CAI LUN

做新时代坚定的
青年马克思主义者

—— 刘俊彦 常 青◎主编 王宝鑫 任志锋◎副主编 ——

北京联合出版公司
Beijing United Publishing Co.,Ltd.

图书在版编目（CIP）数据

学理论 促成才：做新时代坚定的青年马克思主义
者 / 刘俊彦，常青主编；王宝鑫，任志锋副主编 . --
北京：北京联合出版公司，2023.11
ISBN 978-7-5596-7251-3

Ⅰ.①学… Ⅱ.①刘… ②常… ③王… ④任… Ⅲ.
①青年—思想政治教育—研究—中国 Ⅳ.① D432.62

中国国家版本馆 CIP 数据核字（2023）第 191292 号

学理论 促成才：做新时代坚定的青年马克思主义者

主　　编：刘俊彦　常　青
副 主 编：王宝鑫　任志锋
出 品 人：赵红仕
责任编辑：管　文
版式设计：豆安国
责任编审：赵　娜

北京联合出版公司出版
（北京市西城区德外大街 83 号楼 9 层 100088）
北京华景时代文化传媒有限公司发行
北京文昌阁彩色印刷有限责任公司印刷　新华书店经销
字数 237 千字　　710 毫米 × 1000 毫米　　1/16　20.5 印张
2023 年 11 月第 1 版　　2023 年 11 月第 1 次印刷
ISBN 978-7-5596-7251-3
定价：59.80 元

本书编委会

主　编：

刘俊彦：中国青少年研究中心常务副主任、研究员，中国
　　　　青少年研究会常务副会长、秘书长

常　青：东北师范大学常委、副书记，副校长，教授

副主编：

王宝鑫：东北师范大学团委书记，副教授

任志锋：教育部高校思想政治工作创新发展中心（东北
　　　　师范大学）执行主任，东北师范大学思想政治
　　　　教育研究中心副主任，教授

编　委：

苏　峰：中国青少年研究会专职副秘书长，办公室主任

周　瑶：东北师范大学团委志愿者工作部部长，讲师

前　言

　　为深入学习宣传贯彻党的二十大精神，研究阐释习近平总书记关于青年工作的重要思想，中国青少年研究会、东北师范大学团委联合开展"学习宣传贯彻党的二十大精神，促进青年健康成长成才"理论征文活动。征文活动以习近平《论党的青年工作》为主要依据，聚焦习近平总书记关于青年成长成才重要论述，要求结合青年学生实际，由青年给青年谈体会、讲道理。征文活动得到东北师范大学学子的积极响应，组委会共收到文章240余篇，经过三轮评选和精心编辑，共有59篇高质量理论文章入选《学理论 促成才：做新时代坚定的青年马克思主义者》一书，内容涉及学研习近平总书记关于青年成长成才重要论述的方方面面。

　　第一部分谈"有理想"，因为志存高远方能登高望远。青年学子说："万变守其本，吾心持长青"，要"逢可为之时代，扬青春之朝气""怀拳拳赤子心，做时代弄潮儿"。

第二部分谈"爱祖国",因为爱国是立身之本,成才之基。青年学子说:"百年青运爱国心,满腔热血报中华""何愁难借东风势,凭力扶摇正当时",要"心怀'国之大者',以实干书写青春"。

第三部分谈"立大德",因为国无德不兴,人无德不立。青年学子说:"青年成才,立德为先""以德立身,正风勇进",要"炼品德修为,做正人君子""把修德作为立身、育人、兴国之本"。

第四部分谈"勤学习",只有下得苦功夫,才能求得真学问。青年学子说:"生逢其时重任在肩,刻苦学习实现价值""把学习作为首要任务",要"勤学苦练求真知""刻苦学习埋头苦练本领,锐意创新争做青年先锋"。

第五部分谈"勇担当",因为青年是中华民族伟大复兴的先锋力量。青年学子说:"让青春勇于担当""实现中国梦,吾辈在路上",要"以奋斗之楫,渡青春之舟""胸怀志气、骨气、底气,勇担民族复兴大任"。

第六部分谈"肯奋斗",因为幸福都是奋斗出来的。青年学子说:"练好内功强修养,不负韶华担使命""以奋斗姿态,展青春色彩",要"做永久奋斗的新时代青年""争做敢于斗争、善于斗争的模范青年"。

第七部分谈"谱华章"。青年学子说:"生逢新时代,要做好青年""让青春之花开遍时代的原野",要"向下扎根,向上生长""努力做大有作为的新时代好青年""以青年进步谱写时代华章"。

总体来看,《学理论 促成才:做新时代坚定的青年马克思主义者》以习近平新时代中国特色社会主义思想为指导,聚焦青年成长成才规律研究和阐释,联系当代青年尤其是大学生自身实际,观点正确、立意新颖，逻辑严谨、表述准确，文风朴实、语言流畅，有较强的感染力和说服力。本书可以作为"青马工程"学习培训的参考读物。期望本书的出版能够为促进当代青年健康成才，成长为新时代坚定的青年马克思主义者做出应有的贡献。

编者

2023 年 8 月

目 录

第四部分

勤学习：下得苦功夫，求得真学问

第七部分

谱华章：生逢新时代，要做好青年

有理想

志存高远方能登高望远

把握时代机遇，逐梦如歌岁月

理想乃人生之日，光耀毕生之岁月；青春乃人生之春，怒绽生命之华彩。聚焦新征程，建功新未来。吾辈青年正立于时代潮头，身处历史新阶段，被国家寄予期望，被人民寄予信任，为实现中华民族伟大复兴的伟大梦想，应当敢为人先、责无旁贷，把握时代机遇，开辟逐梦人生。

观悠悠兮千载之青史，源远流长；望浩浩兮万顷之山河，钟灵毓秀。我们不会忘记，现在脚下所站立的每一寸土地，都曾被无数革命先烈的鲜血浸透；现在头顶湛蓝的每一片天空，都有着无数高尚英灵的生命护佑。燹骨成丘，毋使铁蹄践国土，是他们的信念；溢血江河，不教侵略者辱寸疆，是他们的执着。极目远望，望不尽的是青山连绵；衷情表诉，诉不完的是荡气回肠。一生倥偬，半世伶俜，他们用自己激情燃烧的岁月，换来了如今的山河无恙。而他们心中亦有一个温柔而美好的梦，在那个梦里，人民安居乐业，充满欢声笑语，那是人们心中的"可爱的中国"——而我们何其幸运，恰好生于他们的梦中。看当今盛世海清河晏，看今朝岁月国泰民安，他们的梦已实现。历史的车轮滚滚向前，而华夏的传奇还等待继续谱写。英雄的故事不容亵渎，峥嵘的岁月怎能忘记？先辈之梦亦当是吾辈之梦，吾辈青年当秉承先辈遗志，胸怀爱国热忱，赓续红色基因，传承红色血脉，忠于党和国家，不负青春岁月，先立身，再立业，将爱国主义灌注至生活点滴之间，把民族精神熔铸到个人骨血之中，争当伟大理想的追梦人，争做伟大事业的生力军，为共产主义事业的蓬勃发展而奋斗，为中华民族伟大复兴而拼搏。

人民与国家唇齿相依、荣辱与共，而青年作为国家的未来，更是有着举足轻重的地位。因此，对于当今青年而言，更应当有目标，立远志，有宏愿，将个人梦想融入国家梦想，将个人志向联系社会需求，执着于所爱，奋力于所念，在追逐梦想中实现个人价值，在奉献社会中助力圆梦，在各行各业中发光发热，在各自领域内有所追求。以梦想为人生之舵，驶向光明前景；以志向为人生之马，奔赴可期未来。唯有怀有远大志向，才有可能看到美丽风景；唯有根植宏伟理想，才有机会激发无限潜能。每一个生命都有无限可能，每一种理想都有不同精彩，年少鲜衣怒马，坚信不负韶华，青年的梦想大可异彩纷呈，每一种色彩都将点缀世界，不必担忧自己的梦想与众不同，去追赶定能有所收获；不必担忧渴望的成功渺茫无期，敢想敢做定能有所作为。

天涯远矣，路漫漫兮，山高路远，梦以为期。当代青年的逐梦之路不会一帆风顺，亦应知晓通过何种方式实现理想，拥有哪些品质才能到达彼岸。

"追风赶月莫停留，平芜尽处是春山。"当代青年应该以实干为本，以拼搏作为青春的信条，将奋进视作岁月的勋章，躬行践履，行笃知明。世上没有什么成功能一蹴而就，也没有什么功绩可轻易获得，唯有脚踏实地，专心致志，才能克服万难，终有所成。空谈误国，实干兴邦。美好的理想必须努力才能实现，幸福的生活唯有付出才能获得。作为新时代青年，我们必须清楚，华丽的辞藻不能建筑理想的高楼，虚幻的空想不能成就伟大的世界，唯有每一个华夏儿女都付出努力，才能早日实现中华民族伟大复兴的中国梦。责有攸归，我辈来担，00后与90后的身影越来越多地出现在人们的面前，走在服务人民、奉献社会的前列，昭示着青年人正以自己的无私奉献和艰苦付出为社会和人民做出贡献：在科技攻关岗位奋力攀登，在抢险救灾前线冲锋陷阵，在奥运竞技赛场奋勇争先，在保卫祖国哨位威武守护……无数青年人正在实干中进步，在奉献中前进，也感召着更多青年人将青春投入有意义的事业之中，在实干中造福社会，认同自我，实现梦想。

"苟日新，日日新，又日新。"当代青年当以创新为标，以敏锐的思维另辟蹊径，用独特的视角解析世界，开阔视野，把握时代航标，才能缩短现实与梦想的距离。现如今，创新已经成为衡量国家实力的一大重要标准，故而要求我们青年也必须在这一层面有所作为、有所突破，不能拘泥于过去的模式，要敢于打破常规，把创新嵌入各行各业。徐悲鸿先生曾言："道在日新，艺亦须日新，新者生机也；不新则死。"中国青年必须具有前瞻意识，培养创新思维，在激烈的国际竞争中立足，大放异彩。同时，创新的含义也多种多样，创新可以是打破技术壁垒，精进生产方式；创新也可以是改革落后模式，一步步转型升级；创新甚至可以是提出全新见解，为其他人提供可能的思考角度……创新的多样性，在一定程度上也为青年创新提供了更多可能。习近平总书记指出："创新是一个民族进步的灵魂，是一个国家兴旺发达的不竭动力，也是中华民族最深沉的民族禀赋。在激烈的国际竞争中，惟创新者进，惟创新者强，惟创新者胜。"①而当今，也有一些科研院所、高校、企业以及社会人士在创新之路上稳步向前，为我国的创新事业源源不断地输入新鲜血液。同时我国实施创新驱动发展战略，也理当由更多人去践行。在这个信息爆炸的时代，青年人恰值人生芳华，有着活跃的思维和十足的勇气，理应成为改革创新的主力军，为国家创新事业贡献力量，也为自己圆梦增添可能。

"宝剑锋从磨砺出，梅花香自苦寒来。"当代青年当以坚忍为念，以百折不挠的意志面对困难，以愈挫愈勇的决心迎接风雨，磨炼自我，锻造灵魂。在逐梦之路上，青年人一定会经历狂风骤雨，而唯有敢于与其对弈的勇士，才能看到雨过天晴的七色霓虹。玉不雕琢难成器，铁经淬炼而为钢。当今青年唯有经历各种考验，才能更好地担当时代重任；唯有面对各种磨难，才能更好地培养高尚品格。船到中流浪更急，奋楫者总能率先竞渡；人到半山路更陡，志坚者终将傲视群山。苦难是造就人才的最佳法宝，挫折是铸就人才的必要前提。拥有面对失败的勇气，才能拥有面对成功的坦然。不经挫折的成功犹如没有蜡烛的灯笼，徒有其表，幽暗难明。而坚忍，亦向来是中华民族的高尚品格。苍天有损则补之，洪水肆虐则治之，天有九日则射之……由此观之，从远古伊始，中华民族就已是坚忍的民族，而吾辈青年，何不应当传承此坚忍之风骨？含沙作珠，罹火成凤，青年须咬定青山，任尔风起，如此，才能在梦想之路上愈行愈远，才能成为祖国所需的人才。

"国将兴，必贵师而重傅。"当代青年当以教育为基，把学而不倦

---

① 《习近平谈治国理政》第一卷，外文出版社2018年版，第59页。

的作风贯彻下去，将诲人不倦的信条秉持下去，立德树人，铸根培魂。教育是民族振兴和社会进步的重要基石。国家无教育而不立，民族无教育而难强，知识唯有通过教育才能传播，技能唯有通过教育才能获得，落实好教育事业，功在当代，利在千秋，同时也对新时代的人民教师提出更高的要求，没有好的教师，便没有好的教育，作为就读于师范院校的学生，更应该认识到自己肩负的时代重任。当然，我们也希望人民教师以外的其他青年以自己的方式践行科教兴国战略，通过自己的付出，将"自己所学""自己所会"变为"人人所学""人人所会"，让相关的知识与技能发挥出最大的社会价值。而唯有通过好的教育，才能培养出优秀的人才。

在这日新月异的时代中，人才的价值不可估量——面对各种各样的社会问题，层出不穷的科技难关，唯有人才能够解决，唯有人才能够突破。青年人才是国家战略人才力量的源头活水。习近平总书记指出，深入实施人才强国战略，坚持尊重劳动、尊重知识、尊重人才、尊重创造，完善人才战略布局，加快建设世界重要人才中心和创新高地，着力形成人才国际竞争的比较优势，把各方面优秀人才集聚到党和人民事业中来。[①]而我辈青年，也应当锤炼自身能力，提高自我修养，争取跻身世界一流人才行列，为国家排忧解难。同时，当代青年应时刻保持清醒，树立正确的世界观、人生观、价值观，积极向上地面对生活，理智得当地处理问题，清醒冷静地迎接挑战。唯有如此，才能在一寸光阴一寸金的青春年华中实现梦想、有所作为。

我们所处的时代，机遇与挑战并存，既有无比光明的发展前景，

---

① 参见《习近平著作选读》第一卷，人民出版社2023年版，第30页。

亦有足够艰巨的历史重任。"实现强国建设、民族复兴宏伟目标，需要全党全国各族人民包括广大青年团结一致、全力以赴，继续爬坡过坎、攻坚克难。"[①] "广大青年要坚定不移听党话、跟党走，怀抱梦想又脚踏实地，敢想敢为又善作善成，立志做有理想、敢担当、能吃苦、肯奋斗的新时代好青年，让青春在全面建设社会主义现代化国家的火热实践中绽放绚丽之花。"[②] 当代青年应以习近平总书记的希冀为目标，带着根植心中的底气，惊羡世界的才气，威武不屈的骨气，敢为人先的壮气，敢打敢拼的锐气，把握时代机遇，以强国有我的青春激情，不懈奋斗、永远奋斗，展现勇当先锋的青春气质，在强国建设、民族复兴伟业中挺膺担当。

东北师范大学化学学院 2022级本科生 石泽霖

---

① 《习近平在同团中央新一届领导班子成员集体谈话时强调 切实肩负起新时代新征程党赋予的使命任务 充分激发广大青年在中国式现代化建设中挺膺担当》,《人民日报》2023年6月27日。
② 《习近平著作选读》第一卷，人民出版社2023年版，第58页。

万变守其本，吾心持长青

理想因其远大而为理想，信念因其执着而为信念。有了理想信念，才能拥有"忠诚印寸心，浩然充两间"的赤胆忠心，才能激发"为中华之崛起而读书"的使命担当，才能开阔"不为浮云遮望眼"的视野胸襟，才能坚守"任尔东西南北风"的定力。作为新时代的青年人，只有在波谲云诡中坚守自己的本心，永葆那颗长青的初心，才能在实现中华民族伟大复兴的新征程中绽放人生光彩，谱写青春之歌。

当我们站在理想信念的高地上，我们就能在锻造意志、淬炼品质中点亮一盏观往知来、察形辨势的引路明灯，找到一处源源不断、精进不怠的力量源泉，获得一双明辨是非、直击本质的敏锐慧眼，从而让理想引领我们迈向正确的人生道路，让信念促成我们实现崇高的事业成就。

一个国家、一个民族只有树立起统一的理想和信念，才能经受住任何困难考验和艰难险阻，从而在国家繁荣、民族振兴的道路上畅通无阻，一往无前。

回望历史长河，革命先驱们坚守于初心，砥砺于信仰，无悔于付出，无畏于奉献，面对艰难险阻，前仆后继以从之、大义凛然以赴之、殚精竭虑以谋之。工人领袖苏兆征在长期艰苦的斗争和紧张的工作中鞠躬尽瘁，最终积劳成疾，而他留下的最后遗言是："大家同心协力，达到革命的胜利！"无产阶级革命家方志敏身陷囹圄，心有期许，赴死前仍高喊："敌人只能砍下我们的头颅，决不能动摇我们的信仰！"老一辈革命家正是因为拥有极为坚定的理想信念，才会在流血和牺牲面前毫不畏惧，沉着冷静，为了崇高的事业和伟大的目标甘愿奉献自己、燃烧自己。正是这种对自身理想信念的坚信与坚守，使得革命先辈们坚信共产党可以"冲决历史之桎梏，涤荡历史之积秽，新造民族之生命，挽回民族之青春"。朱德放弃了高官厚禄，不远万里赴西欧找寻共产主义的真理，终于得偿所愿。贺龙在革命最低潮时，仍坚定加入共产党，先后递交了八次入党申请书。他们不仅忠诚于理想信念，更忠诚于人民，坚信将自己的生命"溶化在大众的里面"，事业就是不死的，自己就会成为"永久的青年"。于是，瞿秋白面对敌人的枪口，席地盘腿而坐，点头微笑，只留下一句："此地很好！"便英勇就义。工人领袖李立三告诉工人"劳工不可辱"，为工人运动奋斗终生。出身大地主家庭的彭湃，作为农民革命运动的先导者，一把火烧掉了家里所有地契，成为中国农民运动的一座光辉丰碑。是什么让他们在漫漫黑夜中不畏艰险、勇往直前，带着光芒照亮人间，却又先带着热忱的心离去？是晦涩难懂的理论、崇高深邃的思想，也是知识，更是理想信念。史书上的几笔绘就了他们奋斗的一生，白纸黑字，却沁满了希望与光明。

再看今朝，无数怀揣着崇高信仰和坚定理想的共产党员屹立在实现民族复兴和国家富强的战斗第一线。正如投身教育扶贫，点亮贫困山区女孩梦想的校长张桂梅，"我生来就是高山而非溪流，我欲于群峰之巅俯视平庸的沟壑。我生来就是人杰而非草芥，我站在伟人之肩藐视卑微的懦夫"，这是她所创办的华坪女子高级中学誓言。她给予孩子们的不仅是汲取知识、改变命运的机会，更向她们传递了一种渴望实现人生理想、树立奋斗信念的意志。在科研事业方面，还有历经22年艰难困苦为国打造重器的"中国天眼之父"南仁东，他从壮年走到暮年，为中国科学事业奋斗到生命最后一刻，用行动诠释了理想信念凝聚的强劲力量和使命担当。还有竭尽一生都为实现禾下乘凉梦的袁隆平院士。他是一位真正的耕耘者，当他还是一位乡村教师的时候，已经具有颠覆世界权威的胆识；当他名满天下的时候，却仍专注于田畴。袁隆平的禾下乘凉梦不只是一份责任和担当，更是共产党员身上最宝贵的理想和信念，正因他坚守了这份理想信念，才使得我们不再担忧日常生活中的一粥一饭。

坚定理想信念，要有"虽千万人，吾往矣"的气魄，还要有"精感石没羽，岂云惮险艰"的坚忍，更要有"人生如逆旅，我亦是行人"的豁达。有多坚定的理想信念，就有多勇毅的行动；有多强大的意志，就有多光明的未来。时代的责任已赋予青年，时代的光荣也属于青年，青年人只有树立与时代发展同向同行的理想信念和价值情操，不负党和人民的重托和期望，向下扎根，向上生长，才能让青春的理想信念在新时代的广阔天地中绽放。最美的青春年华能够怀抱着燃烧的理想信念，带着一往无前的勇气，以自己青春之朝气去唤醒整个社会的青春之魂，这便是新时代青年在红色理想信念引领下应达成的使命和任务。

理想信念指引青年奋斗方向

习近平总书记在庆祝中国共产主义青年团成立100周年大会上的

重要讲话中，对广大青年团员提出了要做"五个模范"的要求，排在首位的就是"做理想远大、信念坚定的模范"。习近平总书记强调："要加强对广大青年的理想信念教育，引导广大青年树立共产主义远大理想，坚定中国特色社会主义共同理想，坚定听党话、跟党走的政治信念，在强国建设、民族复兴的历史潮流中确立正确的人生目标，为一生的奋斗奠定基石。"[①]中华民族的共同理想就是实现中华民族伟大复兴，为了完成这一历史使命和艰巨任务，广大青年就应从胸怀祖国、心系人民做起，在奋斗的过程中坚定理想信念去实现伟大目标。身为新时代青年，我们要坚定道路自信、理论自信、制度自信、文化自信，要传承爱国主义精神和红色基因，更要学习英雄模范，方能汇聚属于青年人理想信念的磅礴伟力。

理想信念照亮青年前进道路

在当今纷乱繁杂的时代背景下，青年人会在成长和发展的过程中面临来自社会的诱惑、西方国家的影响，思想观念和价值选择日趋多元多变，难以避免会在理想和现实、主义和问题、民族和世界面前产生疑惑和困顿，这时只有充分坚定心中的理想信念，抛开物质的、欲念的束缚，去追求更崇高更伟大的理想，才能摒弃前行路上的杂念，在奋发有为中践行初心使命。

[①] 《习近平在同团中央新一届领导班子成员集体谈话时强调 切实肩负起新时代新征程党赋予的使命任务 充分激发广大青年在中国式现代化建设中挺膺担当》，《人民日报》2023年6月27日。

理想信念坚定青年人生航向

只有与党同心、与祖国和人民同行，广大青年才能有建功立业的广阔舞台，才能在追求大我中找准小我的人生航向。青年只有在坚定的理想信念引领下才有正确的发展方向，才能将自身的发展轨迹同党和人民的需要结合起来，从而拥有更广阔的舞台来施展才干，实现梦想。广大青年还要在实践中充分锤炼自身优良作风、提升斗争本领，做社会主义核心价值观的坚定信仰者、积极传播者和模范践行者，真正将理想信念外化于为人民服务的具体实践中，在青春赛道上再创佳绩。

新时代中国青年要坚定理想信念，在学习贯彻习近平新时代中国特色社会主义思想中把牢青春航向。习近平新时代中国特色社会主义思想，是当代中国马克思主义、二十一世纪马克思主义，是中华文化和中国精神的时代精华，实现了马克思主义中国化时代化新的飞跃，是党和国家必须长期坚持的指导思想。习近平新时代中国特色社会主义思想在实践中产生、经过实践检验、富有实践伟力，指引党和国家事业取得历史性成就、发生历史性变革，是新时代新征程上凝聚党心军心民心、指导民族复兴大业的光辉旗帜。真理之光点亮青春之路。新时代中国青年坚定理想信念，要坚持不懈用习近平新时代中国特色社会主义思想武装头脑，掌握习近平新时代中国特色社会主义思想的精神实质、丰富内涵、实践要求和贯穿其中的立场观点方法，在波澜壮阔的时代洪流中铸牢听党话、跟党走的立身之本和政治之魂，把牢走中国特色社会主义道路、为共产主义远大理想不懈奋斗的政治方向，让青春充满真理的力量，让真理在青春的奋斗中迸发出更为强劲的伟力。

万变守其本，吾心持长青。坚定理想信念，既不能一蹴而就，也不是一劳永逸的，而是要在斗争实践中不断砥砺、屡经考验。这是一个终身的课题，不仅需要长修长炼，更要信一辈子、守一辈子。伟大的时代呼唤伟大的精神，崇高的事业需要崇高的信念，老一辈革命家从历史深处而来，一路披荆斩棘，一路高歌猛进，用鲜血和生命践行着对理想信念的承诺。作为新时代青年，不仅要传承这种理想信念，更要用实际行动表达出对祖国和人民的赤诚忠心，在千变万化的时代潮流中保持本我、永葆初心，奔赴祖国需要的地方建功立业，成长为"有理想、敢担当、能吃苦、肯奋斗"的新时代好青年，在波澜壮阔的新征程上奋楫扬帆、破浪前行。

东北师范大学经济与管理学院 2019级本科生 许泽坤

坚定理想信念、锤炼精神品质、永葆传承创新

在庆祝中国共产党成立100周年大会上的重要讲话中，习近平总书记寄语青年："新时代的中国青年要以实现中华民族伟大复兴为己任，增强做中国人的志气、骨气、底气，不负时代，不负韶华，不负党和人民的殷切期望！"①

志气、骨气、底气是朝乾夕惕的姿态、一往无前的状态、胸有成竹的心态。早在《说文解字》中，就对"三气"的内涵有了明确界定。其中"气"即云气也，后引申为精神特质、态度、风格。在中华传统文化中，"气"是一个非常重要的概念，常用来表示可贵的精神、优良的品格和崇高的理想。"志"即意也，本义指意念、心意，后引申为意向、目标。孟子教育他的弟子公孙丑："夫志，气之帅也；气，体之充也。""持其志，无暴其气。""志壹则动气，气壹则动志也。"孟子认为，"志"统帅着"气"，"志"在人的精神世界中占据主导地位，人们的心志关注到哪里，意气就会汇聚到哪里。因此，心志专一就能调动意气，意气专一也能触动心志。志气，指心志气力，后多指积极上进

---

① 《习近平著作选读》第二卷，人民出版社2023年版，第488页。

或做成某事的决心和勇气。"骨"即肉之核也，本义指人或动物的骨骼，后引申为人的品格、气质等。骨气，指体貌气质，后多指刚强不屈、迎难而上的人格及操守。"底"即山居也，本义指最下面的部分，后引申为根基、基础。底气，指说、唱时由胸腔腹腔共鸣产生的力气，后多指劲头或基本的信心和力量。

增强志气、骨气、底气是实现中华民族伟大复兴的必然要求。100多年来，全国各族人民在中国共产党的团结带领之下，不畏强权、敢于亮剑，不怕牺牲、浴血奋战，一代代人的接续奋斗为实现中华民族伟大复兴提供了可能、创造了条件、构筑起保障。特别是中国特色社会主义新时代的开创及其取得的伟大成就，使完成民族伟大复兴成为新时代我们党和人民最重要的历史任务。虽然我们已经取得了震惊世界的辉煌成就，但习近平总书记仍不忘在讲话中多次提醒我们，"中华民族伟大复兴，绝不是轻轻松松、敲锣打鼓就能实现的"，为我们指出了完成民族伟大复兴历史任务必然要面对的各种风险和挑战，在前进道路上我们面临的风险考验只会越来越复杂，甚至会遇到难以想象的惊涛骇浪。当前，世界正处于百年未有之大变局，人类正处在大发展大变革大调整时期，我国社会主要矛盾表现为人民日益增长的美好生活需要和不平衡不充分的发展之间的矛盾，在复杂的世情、国情、党情交织背景下，如何保持党同人民群众的血肉联系？如何保持党的先进性和纯洁性？如何保持一往无前的动力？……是时代之问。所有这些，都要求我们在完成民族复兴的历史任务的新征程中要善于从党的百年奋斗历程中汲取智慧和力量。要求我们坚定不移地走中国道路，要求我们理直气壮地坚定"四个自信"，要求我们不断增强做中国人的志气、骨气、底气。

青年向上，国家向前。"青年是整个社会力量中最积极、最有生气的力量，国家的希望在青年，民族的未来在青年。"①刘长晓靠种养殖致富，脱贫奔了小康，他不忘初心，敢于担当，勇于作为，带领村民过好日子，让陡沟村在乡村振兴中实现跨越发展；于新辰，执行100多次发射任务，和同志们一起浇灌出了"嫦娥"探月、"北斗"组网、"天链"升空、"风云"观天的成功之花；杨倩首次参加奥运会，便以出色的成绩摘得两块金牌；全红婵首次参加奥运会，就以"三跳满分"，勇夺跳水女子10米台金牌……一代人有一代人的长征，一代人有一代人的担当。中国青年的价值理想始终是与国家前途、民族命运、人民幸福紧紧联系在一起的，这就要求我们奉献国家、忠于祖国、扎根人民，要求我们担当作为、锤炼品格，要求我们厚实学识、增长才干，要求我们不断增强做中国人的志气、骨气、底气。

坚定理想信念，增强中国青年做中国人的志气

古人常说："有志不在年高，无志空长百岁。"中国人向来就是有志气的。自近代以来，一代又一代雄心勃勃的中国人追求进步、追寻真理，继承传统、传播文明，朝着实现中华民族伟大复兴的中国梦前进，而中国共产党人正是他们中的佼佼者。中国青年向来是有志气的，100多年前，一群志同道合的中国青年心怀伟大抱负，他们满怀革命理想，探索救国救民道路。20世纪五六十年代，"两弹一星"精神中充满了响应党的号召的中国青年逐梦星辰大海的伟大志向。今天越来越多的青年在构建新发展格局、推动高质量发展、乡村振兴等重大任务

---

① 习近平：《在纪念五四运动100周年大会上的讲话》，人民出版社2019年版，第6页。

中积极参与、勇挑重担、冲锋在前，表现出不可动摇的崇高信念和矢志不渝的不懈追求。

心中有信仰，脚下有力量。马克思主义信仰、共产主义远大理想、中国特色社会主义共同理想，是中国共产党人的精神支柱和政治灵魂，也是保持党的团结统一的思想基础。新时代青年要筑牢信仰根基，扎扎实实、原原本本地学习习近平新时代中国特色社会主义思想，积极用党的创新理论武装头脑，用真理之光点亮青春之路，坚定立身之本，补足精神之"钙"，牢固树立远大理想，为人生把稳青春航向，为考验筑牢思想防线，为奋斗擦亮鲜明底色。

锤炼精神品质，增强中国青年做中国人的骨气

中国人的骨气是内在发出的刚强果敢、绝不屈服的气质。中国人从来不乏铮铮铁骨，从为"索我理想之中华"而矢志奋斗的李大钊，到"砍头不要紧，只要主义真"的夏明翰，再到"为有牺牲多壮志，敢教日月换新天"的中国人民解放军，他们刚强不屈的精神升华为中华民族生生不息、永无止境的奋斗力量。100多年来，中国共产党团结带领中国人民，以大无畏的英雄气概，在炮火中前进，在风雨中翱翔，在考验中淬炼，挺起中国人的铮铮脊梁，书写了中华民族几千年历史上最恢宏的史诗。在革命战争年代，我们党风雨兼程、劈波斩浪；在和平年代，我们党立党为公，坚守初心使命。

作为新时代的中国青年，我们要从党的奋斗历程和各行各业的先进榜样中汲取力量，树立和坚持正确的历史观、民族观、国家观、文化观，增强爱国意识和爱国情怀，使爱国主义精神在心中牢牢扎根，走在爱国报国的前列；我们要勇于担当，面对成长成才道路上的挑战

与考验，不畏难、不怕苦，敢攻坚、勇开拓，承担起时代赋予我们的使命与责任；我们要锤炼意志，保持清醒的头脑，要砥砺品质，永葆奋斗初心，在得意顺境中不迷失，在失意逆境中不消沉。让我们在面对复杂形势能够明辨是非、立场坚定，面对严峻形势和斗争任务能够旗帜鲜明、敢于斗争，面对各种外部诱惑能够保持定力、严守初心，面对各种艰难考验能够挺身而出、战之能胜，只有这样我们才能增强做中国人的骨气。

永葆传承创新，增强中国青年做中国人的底气

中国人的底气是处理问题、战胜困难的信念和力量。中国人的底气来自博大精深、历久弥新的华夏文明，它给予我们创新发展的"根"，给予我们前进动力之"源"。中国共产党的底气来自伟大实践和历史性成就，来自人民的衷心支持和真心拥护，中国共产党有包容的胸怀，乐于吸收先进科学的思想理论；有刀刃向内的勇气，敢于剖析自我发展中暴露的问题；有开拓创新的视野，善于把先进理论与自我实践相结合。

新时代的中国青年，生逢其时，有无比广阔的施展才干的舞台，有光明的前景。习近平总书记指出，中华优秀传统文化"是中华民族的根和魂，是我们在世界文化激荡中站稳脚跟的根基"①，我们要传承博大精深的中华文化，坚定文化自信，要时刻艰苦奋斗，与党同行，不断在学习中增长知识、锤炼品格，在实践中增长才干、练就本领，提

---

① 习近平：《把中国文明历史研究引向深入 增强历史自觉坚定文化自信》，《求是》2022年第14期。

高我们的创新意识和能力，努力成为本领域本专业的行家、专家，这样才有底气创造出新的历史成就。

东北师范大学数学与统计学院 2020级本科生 郭子乙

┃理想远大，信念坚定

在庆祝中国共产主义青年团成立100周年大会上，习近平总书记勉励新时代的广大共青团员，"做理想远大、信念坚定的模范"①。

青年时期，在人的一生之中应该扮演什么样的角色呢？有人把青年时期称为人生的"黄金时代"，也有人把人的求学和不同成长阶段同大自然的四季更迭相对应：春天万物生长，仿佛人生的小学和中学阶段；夏天葱郁美好，仿佛人生的大学阶段；秋天收获充实，仿佛是一个人毕业直到中年；冬天萧瑟沉静，仿佛人生的晚年。这样的比喻有趣又耐人寻味，也说出了人生不同阶段的特点。青年的天真是世界的宝藏。青年对这个世界的呐喊即使有些幼稚，但也是有着属于自己的符号与标记的，那是他们不可磨灭的原始创造，而当我们到了中年时期再想找回这些冲动，可能会发现有些东西在脑海中流失了，那便是我们青年时期最宝贵的生命力和创造力。

青年的理想信念关乎国家未来。青年理想远大、信念坚定，是一个国家、一个民族无坚不摧的前进动力。青年志存高远，就能激发奋

---

① 习近平：《在庆祝中国共产主义青年团成立100周年大会上的讲话》，人民出版社2022年版，第11页。

进潜力，青春岁月就不会像无舵之舟漂泊不定。青年的理想必须放置在国家和民族的广阔前景中，才能获得前进的动力，才能实现更大的价值。青年朝气蓬勃，充满热情，但又缺乏经验和判断力。因而，这一时期的价值养成十分重要。青年的价值取向影响着整个社会的价值取向，国家的前途命运是新时代青年必须承担的时代责任。虽然不同的青年有着不同的人生理想、会走上不同的职业岗位，但无论身份角色是什么，都需要将个人的小我融入祖国的大我、人民的大我之中，因为只有这样才能更好实现人生价值，闯出一片广阔的天地。

青年是初升的太阳，青年胸怀着奋斗的理想。一条小河，之所以能奔向大海，是因为有青春的力量，亦有终至大海，汇至百川的梦想。中国青年也不例外，我们有梦想，有理想，有知识，有方向，只要坚定信念，跟党走，也必定风雨无阻，达成志向，实现梦想和理想。

《新时代的中国青年》白皮书指出："新时代中国青年把树立正确的理想、坚定的信念作为立身之本，努力成长为党、国家和人民所期盼的有志青年。"[①]青年的理想信念关乎国家未来。100多年前，一群中国新青年高举马克思主义思想火炬，在攻坚克难中用热血与激情点燃了"用青春之我创造青春之中国、青春之民族"的火焰，开启了觉醒年代的壮阔篇章。迈入新时代，踏上新征程，青年唯有以坚定的理想信念筑牢精神之基，坚信中国道路、坚守价值追求、坚定文化自信，才能成为驱动中华民族加速迈向伟大复兴的磅礴力量，才能顺利完成党和人民赋予的历史使命和时代重托。

理想是要被实现的，只有被实现的理想，可以被实现的理想，才

---

① 中华人民共和国国务院新闻办公室：《新时代的中国青年》，人民出版社2022年版，第16页。

是真的理想。马克思在《关于费尔巴哈的提纲》中指出："哲学家们只是用不同的方式解释世界，而问题在于改变世界。"①而马克思主义之所以作为摆脱了以往旧哲学的窠臼，从而开辟了崭新道路的新哲学，正是在于实践唯物主义观点的提出，将哲学真正深入社会历史革命的进程。因此，我们青年学生学习马克思主义理论，更要深刻理解掌握其根本的实践观点和革命观点，即在脚踏实地的奋斗中实现理想，飞扬青春。人的一生是很短暂的，转瞬即逝。在这短暂的时光中，大学时期，或者更广义上来说青年时期，便是定位自我、绽放光彩的绝佳季节。作为青年人的大学生是社会新技术、新思想的前沿群体，是国家培养的专门专业人才，要集中智慧和精力，学文化、学知识，努力成为具有开拓性建设与创造的主力军。

"到延安去！"是20世纪三四十年代最为时髦与令人自豪的时代口号，它激励着广大爱国热血青年怀着对理想和信念的追求，怀着对中国革命的向往，翻越千山万水，克服重重困难，冲破敌人的道道封锁，满怀激情地从四面八方、天南海北汇聚到延安这片充满希望的信仰圣地。

当时的延安位于陕甘宁边区偏居西北黄土高原，环境恶劣，条件艰苦。

据统计，这一阶段到延安的有4万余人，他们多为知识分子，文化程度较高，初中及以上文化程度占了70%，有像陈学昭、何穆这样的留洋博士，还有不少青年出身富贵世家，原本过着优渥的生活。那到底是什么样的魅力，让这些"本应顺风顺水者偏向荆棘而行，本可锦底玉衾者不惜向死而生"呢？

---

① 《马克思恩格斯选集》第一卷，人民出版社2012年版，第140页。

"我要去延安！"那里有救亡图存的希望。当年从西安到延安蜿蜒起伏的700多里山路，就是一条爱国青年救国图存的信仰之路、理想之路。

来到延安的青年，脱去西装、旗袍，换上土布军装，吃着小米饭和咸菜，进入中国人民抗日军事政治大学、陕北公学、鲁迅艺术学院、中国女子大学和泽东青年干部学校等革命学校，愉快而紧张地学习革命理论，接受严格的军事训练。

延安就是革命的大熔炉，青年通过自身的作为，逐步得到边区群众的认可，政治地位也大大提高。我们熟知的"五四青年节"，也是在这个时期确定的。1939年4月5日，中青委专门就如何纪念"五四"给各地发出指示，着手筹备五四运动20周年纪念大会。一个社会群体具有自己的节日，意味着政治地位的提高。

今天，我们的生活水平、发展能力与延安时期相比，已经发生了翻天覆地的变化，但越是在这样的情况下，越是需要发扬和践行延安精神，因为延安精神既是人们迷茫困惑时眼前的一面旗帜，是黑暗前行中的一道光亮，也是安逸盛世的一记警世钟。它让我们在迷惘中不迷失方向，在黑暗中不堕入深渊，在安逸中不盲目自满，而这正是延安精神穿越时空的永恒价值。

苏格拉底讲，认识你自己。生活不是目的性的，而应该是遵从本性的，人的驱动力应当是向内的，这种向内的冲动塑造了我们向外的力量，这便是行为的来源。而如今的我们站在所谓的十字路口，常常没有了自主性，所有人的追求出现了同一化的趋势，这与周边的环境相关，也与青年的见识相关。一些青年面对这个社会，自动将自己视作机械化社会中的一个零件，填补空缺，却淡忘了青年人最珍贵的品质——创造。现代消费社会中的人的异化已经深入我们生活的方方面面，人们生活在一种较为满足的状态里，却失去了人之为人所应有的创造性和批判维度，基于此，作为青年学生，我们所能做的，不仅是从自身警惕消费符号的异化，还要充分发挥个体的积极性和创造力，运用辩证眼光、历史眼光、科学眼光、创新眼光去想问题，办事情。

实践证明，青年是推动历史发展、社会进步的生力军和突击队，广大青年只有坚定不移地跟党走，始终把个人奋斗与祖国的前途、民族的命运紧密相连，才能健康成长、大有作为。在党的领导下，新时代中国青年要自觉肩负起时代和人民赋予的重任，高举中国特色社会主义伟大旗帜，继承和弘扬五四运动的光荣传统，在推动科学发展、建设美好中国的新征程上，做出新的更大贡献。要树立远大志向，用崇高的理想激励自己，不畏惧成长道路中的艰难险阻，能创造心中所系的纯净美好；要坚定前进信念，用习近平新时代中国特色社会主义思想指导实践，树立正确的世界观，掌握科学的方法论，毫不动摇地朝着人生理想迈进。与人民齐奋斗，与时代同发展，为振兴中华、建设美好中国建功立业，展示青春风采，实现人生价值。

总之，坚定理想信念，必先知之而后信之，信之而后行之。新时代中国青年作为党和国家事业发展的生力军，要以实现中华民族伟大复兴为己任，胸怀"国之大者"，接力奋斗。广大青年必须深刻认识到，坚定理想信念不是一阵子而是一辈子的事，要常修常炼、常悟常进，从内心深处厚植对党的信赖、对中国特色社会主义的信心、对马克思主义的信仰，在思想洗礼、实践锻造中不断增强做中国人的志气、骨气、底气，努力创造无愧于党、无愧于人民、无愧于时代的新业绩。

东北师范大学马克思主义学部　2022级硕士研究生　党可

逢可为之时代，扬青春之朝气

时代、国家、青年，是形影相随的铁三角、彼此助推的浪涛。当代中国青年是与时代同向而行、共同前进的一代，恰似浪涛是由一朵朵浪花汇聚的结果，时代也是一个个人有机关联而成的产物。浪花无法决定它随浪涛漂流的方向，也就像极了个体无法以一己之力与整个时代背道而驰。正因如此，我们都要在自己所处的时代下谋划人生，创造历史。

每一代青年都有自己的际遇和机缘。

流光一瞬，华表千里。百年前的新青年奋起图强，在北洋军阀黑暗腐朽统治下的中国寻找救亡图存的新路，于暗夜点燃希望。百年前，像陈延年、陈乔年、赵世炎一样的青年不计其数，他们在二十岁左右的年纪，一边勤工俭学，一边学习新思想，接受新文化。他们不畏强权，在街上拉横幅、写大字报公开反对袁世凯复辟帝制，毅然决然地反对丧权辱国的"二十一条"，他们奔波多地宣讲新思想，组织"工读互助团"开启民智，发出"青春如初春，如朝日，如百卉之萌动，如利刃之新发于硎，人生最可宝贵之时期也"的呐喊，在黑暗中寻找救国道路。冀以尘雾之微补益山海，荧烛之光增添日月。这一代新青年的新精神、新思想以燎原之势带动了许多国人，中华大地上的新思想遍地萌芽。他们于乱世探求真理，在至暗时刻寻找光明，开辟出壮阔的新天地，迎来了国家希望的曙光，虽千万人亦往矣。

抚今追昔，在百年前的昏暗时代里，"五四"一代的先驱们上下求索，挺身而出，抓住了属于百年前青年的际遇和机缘。百年后的今天，新时代的中国青年也有专属于自己的际遇和机缘。

不可否认，快节奏生活、高强度竞争、考研考公热、就业择业难等问题确实是一面透镜，它会放大焦虑，会矮化梦想。但反而观之，祖辈父辈的逐梦路上，又谈何容易？"让中国人都吃饱饭"曾经是遥不可及的梦想；"铁路覆盖全国81%的县"曾经是想都不敢想的神话；"高铁时速高达350公里"曾经是技术上的一大瓶颈。更何况，凡是过往，皆为序章，"但行好事，莫问前程"才是硬道理。少数年轻人没志向、没胆量、没目标，怕失败、怕吃苦、怕奋斗。孟子曰："人有不为也，而后可以有为。"人的一生是短暂的，但如果卑微如蝼蚁地过完这一生，就太长了。没有原则，失去底线，安于享乐，自甘堕落，最终就会落得"时易失，志难成，鬓丝生"的下场，实属不该，追悔莫及。我们要明白，上一辈打拼出来的成绩，早已成为你我奋斗的坚实基石，现如今的我们是站在巨人的肩头看世界，理应充分利用好手边的资源，垒建起我们的理想家园。许多资源注定是被千万人激烈竞争的，但这绝不妨碍青年们在这个伟大的时代里共享机遇。唯有时代，取之无禁，用之不竭，容得下最大的梦想。

都说时代匆匆而过，但时代哪有脚，走的总是人。从枪杆子里打天下、打开国门看天下到敞开胸怀迎天下，从站起来、富起来到强起来，我们就是怀揣着梦想走来的，我们仍要坚定地走下去。一个国家的进步，印刻着青年的足迹；一个国家的未来，寄望于青春的力量。

我们的脚步，注定要写下未来的历史。当中国向全世界宣布脱贫攻坚战取得全面胜利，当中国吸引外资投入稳居世界前列，当海外华人不断回归报效祖国，当所有中国青年都牢记握指成拳时，时与势就在中国，际遇和机缘就在中国。

新时代中国青年拥有更广阔的发展空间、更丰富的资源平台，同样也有无数条可供选择的发展道路。有鼓励大众创新、万众创业，数智融合，产业升级迎来的战略机遇期；也有"一带一路"高质量发展，开创对外开放新格局的机遇；还有实施乡村振兴战略，巩固脱贫攻坚成果的新机遇……平台广阔，机遇与挑战并存，等待着有识之士在时代的擂台上大展拳脚。

"玉在山而草木润，渊生珠而崖不枯"，在环境的洪润之下，朽木方得生花，枯树乃以转荣。而今乘着新时代裹挟而起的一股雄风，我辈更应以鹰隼试翼、虎啸山谷之气势，在复兴图卷上浓墨重彩地挥毫泼墨。机遇用好了就是成功良机，机遇抓不住就会成为困难挑战。要想准确审时度势，抓住机遇，在"有为"时代中有所作为，离不开青年的"四个有"。

胸怀"凌云志"，做"当骑骏马踏平川"的有志青年

理想信念是青年动力之源、成功之桥、拼搏之力。在时代的召唤面前，青年首先要脚踏实地，筑牢根基，志存高远。青年要将个人发展与国家发展紧密结合在一起，将小我与大我融合在一起，与时代同频共振。电视剧《县委大院》中，大学毕业生林志为初到职场懵懵懂懂，到文字稿件连写多遍不被采纳，直到最后主动请缨下基层、探民生，成为"小林书记"，发光发热。正是他心中的"一口气""一股

劲"鞭策他不断向前走一步，再走一步。材料写不好，那就一直写到好为止；工作不熟悉，那就多问多看；基层工作繁杂，精细梳理。青年总会有走出象牙塔，步入工作岗位的一天。作为新时代中国青年，生逢盛世，当不负盛世，守得住初心、立得住志向才能在真学真信、常学常新中把牢理想信念的"方向盘"，在"仰望星空，脚踏实地"中书写精彩人生。

锤炼"铁肩膀"，做"不破楼兰终不还"的有恒青年

时序轮替中，始终不变的是奋斗者的身姿，历史坐标上，始终清晰的是奋斗者的步伐。新时代的一切伟大成就和变革都是干出来、拼出来的。奋斗奉献是青春鲜明亮丽的底色，是新时代青年积极进取的内驱力。广大青年要在博闻强识中锤炼"真本领"，在勤学不辍中勇挑"硬担子"。扎根实践，千磨万击，努力跨越一个个"雪山""草地"，征服一个个"娄山关""腊子口"，为实现第二个百年奋斗目标、实现中华民族伟大复兴的中国梦注入强大的青春动力。

追求"精巧思"，做"天工人巧日争新"的有心青年

从精确无误的零件刻度到高超的数控技术水平，从一次次认真细致的比对到试验精益求精的方法改进，"大国重器"的打造背后是无数科研工作者在工作上"朝食不免胄，夕息常负戈"的进取精神，他们以精巧细致的"绣花功夫"打磨加工器件，在设计生产到飞行试验的每个环节上凝心聚力，为科研工作奠定了强有力的基础。现如今，我国科研工作的推进已经有了许多年轻的面孔，天问一号团队中，35岁以下青年占60%以上，主任设计师平均年龄不到37岁。航天专家孙泽

洲说，"我们的天问一号、航天事业，为年轻人提供了很好的机会和平台，年轻人可以去展示才华、实现梦想，我们的团队建设中非常注重团队梯度的培养和发展"。青年人已经成为推动航天事业发展的生力军和中坚力量，航天事业的迅猛发展也为青年提供了自我成长的舞台和机会。现如今，在航天科技集团员工中，35 岁以下的占 54%，型号总设计师、总指挥队伍中，45 岁以下占 46%。习近平总书记勉励年轻研发人员说，大家意气风发、朝气蓬勃，要立志高远、脚踏实地，一步一步往前走，以十年磨一剑的韧劲，以"一辈子办成一件事"的执着，攻关高精尖技术，成就有价值的人生。①青年已经成为创新发展的重要动力。广大青年以一颗匠心对待工作，担主责、谋主业，不断提升自己的创新意识和水平，扛起光荣使命、砥砺奋斗征程，在工作中锲而不舍、追求卓越，在奋斗新征程上以创新之举建非常之功，在主动求变、以变应变中实现自己的人生价值，在可为时代大有作为。

厚植"为民心"，做"只留清气满乾坤"的有为青年

"民之所忧，我必念之；民之所盼，我必行之。"为人民服务是我们党工作的出发点和落脚点，也是践行初心使命的具体彰显。站在全面建设社会主义现代化国家的新征程上，广大青年更要植根为民心，与人民紧紧团结在一起。一方面，广大青年要践行为人民服务的宗旨，走好新时代党的群众路线，特别是要沉下心、接地气，拜人民为师、向群众学习，在基层汲取营养、增长才干、扩大见识，不断涵养深厚

---

① 《习近平在江苏考察时强调 在推进中国式现代化中走在前做示范 谱写"强富美高"新江苏现代化建设新篇章》，《人民日报》2023 年 7 月 8 日。

的为民情怀，真正做人民的贴心人、守护者；另一方面，青年要坚持以百姓心为心，进一步密切联系群众，多与群众"拉家常"，常为群众"算细账"，用心用情用力出实招、办实事。青年人需着眼当下，不驰于空想，不骛于虚声，以脚踏实地的态度做好每一件事，将勤奋化作逐梦的灯盏，一步一个脚印，在追逐梦想的道路上锐意进取，努力在实现民族复兴的康庄大道上唱响新时代的青春之歌。

纵观时代变迁，每个时代都有每个时代的使命和召唤。时代造就青年，青年成就国家。正所谓，一代人有一代人的使命，一代人有一代人的长征，一代人有一代人的担当。

"桐花万里丹山路，雏凤清于老凤声。"历史的车轮滚滚向前，现如今，我们青年正处于一个充满希望的时代，在这个时代里人人都有通过辛勤劳动实现自身发展的机会。人工智能大幕初启，健康产业如火如荼，量子通信崭露头角，数据算法推陈出新，新型材料不断涌现……广大青年从来不是时代的过客、看客，而是搏击时代浪潮的弄潮儿，是引领风气之先的领航者，是开拓未知领域的掌舵人。国家现代化建设为年轻人提供了广阔舞台，广大青年要立足本职岗位，积极投身中国式现代化建设，在科技创新、乡村振兴、绿色发展、社会服务、卫国戍边等各领域各方面工作中争当排头兵和生力军，展现青春的朝气锐气。在这个千帆竞发、百舸争流，有机会干事业、能干成事业的新时代，广大青年必能书写出无愧于时代、无愧于国家、无愧于人民的青春之歌和精彩人生，以更大的能量与勇气吹响"请党放心，强国有我"的号角，用青春之我，成就青春之中国。

东北师范大学政法学院 2019级本科生 左思雨

选择吃苦奉献，彰显人生价值 |

习近平总书记在同各界优秀青年代表座谈时寄语青年朋友们："人的一生只有一次青春。现在，青春是用来奋斗的；将来，青春是用来回忆的。人生之路，有坦途也有陡坡，有平川也有险滩，有直道也有弯路。青年一代面临的选择很多，关键是要以正确的世界观、人生观、价值观来指导自己的选择。"①其实，我们的一生就是由一个个或大或小、或谨慎或无意的选择组成的，每个人面临岔路口的选择不同，也就铸就了独一无二的属于自己的人生轨迹。作为新时代青年，我们要响应党的号召，以执着的信念、过硬的本领、丰富的学识、优良的品德，担负起历史交给我们的重任，把青春梦融入中国梦。

无数优秀的前辈也是这样做的。

"舍半生，给茫茫大漠。从未名湖到莫高窟，守住前辈的火，开辟明天的路。半个世纪的风沙，不是谁都经得起吹打。一腔爱，一洞画，一场文化苦旅，从青春到白发。心归处，是敦煌。"这是2020年中央广播电视总台"感动中国2019年度人物"栏目写给樊锦诗的颁奖词。

1963年，25岁的樊锦诗从北京大学毕业，一次命中注定般的"偶

---

① 《习近平谈治国理政》第一卷，外文出版社2018年版，第54页。

然",让她登上开往西部的列车,前往地处大漠戈壁的敦煌莫高窟工作。当时,樊锦诗的父亲知道女儿工作分配的消息后,担心她羸弱的身体无法适应大漠戈壁的恶劣环境,就给学校写了封信,恳请北大不要派她去这么艰苦的地方工作。可这封信被樊锦诗悄悄扣下了。樊锦诗说:"报效祖国,服从分配,我选择去敦煌,因为,国家的需要就是我的志愿。"

虽说对大西北恶劣的自然环境早有心理准备,但是半夜里,当房梁上的老鼠吱吱叫着掉在被子上时,当因为害怕夜晚的黑暗不敢去离宿舍有些距离的厕所时,当因为水土不服整天病恹恹时,樊锦诗在夜深人静时望着透过窗纸的月光,还是掉了泪,她感到孤独,也有过动摇。面对损坏严重的敦煌文物,作为名校毕业生的她也承受了很大的期望与压力。但是,每走过一个石窟,都会使她惊叹:"太好了,太美了!"她感到再苦再累也是值得的。后来,随着她对敦煌石窟价值认识的逐步深入,也对敦煌产生了割舍不掉的感情,在敦煌一留就是半个世纪之久。

在她的倡导下,敦煌研究院在中国文化遗产地中率先开展游客承载量研究,建成了莫高窟数字展示中心,实行"总量控制、网上预约、数字展示、实地看窟"的莫高窟旅游开发新模式,实现了文物保护和旅游开发的双赢。将敦煌文物"永久保存,永续利用"是樊锦诗给"数字敦煌"的定位。

樊锦诗说:"'坚守大漠、甘于奉献、勇于担当、开拓进取',这16个字是我概括的'莫高精神'。这是前辈们给我们留下的宝贵精神财富,感召着一代又一代的敦煌守护者坚守在自己的岗位上,默默奉献。"劳累奔波半个多世纪,樊锦诗用尽一生守望着莫高窟。她不言代价与回报，选择把自己的青春献给敦煌，用一生的执着和坚守，谱写了一个文物工作者的平凡与伟大；她在敦煌文化遗产保护、研究和管理等领域的开拓创新，让世界同行为之骄傲。"敦煌的女儿"这一称呼樊锦诗当之无愧。

电视剧《大山的女儿》再现了"全国脱贫攻坚楷模""时代楷模""全国优秀共产党员"黄文秀不忘初心和使命，奋斗在脱贫攻坚一线的先进事迹，打动了无数观众。

2016年，黄文秀作为北京师范大学的硕士研究生毕业后，毅然放弃留在大城市工作的机会，选择加入选调生队伍回到家乡百色工作，立志改变家乡的落后面貌。参加工作刚满一年，她就要求到基层去。她主动要求到条件最艰苦的国家扶贫开发工作重点县乐业县新化镇百坭村担任驻村第一书记。百坭村村民居住分散、道路崎岖，黄文秀为了遍访全村翻山越岭，用了近两个月时间方才走遍全村195户建档立卡贫困户。自担任书记以来，黄文秀一心为民办实事、办好事，组织村干部深入研究，带领群众摸索到了适合本村发展的产业——种植砂糖橘、八角、杉木等。担任百坭村驻村第一书记1年又82天，在黄文秀的努力下，百坭村88户418人脱贫，全村贫困发生率从22.88%降至2.71%，村集体经济收入实现增收6.38万元，百坭村还获得了2018年度百色市"乡风文明"红旗村荣誉称号。2019年6月17日凌晨，黄文秀因惦记百坭村的防汛抗洪工作和群众安危，冒着暴雨连夜返回工作岗位，在途中，因遭遇突发山洪而不幸殉职，年仅30岁。

黄文秀曾说："很多人从农村走出去就不想再回来了，但总是要有人回来的，我就是要回来的人。"生前在和村民聊天时，她谈到回到这偏远山村的原因："百色是我的家乡，更是全国扶贫攻坚的主战场之一，作为一名党员，我有什么理由不回来呢？""我们党提出要教育扶持一批人脱贫，并且扶贫要扶志和扶智，这样一个切实为群众谋发展、谋福利的党，怎么能不响应她的号召呢？"这就是黄文秀在人生路上作出的青春选择。她走出大山，看过了世界，又选择带着知识和希望回到大山。她用自己的努力让百坭村走上了脱贫致富的道路。

高质量发展是全面建设社会主义现代化国家的首要任务。围绕这一首要任务，各级团组织依托"青"字号品牌，动员广大青年岗位建功。2022年2月，北京冬奥会如约而至，中国建筑集团先后组建万余支青年突击队奋斗在生产经营、工程建设、科技创新的主战场。90后青年霍文震牵头成立冬奥场馆"冰立方"项目青年突击队，提前3个月完成架体搭设。

新时代的中国青年是值得信赖、堪当大任的一代新人。在党中央坚强领导下，团十八大以来，广大团员和青年听从党和人民的召唤，在脱贫攻坚一线摸爬滚打，在疫情防控战场逆行出征，在科技攻关前沿勇攀高峰，在抢险救灾火线冲锋在前，在奥运竞技赛场奋勇争先，在祖国边防哨位日夜守卫，在党和人民最需要的时刻豁得出来、顶得上去，用青春的激情奏响了"清澈的爱、只为中国"的时代强音，用青春的行动践行了"请党放心、强国有我"的铮铮誓言。

正如习近平总书记所说："无数人生成功的事实表明，青年时代，选择吃苦也就选择了收获，选择奉献也就选择了高尚。青年时期多经历一点摔打、挫折、考验，有利于走好一生的路。"[①]不仅是有像樊锦诗、张桂梅、黄文秀这些淡泊名利、艰苦奋斗、无私奉献的时代楷模，

---

① 《习近平谈治国理政》第一卷，外文出版社2018年版，第54页。

古往今来，许多革命前辈、仁人志士用自己的行动证明了这一点。青年时期是一个人成长、成熟的关键时期，在这个重要时期里，青年人的世界观、人生观、价值观也会逐步确立成型，并用来指导自己的人生选择。这是每一代青年人都必须经历的考验、必须解答的一道人生考题。所以，青年人一定要树立正确的价值观，在青年时期选择吃苦、选择奉献，明白青春就是用来奋斗的。

习近平总书记指出："中国梦是我们的，更是你们青年一代的。"[1]实现中华民族伟大复兴的关键时期，正好与当代青年的人生"黄金时期"同步，"中华民族伟大复兴终将在广大青年的接力奋斗中变为现实"[2]。中华民族始终有着"自古英雄出少年"的传统，始终有着"长江后浪推前浪"的情怀，始终有着"少年兴则国兴，少年强则国强"的信念，始终有着"希望寄托在你们身上"的期待。青年一代要把吃苦当作一种磨炼，乐于扎根艰苦环境，舍得沉下身子苦干实干，在广阔的基层天地中磨炼自己，在心理上甘于吃苦，在现实中战胜困难，在按部就班中踏实成长，在砥砺奋进中无悔青春，在中华民族伟大复兴中实现自我价值。

就我个人而言，选择加入研究生支教团是一件光荣而幸福的事情，有幸能够参与其中。在祖国西部艰苦地区为基础教育事业以及脱贫攻坚工作奉献自己的能量，同时在这个平台磨炼自己，肩负起时代赋予青年大学生的任务和使命。"用一年不长的时间，做一件终生难忘的事"，我肯定这将是我一生中做得最正确的选择、最难忘和最宝贵的回

---

[1] 《习近平谈治国理政》第一卷，外文出版社2018年版，第49页。
[2] 《习近平谈治国理政》第一卷，外文出版社2018年版，第49页。

忆，我将投入自己全部的精力，努力提升自己，夯实基本功和专业知识，用最好的状态投入其中。

师者，所以传道授业解惑也。古往今来，老师都是人类灵魂的工程师，是学生的照明灯、引路人。老师只有具备良好的素质，才能准确无误地传授给学生知识和技能。对教师来说，想把学生培养成什么样的人，自己首先就应该成为什么样的人。作为一名西部计划志愿者、一名支教老师，我需要注意自身的品行，言传身教、以身作则，给学生树立好的榜样，做学生合格的引路人，做习近平总书记提出的"四有"好教师。同时，作为老师不仅仅传授给孩子们科学文化知识，每个老师也都应该是思想政治课老师，思想政治课应该不断向课上课下、线上线下延伸，融入学生学习生活的方方面面。上好思想政治课，能够帮助青年学生们树立正确的世界观、人生观、价值观，有利于青年学生的健康成长，帮助青年学生在心灵上埋下真善美的种子，进而引导他们扣好人生第一粒扣子。

我们正处在一个伟大时代，需要我们年轻一代发扬不怕苦、不怕累的精神，面对动荡不安的国际形势肩负起中华民族复兴的时代使命。"宝剑锋从磨砺出，梅花香自苦寒来。"青年人千万不要在最能吃苦的年纪选择躺平安逸。青春最厚重的底色是奋斗，最可贵的是吃苦和奉献。新时代青年，要把自己的小我融入祖国的大我，努力学习，脚踏实地，积极探索，接过历史的接力棒，争做有理想、敢担当、能吃苦、肯奋斗的新时代好青年！

东北师范大学思想政治教育研究中心 2022级硕士研究生 豆文娟

怀拳拳赤子心，做时代弄潮儿

2014年5月4日，习近平总书记在北京大学师生座谈会上指出，"当代大学生是可爱、可信、可贵、可为的"，勉励大学生"人生的扣子从一开始就要扣好"，①为当代大学生成长成才指明了方向。根据国家统计局和教育部发布的最新数据，2022年全国在校大学生总人数超过4655万。如何做到"可爱""可信""可贵""可为"是新时代大学生面临的重大课题，我们要自觉践行社会主义核心价值观，身体力行，将小我融入大我，为实现中华民族伟大复兴注入青春力量。

如何做到可爱？

"要勤学，下得苦功夫，求得真学问"。作为当代青年，我们可谓生逢盛世。时代波涛滚滚向前，"学有所成"便是我们对时代最好的回应。"少壮不努力，老大徒伤悲"，最美的青春要在对知识的探索中成就。清华大学本科生、射击运动员杨倩在东京奥运会上摘金，为中国赢下首金，在训练场上勤学苦练，在奥运赛场上沉着应对；我国著名昆虫学家洪式闾潜心科研，把科学视为生命中最重要的事，成为科学

---

① 《习近平谈治国理政》第一卷，外文出版社2018年版，第166、172页。

界的标杆人物；蒋应成从汽车喷漆专业青年教师成长为世界技能大赛汽车喷漆项目冠军，从汽车中求得真学问。无论未来我们身处哪个领域，都应该不负韶华，无愧于时代，以少年意气砥砺奋进，为中国梦奉献自己的一份力量。诚然，在大学生中也不乏有一些"佛系青年"，他们奉行"摆烂人生"，平时上课得过且过，考试前秒变"突击战士"，身无一技之长，却好高骛远，幻想有一天能功成名就，对未来毫无规划。歌德笔下的浮士德说："要放浪游戏，年纪未免太老；要心如死灰，年纪未免太轻。"花有重开日，人无再少年。青年正如初升的太阳，理应在大好青春挥洒汗水，下苦功夫，求真学问，将生命的光芒洒在祖国大地上。知识就是力量，能使我们诚实地爱人，尊重人的劳动，由衷地赞赏无间断的伟大劳动的美好成果；只有知识才能使我们成为具有坚强精神的、诚实的、有理性的人。当然，我们也从不缺少专心科研的时代答卷人。"神舟十四号乘组，年富力强。"中国载人航天工程航天员系统总设计师、中国航天员科研训练中心研究员黄伟芬说，神舟十四号飞行乘组均为75后，全部为我国第二批航天员，他们也是我国载人飞行任务以来最年轻的乘组。书山有路勤为径，学海无涯苦作舟。当代大学生要以勤学武装自己，做可爱的大学生。

如何做到可信？

"要修德，加强道德修养，注重道德实践。"[1]国无德不兴，人无德不立。道德之于国家、社会都有重大意义。崇德修身是做事的第一步。习近平总书记曾多次强调，"广大青年要把正确的道德认知、自觉

---

[1] 《习近平谈治国理政》第一卷，外文出版社2018年版，第172页。

的道德养成、积极的道德实践紧密结合起来，自觉树立和践行社会主义核心价值观，带头倡导良好社会风气"①，"不断修身立德，打牢道德根基，在人生道路上走得更正、走得更远"②。道德是我们为人处世的行为准则，道德法则与头上的星空一样令人敬畏。道德包含个人修养和社会公德两个层面：个人修养是"一屋不扫，何以扫天下"的自守之德，而社会公德则是"先天下之忧而忧，后天下之乐而乐"的兼济之德。"微弱的灯，照亮寒夜的路人；火红的灶，氤氲出亲情的味道。这陋巷中的厨房，烹煮焦虑和苦涩，端出温暖和芬芳，惯看了悲欢离合，你们总是默默准备好炭火。"这是"感动中国2020年度人物"栏目对南昌"一元抗癌厨房"万佐成、熊庚香夫妇的颁奖词，他们在江西省肿瘤医院旁边的小巷为病人的亲属提供爱心厨房，即便是在春节期间也不打烊，善良、无私是这对夫妇珍贵的兼济之德。当代大学生不仅要将修德内化于心，还要外化于行。不能做思想上的巨人、行动上的矮子，要做到知行合一。大学生修德要注重道德实践，关键还是要触及灵魂深处，警惕和防止"两面性"的问题。新时代中国青年要自觉树立和践行社会主义核心价值观，善于从中华民族优秀传统美德中汲取道德滋养，从英雄人物和时代楷模身上感受道德风范，明大德、守公德、严私德，爱国爱家，做一个爱国、敬业、诚信、友善的中国公民，让良好的行为落实到日常生活中，为实现中华民族伟大复兴的中国梦凝聚强大的精神力量和有力的道德支撑。弘扬中华传统优秀美德，培育时代新风，做可信的大学生。

---

① 《习近平谈治国理政》第一卷，外文出版社2018年版，第52—53页。
② 习近平：《在纪念五四运动100周年大会上的讲话》，人民出版社2019年版，第11页。

如何做到可贵？

"要明辨，善于明辨是非，善于决断选择。"①孔子说："众恶之，必察焉；众好之，必察焉。"这启示我们要学会明辨是非，不能人云亦云，一定要明白眼见为实、耳听为虚；真理有时往往掌握在少数人手里，跟风随大流不可取，不能明辨是非就会被混淆视听，为他人所利用，经过审视后的结果才是可取的。文天祥明辨是非，深知为人臣子应尽心尽力，报效国家，选择不为眼前的富贵荣华而变节，留下了千古名句"人生自古谁无死，留取丹心照汗青"；人民公仆孔繁森明辨是非，本着为人民服务的宗旨，为西藏的建设献出了全部的心血……古往今来，无数明辨是非的先驱已经为我们做出了示范。而今我们进入了互联网时代，明辨是非的能力显得更为重要。移动互联网的普及，让人人都有了"麦克风"，以微信、微博、短视频为代表的新媒体迅猛发展，随时随地随意发声的特点使新媒体快速成为舆论酵池。似乎在网络上人们就可以随意发声，对事情不加思索就妄下定论，对他人进行人身攻击，不会明辨是非更是可怕，更容易使话题发酵。更有甚者在网络上故意传谣造谣，唱衰国家政治经济，叫板主流价值体系。有鉴于此，"明辨之"是当代青年的必修课，只有做到了"善明辨之，善决断"才能成为新时代里可贵的大学生。

如何做到可为？

"要笃实，扎扎实实干事，踏踏实实做人。"②习近平总书记寄语

---

① 《习近平谈治国理政》第一卷，外文出版社2018年版，第173页。
② 《习近平谈治国理政》第一卷，外文出版社2018年版，第173页。

当代青年："展望未来，我国青年一代必将大有可为，也必将大有作为。"①生逢盛世，祖国为我们青年一代提供了广阔的人生舞台，我们应脚踏实地，心向远方。在国家面临困难的时候，我们常常能看到00后挺身而出的身影。满脸是灰，满身泥泞，驰援重庆大足万古镇的消防员中有00后的身影；疫情防控战场的医生护士中，也有00后的身影……00后在用实际行动证明，自己脚踏实地，大有可为，也必将成为大有作为的一代。每一个不曾起舞的日子，都是对生命的辜负。要不驰于空想，不骛于虚声，脚踏实地，心向远方。然而，戒掉浮躁，脚踏实地却不是人人都能做到的。不少人总是想走捷径，幻想有一天能一步登天，但天上不会掉馅饼，脚踏实地才能仰望星空。古有神农遍尝百草而创华夏之始，今有屠呦呦实验千遍方知青蒿之奇。临渊羡鱼不如退而结网，纸上谈兵永无真知灼见，李延寿有言："良玉未剖，与瓦石相类；名骥未驰，与驽马相杂。"不溺于虚无的幻想，不耽于缥缈的畅望，脚踏实地方能砥砺前行，做可为的大学生。

站在新时代新征程上，我们如何选择对于时代的发展是至关重要的，我们要勤学、修德、明辨、笃实；练就过硬本领、锤炼品德修为、练就明辨慧眼、担当时代责任，做最可爱、可信、可贵、可为的新时代中国特色社会主义事业建设者。

东北师范大学地理科学学院 2021级本科生 王飞燕

---

① 《习近平谈治国理政》第一卷，外文出版社2018年版，第50页。

第二部分

爱祖国

立身之本，成才之基

新时代中国青年热爱伟大祖国的价值内涵

爱国主义是中华民族砥砺前行的精神动力，是千百年来维系中华儿女为祖国共同奋斗的力量之源，更是凝聚全民族全社会力量的精神纽带。它不仅仅是对于国家的单纯拥护与热爱，同样也包含了历史发展的维度。习近平总书记关于新时代爱国主义的重要论述既与中华民族厚植的爱国主义优良传统一脉相承，又结合了当代的发展要求，是历史传统和现实条件双重作用下形成的理论成果。有着深厚历史基础的爱国主义精神必定能在新时代焕发出新的生命力和独特价值。

爱国主义是中华优秀传统文化重要组成部分

中华民族很早就有了爱国的情感与观念，早在先秦的历史文献中就已经初步产生了有关"爱国"的叙述。《战国策·西周策》当中提到"周君岂能无爱国哉"；《汉纪·惠帝纪》中有着"欲使亲民如子，爱国如家"的记载；《礼记·大学》当中也提到"古之欲明明德于天下者，先治其国。欲治其国者，先齐其家"。在这一时期，"爱国"通常表现为对于故土朴素的热爱，并具有一定程度上的道德指向，即"忠"于国家。这也构成了春秋战国时期"爱国"的主要表达方式。在秦统一六国后，结束了分崩离析的战国时代，建立了大一统的中央集权国家。而后汉承秦制，中国进入了以家庭为基础的封建社会时代，皇帝成为国家的象征，"爱国"与"忠君"相互联系。与西方文化中强调个体至上、家国异构的观念意识不同，中国传统文化更加注重"以家庭为本位，注重个人的职责与义务"，通过特定的伦理道德使得个人、家庭与国家紧密结合起来。由于以宗法关系为基础而形成的"爱国"思想在中国传统封建社会当中的重要地位，使得整个传统社会都依靠宗法关系连接起来，形成了高度统一、紧密结合的"家国体制"，产生了独特的家国一体的意识观念。正是这种家国一体的意识观念使得中华民族在几千年历史发展的进程中对于国家都产生了道德义务上的深沉情感，也催生出了"天下兴亡，匹夫有责"的家国责任感以及"天下为公"的包容意识，起到了凝聚民族意识、稳定社会群体的功能。儒家学说当中的"舍生取义""以天下为己任"等核心思想在这一时期也得到重视并进行广泛的传播，成为两千多年来中国传统封建社会的主流思想。因此，爱君爱国爱民意识的社会基础逐渐扩大，历朝历代都出现了十分丰富的文化，如"当爱君如爱父，爱国如爱家，爱民如爱子""常思奋不顾身，而殉国家之急""君子万年，保其家邦"等论述。

习近平总书记指出："五千多年来，中华民族之所以能够经受住无数难以想象的风险和考验，始终保持旺盛生命力，生生不息，薪火相传，同中华民族有深厚持久的爱国主义传统是密不可分的。"[1]习近平总书记这一论述深刻阐明了爱国主义对于中华民族发展的重大意义。

---

[1] 中共中央文献研究室编：《习近平关于社会主义文化建设论述摘编》，中央文献出版社2017年版，第128页。

正是在这种爱国主义精神的激励下，中华民族才能够在每一次面临危机和挑战时葆有使命和担当意识，为了国家和民族的前途和命运英勇抗争。"爱国主义精神深深植根于中华民族心中，是中华民族的精神基因，维系着华夏大地上各个民族的团结统一，激励着一代又一代中华儿女为祖国发展繁荣而不懈奋斗。"①民族精神是一个民族共同体在特定环境当中长期积淀所形成的对于民族发展具有积极作用的价值体系的凝聚，它同时也高度彰显了一个民族独特的思维方式与精神气质，是民族意识的最高形式。新时代中国青年应该切实把握中华民族五千多年文明史，深刻领悟中华优秀传统文化中的文明底蕴，结合当下时代背景在守正和创新中继承和发扬中华民族鲜明独特的精神品格。

爱国主义是坚持和发展中国特色社会主义的重要精神动力

要准确地解释爱国主义、正确地理解爱国主义的深刻内涵，就要首先探究什么是"国"、什么是"爱国"。《说文解字》当中对于"国"是这样注解的：戈部曰："'或，邦也。'古或、国同用，邦、封同用。"由此可见，"国"首先是作为一种地域共同体的形式而存在的。在此基础之上，伴随着公共生活的发展，"国"衍生出了明确的政治属性，指的是在固定疆域内建立主权并通过一系列制度实施其权威政权的政治实体。在阶级社会中，爱国主义在不同的社会制度下具有不同的具体内涵，其具有鲜明的阶级特征。小资产阶级的爱国情感具有狭隘性，它仅仅与自己的经济生活条件相关联。当个人利益受到威胁时，小资

---

① 中共中央文献研究室编：《习近平关于社会主义文化建设论述摘编》，中央文献出版社2017年版，第128页。

产阶级不惜损害国家和民族的利益，当本民族利益与其他民族利益冲突时，它也将本民族利益置于其他民族之上。对于爱国主义，列宁曾做过这样的理解："爱国主义是由于千百年来各自的祖国彼此隔离而形成的一种极其深厚的感情。"① 在此，列宁一方面深刻指出了爱国主义朴素的情感起点与共鸣，另一方面也针对小资产阶级所反映的爱国主义情感持有否定性立场。社会制度是在一定历史条件下所形成的经济、政治制度等的总称。国家作为一种政治实体，和社会制度是紧密联系在一起的，不存在脱离了具体社会制度的抽象的国家，爱国与爱国家的社会制度是分不开的。

爱国主义的本质就是坚持爱国和爱党、爱社会主义的高度统一

爱国主义不仅是一种情感表达还是一种政治原则，"爱国"不仅是对祖国风土人情、民俗文化、山川河流朴素的热爱，还应当是一种历史地形成的理性的政治认同和身份归属，包含对国家体制和政治制度的认同。"当代中国，爱国主义的本质就是坚持爱国和爱党、爱社会主义高度统一。"② 新时代爱国主义不是抽象的、玄奥的，而是具体的、现实的、历史的。国家和民族的命运与党的命运、中国特色社会主义制度的命运是紧密相连的。新时代中国青年热爱伟大祖国，就要尊重历史和人民的选择，就要相信中华民族实现伟大复兴的历史必然性，就要热爱由中国共产党领导的坚持中国特色社会主义制度的中国。

---

① 《列宁选集》第三卷，人民出版社2012年版，第579—580页。
② 习近平：《在纪念五四运动100周年大会上的讲话》，人民出版社2019年版，第7页。

新时代爱国主义应该包含以下三个方面的认同。其一，认同我国的社会主义性质。认识到社会主义道路是历史和人民的选择，是中国近代社会发展的必然结果。其二，认同中国共产党的领导。中国共产党以马克思主义为指导，始终把为中国人民谋幸福、为中华民族谋复兴作为初心和使命，团结带领全国各族人民迎来了从站起来、富起来到强起来的伟大飞跃，热爱祖国和热爱中国共产党具有一致性。其三，认同中国共产党领导下的中国特色社会主义建设取得的伟大成就。中国共产党成立以来，带领中国人民取得了举世瞩目的建设成就，实现了中国从落后于时代到赶上时代、引领时代的历史性转变，改变了中国人民的命运。习近平总书记深刻指出，"我国爱国主义始终围绕着实现民族富强、人民幸福而发展，最终汇流于中国特色社会主义。祖国的命运和党的命运、社会主义的命运是密不可分的。"①新时代的中国青年必须认识到，爱国与爱党、爱社会主义有着共同的理想信念和根本利益，它们在实现中华民族伟大复兴和为人民谋幸福谋发展的共同目标上具有内在一致性。中国特色社会主义进入新时代，有力地证明了中国特色社会主义发展道路的正确性，也是建立在全方位总结中国特色社会主义发展历程和发展现状基础之上的科学研判。习近平总书记在北京大学师生座谈会上指出："爱国，不能停留在口号上，而是要把自己的理想同祖国的前途、把自己的人生同民族的命运紧密联系在一起，扎根人民，奉献国家。"②新时代中国青年要努力学习党史、新中国史、改革开放史、社会主义发展史，树立正确的历史观，通过参

---

① 中共中央文献研究室编：《习近平关于社会主义文化建设论述摘编》，中央文献出版社2017年版，第129页。
② 习近平：《在北京大学师生座谈会上的讲话》，人民出版社2018年版，第12页。

加各种社会实践与志愿服务投身于中国特色社会主义事业的建设之中，将弘扬爱国主义精神与自身行动结合起来。

爱国主义是实现中华民族伟大复兴的重要精神线索

从古至今，中华民族经历过分裂与动荡，在步入近代之后更是遭受到帝国主义的侵略。中华民族之所以能够长久地屹立于世界东方，必然离不开中华民族长期以来所坚持的爱国主义传统和爱国主义精神。一方面，正因为中华民族的爱国主义精神激发起整个民族对于祖国最为真诚的热爱，才使得爱国主义成为中华民族发展进程当中始终"激昂的主旋律"，推动中华民族不断前进并长期屹立于世界民族之林。另一方面，从民族精神整体结构来看，中华民族在本民族发展的不同历史阶段形成了一系列具有鲜明时代特点的民族精神，其核心都围绕爱国主义展开。无论是中国古代社会所形成"天下大同""团结统一""治国齐家"的和平精神，还是新民主主义革命时期所形成的"艰苦奋斗""自强不息""舍生忘死"的革命精神，抑或是改革开放以来所形成的"舍己为人""改革创新""互利合作"等时代精神，都镌刻着深厚的爱国主义色彩。总之，于中华民族而言，爱国主义精神始终是居于中华民族精神体系的核心地位且不可动摇的，它对中华民族精神体系中的其他精神有着引领的影响，成为中华民族精神谱系当中必不可少的核心精神，深深影响和培养了民族情怀与民族气质，推动中华民族精神在不同历史条件下不断发展。

当今，世界正经历百年未有之大变局，中国正处于实现中华民族伟大复兴的关键时期，新的发展要求和挑战正迎面扑来。一方面，我国生产力总体水平得到了极大的提升，我国已全面建成小康社会。另一方面，社会的主要矛盾发生了变化，"中国特色社会主义进入新时代，我国社会主要矛盾已经转化为人民日益增长的美好生活需要和不平衡不充分的发展之间的矛盾"。发展不平衡不充分的现状既体现在当前经济建设层面，也体现在政治建设、文化建设、社会建设、生态文明建设等多个层面中，形成了对于公平正义、民主法治、社会安全、生态环境等多层次、多样化的结构性发展要求。因此，新时代中国青年要努力发扬爱国主义传统，为推动强国建设、民族复兴而凝聚社会核心价值、激发爱国报国热情，推动中国特色社会主义不断发展，推动中华民族不断走向复兴。

东北师范大学思想政治教育研究中心　2021级硕士研究生　易俐莎

新时代中国青年热爱伟大祖国的
实践理路

习近平总书记在纪念五四运动100周年大会上的讲话中指出："新时代中国青年要热爱伟大祖国。"①爱国不仅仅是中华民族最质朴深沉的民族情感，更是中国青年成长成才、立身立本的精神之基。新时代中国青年站在全新的历史舞台之上，具有比以往任何时候都更广阔的发展空间，也蕴含着更加充沛的爱国情感。但同时，新时代中国青年热爱伟大祖国包含了时代条件下的具体实践要求，肩负着全新的使命担当。因此，厘清新时代中国青年热爱伟大祖国的实践理路，对于新时代中国青年弘扬爱国主义精神、践行爱国主义行为具有深刻的现实意义。

党的二十大擘画了全面建设社会主义现代化国家的宏伟蓝图。从现在起，全面建成社会主义现代化强国、实现第二个百年奋斗目标，以中国式现代化全面推进中华民族伟大复兴，是党的中心任务，也是新时代中国青年运动和青年工作的鲜明主题。新时代青年热爱伟大祖国，就要在强国建设、民族复兴接力赛中贡献青春力量。

---

① 习近平：《在纪念五四运动100周年大会上的讲话》，人民出版社2019年版，第7页。

　　不同历史时期，中国青年热爱伟大祖国的时代主题都具有不尽相同的价值与形式。在特定历史阶段内，中国青年热爱伟大祖国的时代主题都应该彰显这一时期爱国主义的奋斗目标与价值归属，反映特定历史条件下最为核心的历史使命，是"时代精神的精华"。习近平总书记深刻指出："实现中华民族伟大复兴的中国梦，是当代中国爱国主义的鲜明主题"。因此，新时代中国青年热爱伟大祖国应该立足于一种"大历史观"的视野，从中华民族发展史、中国社会近现代变迁史、中国共产党带领中国人民进行的革命史出发，站在新时代的地平线上审视热爱伟大祖国的实践主题。

　　近代以来，国家存亡与民族危机的爆发推动了中华民族民族意识的觉醒，同时也催生了现代意义上的"民族自尊心"。无数中国青年为了实现民族振兴投身于爱国主义伟大斗争当中。无论是以封建地主阶级为代表提出的"开眼看世界"，还是封建官僚阶级提出的"制器求兴"，抑或是资产阶级改良派所提出的"革政图强"，再到以孙中山先生为代表的资产阶级革命派建立"中华民国"的方案，这些都是寻求中华民族独立的爱国主义实践。但这些救国救民之路最终都以失败而告终。新文化运动后，马克思主义在中国传播开来并与中国工人运动相结合，1921年以马克思主义为旗帜的中国共产党应运而生。而后，中国共产党高举爱国主义的大旗，带领广大"新青年"投身到反对侵略、争取独立的爱国主义运动当中。这不仅使得爱国主义在当时有了明确的目标与方法指导，而且爱国青年在中国共产党的带领下，以反帝反封建作为爱国主义的鲜明主题，使中华民族完全摆脱了帝国主义列强与封建专制的压迫统治，完成了中华民族的独立与解放事业，实现了中华民族站起来的伟大历史飞跃，洗清了近代以来中华民族的屈辱史。新中国成立后，进行了社会主义革命，确立了社会主义制度，社会主义建设在探索中曲折发展。而后，党的十一届三中全会拉开了中国改革开放的序幕。广大青年响应号召并积极投身于改革开放的浪潮当中，大胆探索社会主义市场经济的运行规律，推动中国经济快速发展，使得中华民族实现了富起来的奋斗目标。党的十八大以来，面对国内经济发展进入新常态、反腐败斗争形势严峻的内部环境，以习近平同志为核心的党中央统筹推进"五位一体"总体布局、协调推进"四个全面"战略布局，推动党和国家完成了一系列深刻的革命性变革，为中国特色社会主义的进一步发展奠定了新的现实基础。随着改革进入深水区、社会生产力不断提高、人民对于美好生活的需要日益增长、中国综合国力与国际地位不断增强，中国社会的发展现状展现了与以往完全不同的全新面貌，正稳步踏上历史新征程。中国人民在中国共产党的领导下投身于民族独立、人民解放和国家富强、人民幸福的事业，中华民族迎来了站起来、富起来到强起来的伟大飞跃。

对于当代中国青年而言，把强国建设、民族复兴作为新时代中国青年热爱伟大祖国的实践主题，这是对自近代以来中华民族爱国主义时代主题的延续与发展，也是自近代以来中国青年表达爱国情感、践行爱国行为的接力棒。新时代中国的命运与世界发展的命运休戚与共，习近平总书记曾深刻指出，"弘扬爱国主义精神，必须坚持立足民族又面向世界"。因此，新时代中国青年热爱伟大祖国一方面要富有"国际视野和全球担当"，将世界发展与中国发展的命运相联系，树立博大的世界情怀，为世界发展提供中国精神、中国智慧、中国价值；另一方面，新时代中国青年也要立足于国际视野，以民族发展为根基，汲取世界各国、不同文明的优秀成果和智慧，切实推动中华民族伟大复兴的实现。

爱国、爱党和爱社会主义相统一是新时代中国青年热爱伟大祖国的实践要求。

习近平总书记在纪念五四运动100周年大会上的讲话中深刻指出："当代中国，爱国主义的本质就是坚持爱国和爱党、爱社会主义高度统一。"①这不仅是对新时代爱国主义本质的内在理论阐释，更是新时代中国青年热爱伟大祖国的具体的实践要求与价值遵循。

爱国可以被划分为多个层次、多种样式的情感态度、认知状态与价值信仰

最为朴素的爱国表现为对于国家的热爱之情，是人们在长时间历史发展进程中基于地缘关系所形成的对于祖国山河、故土、文化、历史等的热爱与依恋。更高层次的爱国则是个体对于国家的认知状态，是对于自己公民身份的认同，即一种"生于斯，长于斯"、以身份认同为核心的国家归属感。最高层次的爱国则表现为信仰层面的存在，即爱国主义。这是基于前两种爱国情感、爱国认知之上的对于国家和具体国家制度安排、国家发展的热爱，是理性化的认知结果。它以人们对于国家最质朴的内在情感为出发点，包含着对于祖国河山、骨肉同胞以及物质文明、精神文明、政治制度等的热爱，是对于历史发展进程的肯定，也是调节个人与国家关系的重要行为依据与价值标准。同时，作为理性化的认知状态，爱国主义也可以为个体的发展提供精神支持与价值关怀，彰显其在信仰层面存在的价值活力。因此，新时代

① 习近平:《在纪念五四运动100周年大会上的讲话》，人民出版社2019年版，第7页。

中国青年热爱伟大祖国不仅仅应该停留于对祖国河山的朴素热爱，更应该是对国家政治、社会制度等的理性热爱。如同邓小平所指出的那样："有人说不爱社会主义不等于不爱国。难道祖国是抽象的吗？不爱共产党领导的社会主义的新中国，爱什么呢？"①新时代中国青年热爱伟大祖国不仅仅是抽象的口号与情感，更是包含着具有现实特征的行为准则。

社会制度的形成和社会发展的进程与一个国家的历史发展密不可分，这是现代政治国家历史发展所形成的基本规律

近代以来，许多爱国的仁人志士都为探索一条振兴中华民族、实现人民自由解放的发展道路而不懈努力。中国共产党的政治领导和中国特色社会主义的制度基础为当代中国的蓬勃发展奠定了坚实保障，带领中国人民走出了中国式现代化发展道路，推动了经济的迅速增长与国家的繁荣富强。因此，新时代中国青年要深刻认识到中国共产党、社会主义制度与国家发展的历史逻辑，在弘扬爱国情怀、践行爱国行为的过程中恪守爱国、爱党和爱社会主义相统一的本质要求。

把爱国、爱党和爱社会主义相统一作为新时代中国青年热爱伟大祖国的实践要求是捍卫国家意识形态安全的价值所在

当前，中华民族正处于发展的关键时期。但某些国外敌对势力仍然不断挑衅中国主权，在边境、领海、领空等问题上破坏我国领土完整。此外，某些民族分裂势力蓄意挑拨民族关系，攻击"一国两制"

---

① 《邓小平文选》第二卷，人民出版社1994年版，第392页。

基本国策，试图分裂中国、动摇社会主义意识形态的核心地位，极大程度地冲击了国内社会稳定与社会主义意识形态安全。祖国的统一、民族的团结是国家最高的利益，同时也是国家发展的必要前提。因此，立足于当代中国社会的现实境况与发展目标，新时代中国青年热爱伟大祖国要牢牢把握当代中国爱国主义的本质特征，并将其作为具体的实践要求，深刻理解爱党、爱社会主义与爱国三者之间的紧密关系，为中华民族实现伟大复兴添砖加瓦，切实践行热爱伟大祖国的本质要求。

扎根人民、奉献国家是中国青年热爱伟大祖国的实践内容。马克思指出："人的思维是否具有客观的真理性，这不是一个理论的问题，而是一个实践的问题。"[1]爱国从来都不是高高在上的宣传口号，而是真抓实干的现实活动。新时代中国青年热爱伟大祖国不仅仅需要关注宏大的时代叙事，更需要聚焦微观的个体叙事。习近平总书记2018年在北京大学师生座谈会上强调："爱国，不能停留在口号上，而是要把自己的理想同祖国的前途、把自己的人生同民族的命运紧密联系在一起，扎根人民，奉献国家。"[2]这就是说，新时代中国青年要将个人成长成才的目标融入祖国发展、社会进步的历史浪潮当中，以青春之小我筑造家国之大我，在强国建设、民族复兴的历史进程中创造属于个体的辉煌。

回顾历史，中国青年胸怀报国热情使得中国摆脱了积贫积弱的处境，走向了实现民族独立、人民解放和国家富强的道路。今天，新时

---

① 《马克思恩格斯选集》第一卷，人民出版社2012年版，第134页。
② 习近平：《在北京大学师生座谈会上的讲话》，人民出版社2018年版，第12页。

代中国青年走向中华民族伟大复兴的道路上，对于每一个新时代中国青年而言，祖国是个人发展、成长成才的根基。国家的发展同每个人的努力不可分割，而每个人的发展也与国家所提供的环境条件不可分割。因此，爱国是每一个中国青年不可推脱的责任。新时代中国青年要把内在的爱国情感外化为现实的爱国行动，把相对独立的个体发展融入整个社会的发展进程当中，从而使得个体发展与国家发展同呼吸、共命运。

新时代青年热爱伟大祖国、践行爱国主义精神，就要在学习中增长知识、锤炼品格，在工作中增长才干、练就本领，到祖国最需要的地方去发光发热，绽放青春之花。习近平总书记针对黄大年同志先进事迹曾指出，"把爱国之情、报国之志融入祖国改革发展的伟大事业之中、融入人民创造历史的伟大奋斗之中"。这既是对黄大年同志的肯定，也是对新时代中国青年践行爱国主义精神的要求。

东北师范大学马克思主义学部 2021级硕士研究生 张翰麟

百年青运爱国心，满腔热血报中华

习近平总书记指出："青年是整个社会力量中最积极、最有生气的力量，国家的希望在青年，民族的未来在青年。"①100多年来，中国共产党团结带领一代又一代青年为实现中华民族伟大复兴的中国梦接续奋斗，推动中国青年运动始终与国家同呼吸、与人民共命运、与时代齐奋进，书写了百年党史中闪光的青春篇章。

青年通常是指人十四岁到三十五岁的阶段，而我则更喜欢另外一种比喻：指事物的开端。因为正值青年，所以对于一切挑战性的选择都可以去尝试、去探险，从不惧怕失败。面对如今瞬息万变的社会，更需要我们青年人勇敢拼搏，积极向上，在新时代的奋斗里程上增添浓墨重彩的一笔。

在新民主主义革命时期，青年是时代的探路者

中国共产党领导广大青年奋勇投身民族独立和人民解放的历史洪流。20世纪初期，中国社会动荡不安，在一片混乱下，诸如"少年中国学会"毅然扛起了寻找新出路的旗杆。他们"奔走呼号，为天

---

① 习近平：《在纪念五四运动100周年大会上的讲话》，人民出版社2019年版，第6页。

下倡"，他们敢为人先各抒己见，他们像一颗炸弹炸醒了沉闷的中国。1922年5月5日，中国社会主义青年团第一次全国代表大会在广州隆重召开，中国社会主义青年团成为中国共产党领导下的、团结教育中国青年的核心组织。在党的领导下，广大青年充分释放着热情和干劲，积极投身于工人运动、北伐战争、土地革命运动、抗日战争、解放战争，始终走在革命前列，成为实现民族解放、推动社会进步的先锋力量。闻一多在《五四断想》中指出，"青年永远是革命的，革命永远是青年的"[1]，以青年之热血，谱写时代之新华章，革命之时代应以青年为首。他们是明灯，走在社会的最前端，引领了整个时代向前迈进。在他们身上，我们看到的是青年人面对困境积极探索的乐观态度，看到的是青年人在国家大难面前的勇气和担当，这样的青年人，是时代的先锋。

在社会主义革命和建设时期，青年是时代的建设者

刚刚成立的新中国，一穷二白，迫切需要恢复国民经济，巩固人民政权。朝鲜战争爆发，青年志愿军战士们响应党的号召，挺身而出，成为抗美援朝的主力军，用顽强战斗和高尚情操谱写了壮丽的青春之歌。广大团员、青年也掀起了用实际行动支援抗美援朝的热潮，以极大的热情踊跃参加国民经济的恢复工作，"一切为了祖国""一切为了最可爱的人"成为全国青年最有力的行动口号，为取得战斗胜利贡献出了青春和力量。"哪里遇到困难，青年就奔向哪里"。随着社会主义改造的完成，1957年5月，"新民主主义青年团"更名为"中国共产主

---

① 闻黎明：《闻一多传》(增订本)，人民出版社2016年版，第466页。

义青年团"。广大青年在团组织的引领下，始终紧紧围绕党的中心任务，挥洒汗水，忘我劳动，以战天斗地的实际行动引领社会主义新文明新风尚，创造了一个个新纪录，成为社会主义革命和建设的生力军和突击队。青年的进步，带动着整个社会的进步。他们像钉子，铆在哪里都有力，以新生的活力和劳动的热情攻破一道道难题。在他们身上，我们看到的是青年人自信昂扬的朝气，看到的是青年人敢于创新的底气，这样的青年人，是时代的标杆。

在改革开放和社会主义现代化建设新时期，青年是时代的奋斗者

党领导广大青年在中国特色社会主义建设中建功立业。"团结起来，振兴中华"成为中国青年的共同心声。改革开放后，中国进入快速发展的时期。为了促进国家更快更好地发展，他们埋头苦干，稳重踏实，是一个个平凡又不平凡的岗位上千千万万的普通人。这一时期，在广大青年群体中涌现出了一大批新长征突击手、岗位能手、农村青年星火带头人、青年志愿者，成为推动科技进步、带动创新创业的弄潮儿，他们凭着满腔豪情壮志，在各条战线上攻坚克难、开拓进取，贡献力量。"莫等闲，白了少年头，空悲切。"年轻的岁月是拼搏的岁月，年轻的他们是奋斗的青年。他们靠自己的勤劳认真绘制出了美好时代的蓝图。在他们身上，我们看到的是青年人甘于奉献的美好品质、踏实稳重的优秀品格，这样的青年人，是时代的楷模。

在中国特色社会主义新时代，青年是时代的创造者

在全面建成小康社会、全面建设社会主义现代化国家的伟大历史进程中，青年奋斗的身影遍布神州大地。习近平总书记强调："为实现中华民族伟大复兴的中国梦而奋斗，是中国青年运动的时代主题。"①中国青年运动的光荣传统和光辉主题，始终是与中国梦交相辉映的。在脱贫攻坚、乡村振兴、疫情防控、科研攻关等多个国家重大工作中，都活跃着朝气蓬勃、富有生机的青年人。新时代的青年人不怕苦、不怕难，用青春的风采描绘着民族的希望。

100多年来，在不同的历史时期，在中国共产党的正确领导下，共青团带领广大青年坚定不移跟党走，脚踏实地、接力奋斗，为社会进步、国家富强、人民幸福奉献力量。习近平总书记指出："未来属于青年，希望寄予青年。"②在党的指引下，一代代中国青年自觉将青春融于人民事业，融于民族复兴。新时代青年，亦更加坚定地走在时代前列，不惧艰险，在劈波斩浪中开拓前进，在披荆斩棘中开辟天地，在攻坚克难中创造业绩。21世纪的中国已实现了政治经济文化多领域的全面提高，生于这个时候的我们，被称为"泡在蜜罐里长大的一代"。我们没有经历过战火纷飞时的艰难岁月，幸运地享受着父辈为我们提供的优越的生活条件。但是，在这种舒适中使得有些青年安于现状不思进取，把平和淡然当作自己人生的座右铭。我对于这种想法并不赞同。作为青年人，我们身上肩负着责任和使命，我们在享受美好生活的同时更应该在此基础上去创造更加崭新的时代。就像《论语》中有这样一个成语——"后生可畏"，后生之所以可畏，是因为他们敢于在旧的基础上去创造新的，勇于挑战自我不断尝试。趁着年轻，去

---

① 《习近平谈治国理政》第一卷，外文出版社2018年版，第53页。
② 《习近平著作选读》第二卷，人民出版社2023年版，第488页。

挖掘，去探索，去创造。是的，我们可以选择富足安逸的生活，但却从不会停下探索的脚步。在我们肩上，既应担着草长莺飞，又该扛着家国情怀，高山之巅的重峦耸翠总是美过被随意采摘的路边野花。这样的我们，才是这个不断进步的时代所需要的新青年。

党的十八大以来，习近平总书记多次勉励我们要立大志，明大德，成大才，担大任。我们作为新时代新青年，要肩负历史使命，展现出自信自强、刚健有为的精神风貌。

首先，我们要树立正确的思想观念。新青年首先要热爱祖国，一个人如果不爱国，那他如何能称为国家的公民呢？故而，我们要爱国爱民，忠于人民，将自己的命运和国家的命运联系在一起，为国家、社会乃至集体做出应有的贡献。其次，我们要锤炼自己的品德，在工作中，我们要做到认真负责、恪守原则、无私奉献、廉洁自律。在生活中，我们要对自己有一定的道德要求，做到求真、力行。"以冰霜之操自励，则品日清高。以穹隆之量容人，则德日广大。"以此来勉励自我，努力锤炼自己的道德。最后，我们要做到勇于创新。需要在学习中勇攀高峰，与优秀的人进行交流、相互学习、共同进步，实现德智体美劳共同发展。

作为青年学生，需要做到合格且实干。脚踏实地、砥砺前行从来都不是空口白话，我们也需要践行其理念，成其大器。这个社会最需要、最欢迎有实干精神、能解决实际问题的人，而不欢迎夸夸其谈、眼高手低的"客里空"。作为青年学生，需要深入实践，从实际出发，做事讲究实效，下功夫解决实际矛盾问题，为老师和同学们排忧解难，做到干中学、学中干，学以致用、用以促学、学用相长，而不是搞"形式主义"，变成夸夸其谈的"客里空"。

青年人促进了时代的发展，时代又见证了青年人的成长，这一代代青年人在时代发展中不断奋斗，推进了国家繁荣昌盛。在前进的路上，固然会有重重阻挠，当我们遇见深林可以辟成平地；遇见旷野可以栽种树木；遇见沙漠可以开掘井泉。我们青年人，是只管向上走的，向上的路没有光也无所谓，毕竟，我们就是光。

东北师范大学传媒科学学院（新闻学院） 2021级本科生 李嫣然

空谈误国，实干兴邦

习近平总书记2012年11月29日在参观《复兴之路》展览时的讲话中强调："空谈误国，实干兴邦。我们这一代共产党人一定要承前启后、继往开来，把我们的党建设好，团结全体中华儿女把我们国家建设好，把我们民族发展好，继续朝着中华民族伟大复兴的目标奋勇前进。"①

"空谈误国，实干兴邦"是一条亘古不变的真理。

《劝学》云："骐骥一跃，不能十步；驽马十驾，功在不舍。锲而舍之，朽木不折；锲而不舍，金石可镂。"实干兴邦，需要的不是夸夸其谈，口若悬河，而是实干苦干，求真务实。

战国时赵国名将赵奢之子赵括，少年时期便熟读兵书，在兵法上无人可敌。机缘巧合他接替廉颇为赵将，在指挥长平之战中，他却只知道墨守兵书上的成规，不懂变通，最终惨败而归。赵括在纸面上谈论打仗，即使说得天花乱坠、万分漂亮，到真正需要出战的时候，不能具体问题具体分析、使用正确的策略解决实际问题，到头来只能是竹篮打水一场空，一枕黄粱皆为梦。

---

① 《习近平著作选读》第一卷，人民出版社2023年版，第63页。

西晋末年一士大夫名为王衍，以善于清谈出名，专门讨论一些抽象的脱离实际的问题。由于他门第高、官位高、影响大，在他的影响下，清谈玄虚、耻于实干成为时尚，晋武帝也因为他颇善言谈以为他有治国之才。社会上弥漫着清谈虚浮之风。西晋发生内乱，边境游牧民族乘机入侵，王衍被任命为大元帅，他不知所措，在石勒率兵来攻时撒腿逃跑，被石勒大兵追上。石勒本是奴隶出身，对于"当朝第一名士"的王衍非常仰慕，擒住王衍后称呼他"王公"，向其询问西晋内情。王衍却侃侃陈述西晋发生祸乱及失败的根由，并借机替自己开脱，说自己从年轻时起就不参与世事，只想做点学问，西晋的失误与己无关。石勒听后勃然大怒说，你名盖四海，身居重任，怎么说不参与世事？败坏天下，你难脱其责！石勒让人将墙推倒，把他压死。王衍用夸夸其谈的方式获得了别人一时的追捧，然而到真正需要他参与作战时他却一无所知，最终导致自己命丧于此。

"空谈误国，实践兴邦"，教导我们以实践为中心，要求我们在"实"字上下功夫。成功缘于实干，祸患始于空谈。

光绪年间，有一位叫张謇的读书人，写得一手好书法，名属"江苏五才子"之一。中日甲午战争爆发后，懦弱的清政府与日本签订了丧权辱国的《马关条约》后，张謇无比愤慨和忧虑，掷地有声道："几罄中国之膏血，国体之得失无论矣！"张謇认为只有发展民族工业才能抵制帝国主义侵略，才能拯救中国。可是封建社会的人们认为"万般皆下品，唯有读书高"，普遍轻视农业、工业、商业，读书人更是一门心思地为"读得圣贤书，货卖帝王家"而奋斗。面对社会风气如此，张謇却还是秉承着自己"愿成一分一毫有用之事，不愿居八命九命可耻之官"的信念，毅然辞官回乡，创办了大生纱厂。张謇用大生纱厂赚来的钱，创办了中国第一所民办师范学校、中国第一所公共博物馆。张謇一生秉承着"实业救国"的信念，为中国近代民族工业的兴起、教育事业的发展作出不可磨灭的贡献。"空谈误国，实干兴邦"，张謇毅然决然地搞实业，造福了父老乡亲，是中国民营企业家的先贤和楷模。

深圳曾是一个破败不堪、村民们靠海吃饭的小渔村。渔村人驾着舢板艇，在深圳河打鱼捞虾艰难度日。1979年，中国开始推行改革开放政策，深圳成为改革开放的经济特区。深圳人民真抓实干，在深圳这片土地上从零开始，当年，这里到处充斥着机器运作的隆隆声响，到处是步履匆匆的实干者。渔村人下商海、跑运输，努力抓住各种商机，在坚持不懈的努力下，短短一年，渔村人民就告别了住破草寮的历史，靠自己的双手将深圳发展成为新型社区。1992年邓小平视察深圳后，对深圳在改革开放和建设中所取得的成绩给予了充分的肯定，深圳发展这么快，是靠实干干出来的，不是靠讲话讲出来的，不是靠写文章写出来的。[1]没有深圳人民的真抓实干，就没有深圳如今的辉煌发展。

"空谈误国，实干兴邦"。在年少的时候，我们都怀揣着自己的理想，可是随着我们慢慢长大，在前行的路上遇到了各种各样的阻力，有来自课业上的难题，有来自就业的烦恼，也有来自其他人的质疑。很多人在接连不断的困难和质疑面前选择了退缩，将还没有实现的梦想深埋在了心底，慢慢变得随波逐流，偶尔想起当初的那份热忱，仿佛已经是很遥远的事情。可我们发现，那些看似触不可及的梦想，总

---

① 钟文、鹿海啸编著：《百年小平》下卷，中央文献出版社2004年版，第783页。

有人悉数把它们变为了现实。他们成功的秘诀是：明白前方的艰难险阻是必然要跨越的，越美好越伟大的理想，越需要现实的支撑、需要经过实践的打磨，才能更好发光发亮。

"不登高山，不知天之高也；不临深溪，不知地之厚也。"我们处在一个高速发展的时代，机遇与挑战并存。作为新时代青年的我们，既享受着新时代所带来的广阔舞台与发展空间，也承载着时代使命与青年责任。因此，我们更应该坚定从实践出发去探索答案的脚步，拒绝空想妄想，积极主动投身第一线、最前沿，认真接受真枪磨砺，才能让自身成长得更稳健、更扎实，使自己的眼界变得更宽阔、本领变得更高强。

大道至简，实干为要。作为新时代的青年，正处于学习的黄金时期，我们应把学习作为首要任务，明晰学习并不仅仅是一种生活方式，更是一种责任、一种精神追求。树立理想从学习开始、事业靠本领成就的观念，让学习成为理想之舟的有力船帆，让增长本领成为推动理想之舟驶向成功的不竭动力，真正做到学以致用、知行合一。

青年有担当，国家才能有前途，民族才会有希望。青年人的理想、本领、担当，最终都需要落实在为实现中华民族伟大复兴中国梦而奋斗的具体实践中，要秉承"空谈误国，实干兴邦"的实践理念，在新时代的洪流中守住理想初心，乘长风破万浪、接受实践的检验。要用理论知识武装头脑、指导实践，在党的领导下树立远大理想，肩负起民族复兴的重要使命。在实现中华民族伟大复兴的重要节点上以昂扬向上、饱满崭新的精神状态，勇毅前行！

东北师范大学政法学院 2021级硕士研究生 张玉如

心怀"国之大者"，以实干书写青春

党的十八大以来，以习近平同志为核心的党中央高度重视青年、亲切关怀青年一代，习近平总书记深刻指出："青年兴则国家兴，中国发展要靠广大青年挺膺担当。"①新时代的青年大学生要心怀"国之大者"。那么什么是"国之大者"？"国之大者"在不同历史时期有不同的内涵，但都是关系到国家兴衰、民族命运、人民福祉的大问题，也是关系到立心立命立身的根本立场。立足新时代，面向第二个百年奋斗目标的新征程，心怀"国之大者"就要为强国建设、民族复兴贡献一份实干的青春力量。

心怀"国之大者"，以信念书写青春

一个人只有树立明确的奋斗目标，才会充满前进的动力，人生才会在开拓进取中得以提高，在困苦磨难中更加坚毅。没有了理想的牵引和激发，青春岁月就会像无根之萍、无翼之鸟。

2013年，习近平总书记在同各界优秀青年代表座谈时指出："理想

---

① 《国家主席习近平发表二〇二三年新年贺词》，《人民日报》2023年1月1日。

指引人生方向，信念决定事业成败。"①青年理想远大、信念坚定，是一个国家、一个民族无坚不摧的前进动力。当前，我们的主要任务是实现中华民族伟大复兴，中华民族迎来了最好的发展时期，同时在这一过程中也面临着巨大的风险挑战。作为新时代中国青年，我们要自觉坚定理想信念，把青春梦融入中国梦，接过时代的"火炬"，点亮心中信念的"灯塔"，在报效祖国中树立远大的志向。作为新时代的奋斗者，广大青年要牢固树立永久奋斗的信念，面对各种各样的艰难困苦，不轻言放弃，而是付出更为艰巨、更为艰苦的努力，迎难而上。

心怀"国之大者"，以笃学书写青春

不学习难以增长才干，不立志难以学有所成。奋斗要有过硬本领，发奋用功，勤奋好学正是青年在大学生活中的主旋律。

100多年前，黑暗贫困的社会让中国人陷入了深深的绝望、苦闷和彷徨之中。青年学子发出为中华之崛起而读书的声声呐喊，陈独秀、李大钊、鲁迅等人在新文化运动中，以口、笔为武器，不遗余力地提倡民主与科学，反对封建专制和迷信观念，向国人宣传民主和科学，发出振聋发聩的声音，用青春之我创造青春之中国、青春之民族的浴血奋战。那时笃学是为了寻求救国良方。

新中国成立初期，百废待兴，处处落后。以邓稼先、钱三强、钱学森等归国科学家为代表的知识分子积极响应祖国召唤，奔赴国家建设的一线，放弃国外更好的待遇和发展条件，克服种种困难回到当时一穷二白的祖国，在极其艰苦的工作环境中，为新中国建设作出了突

---

① 《习近平谈治国理政》第一卷，外文出版社2018年版，第50页。

出的贡献。躬身于田间地头的袁隆平毅然挑起学农的重担，直到生命最后一刻也不愿退休。"呦呦鹿鸣，食野之苹"，屠呦呦为测青蒿素安全性曾以身试药，中国疟疾感染病例由20世纪40年代的3000万例减少至今天的0例，这是一项了不起的壮举。在国家建设的初期，还有很多不为人知的人为祖国的国防、农业、医药等领域作出了奠基性的贡献。那时笃学是为了生存。

现在，我们的国家已经步入新征程。面前是外敌来犯，身后是祖国大地，18岁的陈祥榕是宁洒热血不让寸土的青年军人，使命所系、义不容辞地用实际行动诉说"清澈的爱，只为中国"。如今的中国航天团队中，70后、80后已成中坚，90后崭露头角，为梦而来的新一代中国航天人，接力奋斗攀登。神舟飞天、蛟龙入海、嫦娥奔月、天眼巡空、墨子传信、北斗组网、天问探火……我们可喜地看见国家科技创新成果呈井喷之势，在这些高科技领域能看到青年人的身影。用柔弱双肩为家庭撑起一片天的刘羲檬，帮助残障人士就业的特殊教育教师贾君婷仙，从突发火情中勇救一家三口的快递员张裕，充分展现了当代中国青年的道德坚守和价值追求。

面对知识经济迅猛发展、新技术日新月异的时代特征，青年应时刻保持求知之心、脚踏实地钻研专业知识，用笃学书写青春，以务实端正的作风和奋发有为的状态投入学习工作生活中，认真思考，积极探索，为中国高质量发展贡献青春力量。

心怀"国之大者"，以实干书写青春

勇于学习者进，善于实干者胜。唯有实干才能够建成社会主义现代化强国，唯有实干才能够不断推动实现中华民族伟大复兴。因此，青年必须发挥实干精神，以志存高远、功成有我的担当，坚持不懈的态度，认定目标后专心致志地躬耕实践，面对任何困难挑战都要坚持到底。实干不是弄虚作假喊口号，而是一定要实实在在地把事情干成，要切切实实取得实效、得到结果。

习近平在梁家河造福百姓的经历告诉我们，在最能吃苦的年纪拒绝安逸，深耕基层，才能知道人民群众真正需要什么。我们要立志做进取有为的青年，"自找苦吃"方能苦尽甘来，怀揣吃苦耐劳的优良传统，将书本上的知识"挤挤水"，得到知识的"干货"，做到读万卷书，行万里路，知行合一，行稳致远。

如今我成为研究生支教团的一员，我将以热情的服务践行青春誓言，以实际行动展现当代青年的使命担当。耕耘巴蜀大地，照亮黄土高原，为祖国基础教育事业无私奉献，为青春书写实干的成长答卷。

乡村振兴美好画卷一定靠青年一代绘制。"民惟邦本，本固邦宁。"乡村振兴的建设连接着充满希望的未来，而未来属于青年，希望寄予青年。乡村的每一寸土地都需要青年努力注入新鲜血液，大学生村官、青年志愿者、"三支一扶"是有志青年挥洒青春的舞台！当代青年正以脚踏实地、埋头苦干的精神，不驰于空想、不骛于虚声，实事求是地投入到实际工作之中，切实助力乡村振兴。

当代青年生逢其时，重任在肩。当代青年要脚踏实地，接过时代赋予的重任，以信念、笃学、实干，在党的伟大事业中践行青春使命，矢志奋斗，跟上时代前进的步伐，绽放更加绚丽的青春之花。

东北师范大学美术学院 2019级本科生 殷琪超

为什么说"当代大学生是可爱、可信、可贵、可为的"

2014年，习近平总书记在北京大学师生座谈会上指出："当代大学生是可爱、可信、可贵、可为的。"这既是对当代大学生的赞誉，也是对当代大学生的期许，党和人民信任青年，对青年抱有强烈的期望，希望青年能成为推进党和国家事业的重要力量。可爱、可信、可贵、可为的青年大学生是党和国家事业的生力军，是实现中华民族伟大复兴的先锋力量。青年是祖国的未来和希望，也是党的未来和希望。广大青年要从现在做起，从自己做起，勤学、修德、明辨、笃实，让社会主义核心价值观成为自己的基本遵循，努力在实现中国梦的伟大实践中创造自己的精彩人生。当代大学生用青春书写壮丽华章，有的携笔从戎，主动请缨到条件艰苦的边疆；有的奋力拼搏，在奥运赛场为国争光；有的矢志科技创新，将论文写在祖国的大地上。

当代大学生是可爱的，不仅是指外表的可爱，更是指内在的可爱

可爱体现在当代大学生富有朝气、充满梦想、富有活力、开放自信、好学上进。

可爱体现在富有朝气、充满梦想。不顾家人反对，坚持所爱学习汽车维修的女孩古慧晶，在学校集训队中脱颖而出，代表学校参加全省机电维修大赛，与省内其他职业学校的32名选手比拼。面对压力，古慧晶全力以赴地"备战"。从早上八点到晚上十点，她不顾双脚被工鞋磨出水泡、双手被化学清洗剂弄得粗糙，始终以精益求精的态度完成每一次训练。这种精神就是"爱你所爱，无问西东"。勇敢执着地坚持心中的梦想，不被外界的标签评价所束缚，这本身就是一种难能可贵的品质。因为心怀热爱，她宁愿选择更艰难的道路，凭着坚忍的毅力勇往直前，奔赴自己理想的方向。青年作为新生力量，富有活力与朝气。大学生无论是在精神上还是体力上，都处于状态最佳的时期。在精神上，有饱满的精神状态，正当是努力学习知识的黄金时期；在体力上，有强壮健康的体魄，正是造就顽强体格的绝佳时期，因而青年是可爱的。正是因为青年拥有活力与梦想，才能引领社会前进，给未来带来希望。

可爱还体现为开放自信、好学上进。青年开放自信体现在坚持道路自信、理论自信、制度自信、文化自信，以开放包容的心态对待国际友人，在国际交流中发挥桥梁作用。曹原潜心科研，年仅23岁，便成为美国麻省理工学院博士，是以第一作者身份在《自然》杂志上发表两篇论文的最年轻中国学者。他坚持不懈地攻克物理领域的难题，发现石墨烯的超导效应，轰动学术界，开辟了物理学一个全新的研究领域，有望大大提高能源利用效率，助力解决困扰世界的世纪难题。青年正处于人生的黄金时期，应当追求进步，在这一时期青年可以学习各种知识，建立自己的知识体系，可以通过开展各种实践，切实提升实践能力和个人素质。开放自信、热爱学习、追求进步的大学生是可爱的。

作为当代大学生，我们要永远保持蓬勃朝气、昂扬锐气，充满生气，富有理想，勇敢追求自己的梦想，坚持自己的热爱，坚定信念，勇往直前，开放且自信，有一分热，发一分光。

当代大学生是可信的，可信体现在青年勇于担当历史重任

弃笔从戎在亚丁湾索马里海域护航的北大学子宋玺，进入军营后，高强度的训练让她吃尽了苦头，但她没有放弃，反而立下了要进入海军陆战队女子两栖侦察队的目标。为此，她日复一日在近别人两倍量的训练中磨砺能力，皇天不负有心人，宋玺凭借优异的表现成为赴亚丁湾护航编队里唯一的女陆战队员。在宋玺的青春篇章里，她用戎装点缀人生，用奋斗追逐梦想，用行动展现当代大学生的风采，担当重任，将个人梦与中国梦紧紧相连！

时代赋予我们重任，我们必须把个人的梦想同国家和民族的前途联系起来，把个人梦想和实现人民幸福和安居乐业联系起来，在实现个人梦想的过程中推动实现伟大目标，用远大梦想带动个人理想，为中国梦增添新生力量。勇敢担当时代重担的青年大学生是值得人民、党和国家信任的，是党和国家事业的希望，是民族的希望。正如习近平总书记所说："中国青年满怀对祖国和人民的赤子之心，积极投身党领导的革命、建设、改革伟大事业，为人民战斗、为祖国献身、为幸福生活奋斗，把最美好的青春献给祖国和人民，谱写了一曲又一曲壮丽的青春之歌。"[1]

①　习近平：《在纪念五四运动100周年大会上的讲话》，人民出版社2019年版，第5页。

作为当代大学生，我们要永葆可信，勇担历史重任，将个人梦与中国梦相连，勤于学习，学习各方面知识，形成自己的见解，做到又博又专，愈博愈专，为增长本领打下良好的基础。

当代大学生是可贵的，可贵体现在青年积极创新创造

创新是民族进步的灵魂，是一个国家兴旺发达的不竭源泉，也是中华民族最深沉的民族禀赋。创新对于民族、国家的进步具有重要的推动作用，只有创新才能获得持续发展的动力。而在创新的过程中，青年是主要的力量，是创新创业的引领者，具有十分宝贵的价值。创新驱动已经成为推动高质量发展的战略支撑，只有创新才能推动社会和国家的进步，从而使国家的综合实力得到提升，以利于我国在国际竞争中占据制高点。

大学生创新意识强，并致力于付诸实践。南京航空航天大学的刘上，自制固体火箭成功发射；武汉工程大学的刘耀东，参与碳化硅陶瓷膜应用领域相关研究，拥有国家专利11项，成果转化率达到90%。具有创新创造精神的青年人才，是国家创新活力之所在，也是科技发展希望之所在。创新型人才是国家需要的人才，只有创新型人才才能推动科学技术的进步，才能推动国家经济的持续发展。青年大学生乐于接触新思想、新观念、新事物，思维更加活跃，具有一定的知识基础，是最具有创造性的群体，理应走在创新创造前列。青年具备进行创新创造的潜能，还要不断养成科学精神和思维，通过实践提升具体的创新实践能力。

作为当代大学生，我们要敢于创新，躬身实践。在实践中进行创新创造。我们必须用新理念、新知识、新本领去适应和创造新生活。

青年要在已有的理论知识的基础上进行创新创造，不断地验证基础知识，拓宽知识领域，推动知识更新。

当代大学生是可为的，可为体现在青年敢于作为

正如习近平总书记所说："一百年来，在中国共产党的旗帜下，一代代中国青年把青春奋斗融入党和人民事业，成为实现中华民族伟大复兴的先锋力量。新时代的中国青年要以实现中华民族伟大复兴为己任，增强做中国人的志气、骨气、底气，不负时代，不负韶华，不负党和人民的殷切期望！"①展望未来，青年一代必将大有可为，也必将大有作为。

当代青年一代正处于百年未有之大变局、大有可为的历史机遇期，是可以有大作为，也应当有大作为的一代。青年正处于历史机遇期，见证新时代的到来，引领新时代的前进，应当敢于作为，同新时代共同前进。大学生的个人理想最终必须落脚于具体行动中，学习是实现梦想的开始，个人事业需要依靠个人的才干，要让努力学习成为个人成长的强大动力，要让实际本领的增长成为奋进的可靠力量，成为在新时代真正大有可为、敢于作为之人。

习近平总书记在党的二十大报告中寄语青年："当代中国青年生逢其时，施展才干的舞台无比广阔，实现梦想的前景无比光明。"②作为当代大学生，我们要永葆可为、敢于作为，心有所念、付诸行动，留下青春印记，向社会传播正能量。注重道德实践，践履笃行，通过做

---

① 《习近平著作选读》第二卷，人民出版社2023年版，第488页。
② 《习近平著作选读》第一卷，人民出版社2023年版，第58页。

好身边的小事，逐步累积，养成高尚的品质，培育良好的行为，为成为人才积累力量。

可爱、可信、可贵、可为的青年是党和人民的希望，当代大学生应当努力成为引领时代的人，努力奋斗的人，不断开拓的人，坚持奋斗的人，以执着的信念、优良的品德、丰富的知识、过硬的本领，为了我们共同的目标而奋力拼搏，在青春和汗水中谱写绚烂的青春之歌，在实现中华民族伟大复兴的道路上奋勇向前！

东北师范大学化学学院 2021级本科生 柳越

何愁难借东风势，凭力扶摇正当时

"光阴荏苒，物换星移。时间之河川流不息，每一代青年都有自己的际遇和机缘，都要在自己所处的时代条件下谋划人生、创造历史。"① "苟日新，日日新，又日新"，历史的经验告诉我们，尽管我们在洪流面前如沧海一粟之渺小，但是我们仍可以乘势而起蜂拥而至，战胜困难，实现理想，尤其是中国青年最是如此，要不惧困难，抓住机遇，一鸣惊人。"青年是标志时代的最灵敏的晴雨表，时代的责任赋予青年，时代的光荣属于青年。"② 如今我们正处于新时代的重大历史时期，适逢百年未有之大变局，这正是我们积极奋进的大好时机，我们要策马扬鞭，抓住当下，奋起直追。新时代的我们正是何愁难借东风势，凭力扶摇正当时！

青年与历史密不可分

历史的车轮滚滚向前，日月星斗，万物诸生，时代的变化仿佛永远在诉说着古希腊哲学家赫拉克利特所说的"人不能两次踏进同一条

---

① 《习近平谈治国理政》第一卷，外文出版社2018年版，第167页。
② 《习近平谈治国理政》第一卷，外文出版社2018年版，第167页。

河流"，展现出不同命运结局的历史群像似乎也印证着老子"天地不仁，以万物为刍狗；圣人不仁，以百姓为刍狗"的论断。

青年是历史中的青年。翻过历史的每一页，每一个时代都有其主题，而每一个主题的背后都是无数人为之奋斗和努力的理想。遥想先秦，礼崩乐坏，政治失序，经济混乱，社会动荡，战争纷纷，民不聊生，在这样的背景之下，如何重铸秩序就是当时仁人志士一生所求。孔夫子寻求仁道而周游列国；墨翟以一人而退楚军……诸子百家，各方角力，观点主张各有千秋，为国献计、为民请命却殊途同归。直至战国之初，李悝、商鞅、吴起以青年之身投身于变局之中，李悝变法开战国霸业之先，商鞅变法定秦国东出之业，吴起变法掘旧楚贵族之墓。秦王嬴政少年君王，蓬勃朝气，奋六世之余烈，执杖而鞭笞天下，百年乱世终结，时代焕然一新。在时代的浪涛中，青年都不是置身于世外的，恰恰相反，青年是历史广泛的参与者，是时代潮流的坚定追求者，他们风华正茂，积极昂扬。我们都知诗圣杜甫常怀忧国忧民之心，却忽略了他年轻时也和他那"安能摧眉折腰事权贵，使我不得开心颜"的偶像一样，写出了"会当凌绝顶，一览众山小"的豪迈之词。但面对着国破山河，他不得不转变自己的思想，而他那从年轻时就有的爱国情怀始终长存，尽管晚年生活极度窘迫，仍能写下"安得广厦千万间，大庇天下寒士俱欢颜"。在一个风烛残年的老人身上，我们看到了他青年时的热忱，同当时的历史背景相映衬，让历史熠熠生辉。青年是历史的青年，任何青年都逃避不了自己应担负的历史使命和时代任务，但青年之所以为青年，就在于他们不是也绝不甘于成为"俄狄浦斯"，他们要做"盘古"，要开创一个属于自己的新天地，因为历史的青年终将开创历史！

　　历史也是青年的历史。"恰同学少年，风华正茂；书生意气，挥斥方遒。指点江山，激扬文字，粪土当年万户侯。"青年是历史的青年，而历史又何尝不是青年的历史。"世界是你们的，也是我们的，但是归根结底是你们的。你们青年人朝气蓬勃，正在兴旺时期，好像早晨八九点钟的太阳。希望寄托在你们身上。"①青年是时代的希望，一代又一代的青年前仆后继，舍生忘死，用自己的生命写就一段又一段历史的诗歌。在和平年代青年是社会安定发展的潜力，在战争年代青年是取得胜利的保障。1919年5月4日，中国青年扛起了捍卫国家主权、反对帝国主义的大旗，五四运动爆发了，推动中国从旧民主主义革命转变为新民主主义革命。1921年，党的一大宣告中国共产党正式成立，与会代表平均年龄28岁。革命和青年总是紧紧联系在一起，1926年在北伐战争中冲锋陷阵的叶挺独立团和1931年至1954年在抗日战争中牺牲的数百万军人中，大多是30岁以下的年轻人，他们不畏生死，勇往直前，打出了中国青年的如虹气势，谱写了属于青年的革命历史。1949年10月1日，新中国成立了，中国进入了崭新的历史时期，这是近代无数青年所期盼，也是无数青年亲自缔造出来的。这就是中国青年，这历史就是青年的历史。

　　历史是我们最好的教科书，以史为鉴，可以正衣冠，可以明是非，可以知荣辱，可以定心神。回顾历史中的青年和青年的历史让我们深切体会到：青年要同时代紧紧联系在一起。而如何在当下利用时代条件谋划人生、创造历史则是我们每个青年的必修课，而实现这一目标，

---

① 中共中央文献研究室编：《毛泽东年谱（1949—1976）》第三卷，中央文献出版社2013年版，第248页。

首先我们要认识时代，然后投身于时代。

青年与时代息息相关

党的十九大指出，中国特色社会主义进入了新时代，这是我国发展新的历史方位。新时代的青年必然要对时代之问作答，要深入了解新时代，深层融入新时代，在新时代的大背景下，开启自己的新征程，积极投身于实现中华民族伟大复兴的伟大事业、伟大理想、伟大斗争、伟大实践中去。

世界百年未有之大变局进入加速演变期，一方面和平与发展仍然是时代主题，另一方面，国际形势的不稳定性不确定性明显增加，经济全球化遭遇逆流，民粹主义、排外主义抬头，单边主义、保护主义、霸权主义对世界和平与发展构成威胁。从国内看，我国继续发展具有多方面优势和条件，也面临不少困难和挑战。当我们放眼前进征途时，脚下迈入的是历史接力赛中最显荣光、也最需拼搏的新赛道。新时代新征程需要我们不断克服艰难险阻，以中国式现代化实现中华民族伟大复兴。党的二十大是在进入全面建设社会主义现代化国家新征程的关键时刻召开的一次十分重要的大会，事关中华民族伟大复兴的前途命运和全面建成社会主义现代化强国的伟大事业。党的二十大为中国的发展指明了方向，明确了任务，提出了方法，奠定了基调，坚定了全国各族人民坚持党的领导，坚定不移听党话、跟党走，也坚定了在新时代积极投身于实现中华民族伟大复兴的伟大事业之中的信心！党的二十大的召开是新时代新征程的开始，也是我们新时代中国青年坚持在党的领导下积极进取，实现价值的基石。

新时代与新青年是密不可分的，是荣辱与共的，以实现中华民族伟大复兴为历史使命的新青年，要真正实现自身价值，真正接过先辈交付的历史接力棒，就是要在新时代中大有作为，留下属于自己那浓墨重彩的一笔。历史告诉我们，任何一个国家、任何一个民族能否屹立世界民族之林，所依据的就是这个国家和民族是否具有传承的力量，而青年就是传承的主力军，因为青年生气勃勃，因为青年有朝气，敢担当，心怀热忱，激扬澎湃。青年是时代的希望，是国家的前途所在，是民族的命运所系，新时代新征程正因新青年的存在而熠熠生辉，蓬勃发展！

青年需整顿行囊，昂首出发

马克思主义哲学告诉我们，认识的目的在于实践。我们要重点认识新时代，但根本目的在参与新时代，在新时代的背景条件下，实现自身价值，谋划人生，创造历史。我们不应该只是历史的见证者，还应该是参与者和建设者。实现这一目标需要我们不断提升自己的理论水平、认知水平，需要树立正确的世界观、人生观、价值观，坚定信念，提高自身本领，只有做到这些我们才能"整顿行囊好出发"。

争做新青年，建功新时代，我们要有扎实的理论基础。扎实的理论基础有利于指导我们的实践。新时代青年应当深入学习马克思列宁主义、毛泽东思想、邓小平理论、"三个代表"重要思想、科学发展观、习近平新时代中国特色社会主义思想，在经典理论中吸取经验，用党的创新理论武装自己的头脑，始终在正确的道路上前进。

争做新青年，建功新时代，我们要明确理想价值。理想是一个人不断前进的动力，是一个人价值观的重要体现。新时代是开放的时代，新时代青年必然要面对多元文化，面对多样的价值。青年毕竟还处于人生从不成熟走向成熟的阶段，面对着各种各样的价值选择，往往会迷茫，甚至难抵诱惑从而走向歧途，因此能否树立正确的理想价值，对青年而言是一次重大考验。青年要坚定地将自身的理想同党和国家的需要相结合，将自身价值的实现同中华民族伟大复兴的实践相联系，只有这样我们才能自信昂扬地成为历史的"弄潮儿"。

争做新青年，建功新时代，我们要树立坚定信念。我们要始终坚信中华民族伟大复兴必然实现，我们要始终坚信中国特色社会主义道路无比正确，我们要始终相信坚持中国共产党领导是我们不断取得胜利的根本保证，我们更要始终相信共产主义的远大理想终将会在一代又一代青年的接力奋斗中实现。这些信念不是空洞的政治口号，而是经过历史和时代考验，由历史和现实所证明的大道至理。我们常说要认识时代，抓住时代的脉搏，当我们树立了坚定的信念，决心投身于中国社会主义现代化建设，实现中华民族伟大复兴的光荣事业中的时候，我们就已经把握住了时代的主题，并朝着正确的方向大步向前。

争做新青年，建功新时代，我们要提高本领才干。要始终保持学习的心态，培养学习的意识，世事洞明皆学问，只有不断提高自身的本领才干，才能在日新月异的时代，始终保持前进的优势和动力。我们青年要做有用的人，而不是只会说空话的人，要真干、肯干，这就需要我们不断提高自身本领，自觉将理论转化为实践，将信念转化为行动，将理想转化为价值，在实践中学习，在学习中进步，在进步中更好实践，从而实现自身的理想与抱负，不负党和国家的期待，不负青春韶华。

新时代是大有可为、大有作为的时代，作为新时代的中国青年要以挑战为机遇，不断提升自我，树立自信，真正地投身于新时代的大潮中去，"问苍茫大地，谁主沉浮"？我们不仅要成为历史中的新青年，更要创造出属于新青年的历史，要用光辉业绩告诉后来者什么叫"萧瑟秋风今又是，换了人间"！

东北师范大学历史文化学院 2022级硕士研究生 刘孙航

第三部分

立大德

国无德不兴，人无德不立

青年成才，立德为先

习近平总书记在中国政法大学考察时强调："中国的未来属于青年，中华民族的未来也属于青年。青年一代的理想信念、精神状态、综合素质，是一个国家发展活力的重要体现，也是一个国家核心竞争力的重要因素。"①习近平总书记的讲话直抵人心，是我们实践和行动的指南。

品德是为人之本。那么何为个人品德？个人品德有何重要性？当代青年应该具备怎样的品德？

何为个人品德？

中国自古以来就提倡美好的品德，恪守温良恭俭让，提倡仁义礼智信，强调"道德当身，故不以物惑"，新时代教育也提出坚持德智体美劳全面发展。那么何为新时代青年的品德？个人品德是通过外在道德教育和个人自觉修养所形成的，包括爱国奉献、明礼遵规、宽厚正直等相对稳定的内在品质和道德行为习惯。它深刻反映着青

---

① 中共中央文献研究室编：《习近平关于青少年和共青团工作论述摘编》，中央文献出版社2017年版，第9页。

年在道德问题上的价值判断，是思想、立场、价值、行为等的综合体现。

习近平总书记始终高度重视和关注青年的品德发展，发表了一系列重要讲话。2019年，在纪念五四运动100周年大会上，习近平总书记指出："我们要建设的社会主义现代化强国，不仅要在物质上强，更要在精神上强。精神上强，才是更持久、更深沉、更有力量的。"①2020年8月17日，习近平总书记在致全国青联十三届全委会和全国学联二十七大的贺信中说："我国广大青年要坚定理想信念，培育高尚品格，练就过硬本领，勇于创新创造，矢志艰苦奋斗，同亿万人民一道，在矢志奋斗中谱写新时代的青春之歌。"②2021年，习近平总书记在清华大学考察时指出，广大青年要立大志、明大德、成大才、担大任，努力成为堪当民族复兴重任的时代新人。

习近平总书记的一系列重要讲话，凝结着对青年成长成才和青年工作的无限关爱，为青年品德修养、个人价值的发展指明了方向。奋斗正当时，青春正当时。走好漫漫人生路，广大青年要不断锤炼品德修为，涵养高尚情操，树立远大理想，书写人生华章。

个人品德有何重要性？

一个人的品德，是人格之本，是无价之宝，金钱买不来，权力换不来，邪恶压不住，岁月抹不掉。个人品德作为整个社会道德体系的基础和根本，对社会道德的完善和发展、和谐社会的构建、民族的伟

---

① 习近平：《在纪念五四运动100周年大会上的讲话》，人民出版社2019年版，第11页。
② 《习近平致信祝贺全国青联十三届全委会全国学联二十七大召开强调 坚定跟党走 奋进新时代 为党和国家事业发展作出新的更大的贡献》，《人民日报》2020年8月18日。

大复兴，都有着巨大的作用和意义。

从民族复兴的伟大实践上看，"国无德不兴"是我们几千年来得出的历史经验。纵观历史，中华民族始终注重道德建设，强调个人与国家是休戚与共的命运共同体。国家繁荣昌盛，百姓才能自由安居乐业；国家兴旺发达，人民才能幸福平安，所以个人品德无论是就个人还是就国家、社会而言都尤为重要。良好的道德风尚是党和国家事业发展的稳定器，良好的品德修为也是个人的处事之本和发展之根，我们应时刻把崇德修身放在第一位，严以修德、以德立身。

在中华民族伟大复兴的关键期，作为青年一代，时代赋予我们更为光荣的使命，我们肩负的是民族复兴的重任。因而，我们的个人品德更显示着立德立国的重要意义，更应勤奋学习、锤炼身心，赓续红色基因，不断砥砺前行。不仅本领扎实，而且品德高尚，不仅有脚踏实地的精神，更有温润如玉的态度，用一份热情、一份担当、一份干劲，完善自身，成为可堪大用、能担重任的有用之才。

当代青年应该具备怎样的品德?

"青年兴则国兴，青年强则国强"，青年是推动国家向上发展的重要力量。青年是国家发展的希望，是社会前进的动力，更是实现中华民族伟大复兴中国梦的先锋力量。新时代青年富有朝气、富有活力，担当着民族复兴的重任。

锤炼品德，需要自觉树立和践行社会主义核心价值观，自觉加强道德修养，注重道德实践，增强自我定力，矢志追求更有高度、更有境界、更有品位的人生。

锤炼品德，需要明辨是非曲直。青年要有理性、正确的认识，要学会独立思考，不能人云亦云、盲目跟风。面对物质世界的诱惑，要学会保持定力、严守规矩，拒绝投机取巧，通过自己的努力和奋斗获得美好的生活，依靠简朴的作风培养品德，明确志向。

锤炼品德，需要常怀感恩之心。青年要有饮水思源、懂得回报的感恩之心，我们今天拥有的幸福生活，正是无数先辈用鲜血和生命换来的，我们要倍加珍惜，通过自己的实际行动，尽自己所能回报社会，为人民谋幸福、为民族谋复兴。在报效社会的同时，我们也要感恩亲人给予自己的帮助与陪伴，做一个有真情、存真心的青年。

锤炼品德，就要永葆奋斗精神。大道至简，实干为要；创业维艰，奋斗以成。青春应在奋斗中得到升华，青春应在奋斗中得到磨砺。脚踏实地，不负韶华，去做不被定义的"后浪"。广大青年要在奋斗中摸爬滚打，在青春的道路上奋力奔跑，通过不懈奋斗实现人生理想和价值。

作为新时代青年，应志存高远，注重自身修养与品质提升，要加强学习完善自我、踏实做事迈稳脚步，要不断明确奋斗目标，做到自身品德的锤炼与综合素质的提升。

一是要爱国爱家，重视亲情。家国情怀，可以理解为民族精神、爱国主义，也可以理解为个人修身、重视亲情、行孝尽忠等。我们每一个人的命运都与国家的命运共存，每个人的梦想不能脱离国家的梦想。"以青春之名，与祖国同行"，我们携手并进，朝着同一个目标共同努力，那么我们的国家就会变得越来越繁荣昌盛。

二是要志存高远，怀揣理想。当代青年要有理想，有担当，敢于追梦，敢于挑战，肩负起自己的使命。党的二十大擘画的宏伟蓝图，青年应当接过新时代的大旗，奋斗向前，积极为实现中华民族伟大复兴贡献智慧和力量。

三是要坚持不懈，努力奋斗。"志之所趋，无远弗届，穷山距海，不能限也。"新时代是属于奋斗者的时代，更是属于青年的时代。新时代，青年奋斗建功正当时，青年人的奋斗无论是对于国家的兴旺发达，还是对于个人的成长发展都具有重要意义。作为新时代青年应该走在时代发展前列，坚定不移听党话、跟党走，自信自强、守正创新，踔厉奋发、勇毅前行，要敢试敢为，做到从无到有、从小到大，把理想变为现实，要敢于做先锋，让奋斗成为青春搏击的能量，让青春年华在奉献中焕发光彩。

四是要无私奉献，实现价值。青年人要始终保持进取精神，不怕苦、不怕累、不怕牺牲、甘于奉献。作为新时代青年，应把握机遇、迎难而上、顺势而为，要脚踏实地、爱岗敬业、甘于奉献，要有时不我待的干事激情，勇往直前的昂扬斗志，敢为人先的创新精神，坚守自己的理想信念，用青春拥抱时代。

砥砺青春勇前行，笃行不怠绘新篇。走好漫漫人生路，广大青年要加强自身修养，具备政治坚定、理论成熟的基本素质，坚定理想信念，提升自身整体素质，不断锤炼品德修为，涵养高尚情操，树立远大理想，书写人生华章，用品德修养守护青春，点燃"青年之正气"。古人重视"修身、齐家、治国、平天下"。要想干一番事业，首先须锤炼品德，加强自身道德修养。广大青年作为国家的未来与希望，一定要弘扬新风、引领正气，展现新时代青年的良好形象。更要保持定力，坚持原则，守住底线，严格按政策办事，公道正派，坚决不做违规越矩之事，做到在工作上任劳任怨，在生活上清正朴素，做到工作圈守正、社交圈守直、生活圈守洁，用尽赤子之情，写尽品德之形，用朴素的人生哲学挺起伟岸的青春"脊梁"。

东北师范大学传媒科学学院（新闻学院） 2022级硕士研究生

周姝典

以德立身，正风勇进

《大学》开篇即讲，"大学之道，在明明德，在亲民，在止于至善"。美德是全人类奉为圭臬的心灵至宝。对自己有着严格要求，追求不断进步的人，往往对品德也有着极高的要求，追求至善至美之大境界。品德作为立身之本，最大的作用即提高为人处世的能力。

以德立身是中华文化中自古以来的传统追求

从孔孟到诸子，这些思想先驱无一例外，把品德作为自己思想体系中最重要的一部分，对追随者提出品德上的要求。古时，品德与高洁的君子形象逐渐融合，后世在探讨品德问题时很少再单独将品德作为一个课题，而是在整体的理想形象中把品德作为首要标准。儒家所推崇的"君子"之名，其内涵即品德高尚的人。"君子者，权重者不媚之，势盛者不附之，倾城者不奉之。""穷不失义，达不离道，此君子行事之准。"孔子的弟子颜回虽然"一箪食，一瓢饮，在陋巷"，但他拥有的至高无上的品格使他安贫乐道，内心平静，他早已是精神上的富翁。《孟子》更是书言"富贵不能淫，贫贱不能移，威武不能屈"，这正是儒家思想中对品德的朴素要求。刘禹锡在《陋室铭》中说："斯是陋室，惟吾德馨。"可见，自古以来品德作为对人的极高评价，是要远远高于物质这些身外之物的。以德立身是个人安身立命的前提和基础。"为天地立心，为生民立命，为往圣继绝学，为万世开太平"，这是古往今来历代思想家、政治家的最高理想。品德是一切功业的"地基"，越是拥有良好的美德，地基就越稳定，知识和能力的积累也就越有效。习近平总书记说："广大青年人人都是一块玉，要时常用真善美来雕琢自己，不断培养高洁的操行和纯朴的情感，努力使自己成为高尚的人。"①在走向成功的奋斗路上，知识能力的积累和美好品德的培养正如人的双腿，缺失任何一方面都走不远。只有能力、品德两手抓，才能达到真正的稳定发展，走到繁花似锦的远方。

以德立身是社会安定发展的必然要求

中国特色社会主义核心价值观中在个人层面的要求就是"爱国、敬业、诚信、友善"，这八个字是社会对个人品德要求的高度凝练。追求高速发展的社会要求不断提升人民生活质量，这不仅是对物质生活提出更高的要求，更是对人民精神世界的进一步领航。一个越来越现代化和完善的社会必然是精神高度发达的社会，必然是道德素质高尚的社会。只有每个社会成员以德立身，将个人品德放置在社会公德水平线以上发展，整个社会和国家才能实现安定发展的目标。

以德立身是国家对当代青年的殷切希望

五四运动以来，无数有志青年立志报国、奋发图强，迸发出矢志

---

① 中共中央文献研究室编：《习近平关于青少年和共青团工作论述摘编》，中央文献出版社2017年版，第41页。

复兴的历史伟力，彰显了高尚的道德情操，推动中华民族在复兴的道路上不断奋进。今天，当代青年比以往任何时候更接近、更有信心和能力实现中华民族伟大复兴的目标，他们既面临着难得的建功立业的人生际遇，又面临着"天将降大任于斯人"的时代使命。新时代中国青年要接过"五四"的火炬，书写新时代的荣光与梦想。一个民族的文明素养，很大程度上体现在青年一代的道德水准和精神风貌上。

那么，如何做到以德立身呢？换言之，应该培养怎样的高尚品德呢？其实，中华传统文化早就为我们作出解答，只是需要我们把隐藏在其中的精神内核挖掘出来并做好总结。"君子"的称号没有过时也不会过时，它会在每个时代焕发出新的生机，在不同的层面显示出不同的道德要求。提升品德必须是有主动性的，像是一种人生的修炼，从外在行为慢慢内化于心，成为为人处世潜在的行为模式。

以责任担当、舍生取义的精神培育浓厚的家国情怀

"天下归仁"是君子梦寐以求的理想，为达成这一目标，君子始终秉持"舍生取义"的胆识，以"舍我其谁"的自信和"匹夫有责"的担当，践行"虽千万人吾往矣"，勇往直前、敢于牺牲。范仲淹提出"先天下之忧而忧，后天下之乐而乐"，即君子为政以仁的最好写照。几千年来为国为民、为崇高理想奋勇牺牲的英烈先贤数不胜数，从《满江红》的岳飞和《过零丁洋》的文天祥，到在抗美援朝战争中舍生取义的黄继光和邱少云烈士，他们都是将家国责任置于生存之前的英勇君子。新时代青年也应学习勇于担当、舍生取义的君子风骨，为国为民尽青年人应尽之责。

以敏而好学、不耻下问的君子品性滋润追求理想的进取品格

孔子曰："三人行，必有我师焉。"在奋进的道路上，不断求知进取是必由之路。鼠目寸光、坐井观天只会换来停滞不前，想要突破自我，打开思维桎梏，交流是必不可少的。君子品格之所以可贵，在于既有"学而时习之"的治学态度，又能淡泊名利、不图虚名，始终坚持正道、不断进取。青年人只有做到敏而好学、不耻下问，才能在复杂多变的环境中不断提高自身素质、锤炼本领，避免片面的思维方式。只有做到"学以致用，学用相长"，才能成为具有礼让谦虚品格的新时代青年。

以见利思义、坦荡无私的君子秉性涵养无私奉献的高尚情操

"君子坦荡荡，小人长戚戚"，"君子"和"小人"有着"怀德"与"怀土"、"怀刑"与"怀惠"的不同人生态度。君子将天地万物放进心中，将奉献作为日常行动。君子既能理解"人之所欲"的人之常情，又能遵"道"、循"义"、守"信"，不断克服内心私欲，拥有坦荡高洁的思想情操。当代青年应树立正确的义利观，做到先义后利、坦荡无私，不断提高自身品行，践行"修身""齐家"和"平天下"的君子信念。

以反求诸己、恭敬性直的君子修为涵育虚怀若谷的谦逊风范

君子善于守正藏拙，谦和有礼，不会因为某一方面偶尔突出的成

绩而趾高气扬，颐指气使。自古以来，君子会格外注重自己的素质修养，在他们看来，君子要多"求诸己"，而非"求诸人"，强调"吾日三省吾身"，积极主动地反省自己的缺点过失并在以后的行动中予以改正。当代青年要多发现别人的闪光点，见贤思齐，严于律己，宽以待人，不自恃清高也不妄自菲薄，多进行反思并完善自己，为人更要谦和恭敬，做光明磊落的新时代君子。

以必慎其独、尊礼隆法的君子操守提升律己遵纪的道德修养

《大学》有文："此谓诚于中，形于外，故君子必慎其独也。"《中庸》有言："莫见乎隐，莫显乎微，故君子慎其独也。"慎独是儒家思想中很重要的一部分，指一个人在独处的时候，即使没有人监督，也能严格要求自己，自觉遵守道德准则，不做任何不道德的事。可以说，慎独是个人品德达到顶峰时的一种境界。曾国藩的"四条遗嘱"中第一条即慎独，他认为慎独可以使内心平静。慎独也是一种自我监视，正像把自我分为行动自我和监视自我两个部分，以第三人的视角对自己的一言一行作出评判，自己做自己的评论家。新时代青年应该做到慎独近思、尊礼隆法，为法治社会的建立和完善添砖加瓦。

作为师范院校的学生，品德的塑造显得格外重要。师者，所以传道授业解惑也。这里提到的"授业"中的"业"，远不止书本上的知识，也包括精神素养和个人品德。在当今的教育中，对学生道德品质方面的培养越来越受到重视。教育成才不能只关注学业成绩，教育要培养的人是对社会有用的人，是完整的人，因此在教育过程中就不能只关注头脑。当前，思想品德评价已经全面纳入中小学生评价监测体系，以中小学生为受众设计的一系列精品思想教育课程加入基础教育

领域，品德修养引领在学生成长发展过程中的作用越来越显著。学业考试考察的是学生知识水平的发展程度，而学生社会化的全过程考察的就是他们思想品德的发展程度。品德作为人生中最重要的无形精神财富，会伴随人度过漫长岁月，人在沧桑风雨中逐渐被打磨，愈是逆境愈能让人焕发出闪耀夺目的光彩。今后的思政课改革，应该加入更多实践的内容，让学生能在亲身经历中深刻体会高尚品德带来的内心愉悦。

高尚的品德让人身处逆境仍能泰然自若，不良品德使人在高处摇摇欲坠，倾覆于须臾之间。新时代青年应循大道向前，拥抱新时代、奋进新征程，练就过硬本领、锤炼品德修为，以德立身，正风勇进！

东北师范大学心理学院 2019级本科生 陈婉宁

锤炼品德修养，赓续时代华章

良好的品德是为人之本、成人之基。中华民族历来强调以德为重、以德服人。习近平总书记在纪念五四运动 100 周年大会上的讲话中指出，"新时代中国青年要锤炼品德修为"[①]，表明了习近平总书记对广大青年的殷切期待。新时代中国青年只有做到以行求知、以知促行，在知行合一上下功夫，锤炼品德修为，筑牢道德根基，才能在人生道路上走深走实，才能在时代潮头行稳致远。

树立正确的道德认知是青年锤炼品德修养的第一步

正确的道德认知是一个人修身立德的前提与基础，通过树立正确的道德认知让道德主体形成良好的道德意识，激发道德情感，才能培养出良好的道德品质。新时代中国青年的道德品质很大程度上决定了未来整个民族的精神风貌。因此，广大青年学生更应注重树立正确的道德认知，不断提升道德水准，成为引领新风气的鲜活力量。

近些年来，国家在推动道德建设方面推出了一系列重要举措，为改善社会道德风尚、提升公民道德素养发挥了积极作用。"感动中

---

① 习近平：《在纪念五四运动 100 周年大会上的讲话》，人民出版社 2019 年版，第 11 页。

国""最美奋斗者"等一系列评选表彰活动为青年学生起到了良好的榜样示范与价值引领作用。学雷锋、志愿服务等活动的不断推进，在全社会营造了人人讲道德、尊道德、守道德的氛围，对于提升青年学生的道德认知水平，强化青年学生的道德意愿发挥着积极作用。高校在开展青年学生道德教育的过程中，要积极响应国家号召，通过对国家道德建设举措的落实来提升青年学生的道德认知水平。例如，在"互联网+"的时代背景下，充分运用大数据、人工智能等现代信息技术调动教育资源、分析学生需求，以社会主义核心价值观教育为主线，推进价值性与知识性的有机统一，为青年学生备好优质、清新、多样的"精神自助餐"，从学校层面弥补国家道德建设举措在青年学生群体中的局限，使学生切实感受到核心价值观的真理之光和价值温度，校正心灵罗盘，优化道德认知，坚定理想信念，从精神层面满足学生的成长成才需要。

新时代青年正处于"拔节孕穗期"，更需要精心引导。他们充满激情与活力，但也存在知识不足、阅历不广、能力不强的现象。青年在学习、工作、生活等方面往往会遭遇各种困难和问题，甚至说错话、做错事，思想偏激、行为冲动。高校要坚持尊重规律与积极引领相统一，建立健全容错纠错机制，更多包容青年成长中难以避免的错误和通病，及时帮助纠正，及时教育引导，给青年学生留足持续提高自身认知的时间和空间，帮助广大青年学生培养奉献担当的战略视野、居安思危的底线思维和克难攻坚的奋斗豪情。

新时代青年需不断深化自觉的道德养成

习近平总书记指出，"善于从中华民族传统美德中汲取道德滋养，从英雄人物和时代楷模的身上感受道德风范，从自身内省中提升道德修为"①。道德养成是道德认知的进一步升华，需要一个长期的积累过程。

青年学生自觉的道德养成，应该是在道德认知的基础上，自发、自觉、自为地滋养道德情感、坚定道德意志、树立正向的价值取向，将精神层面的道德意识和实践层面的道德践行有机统一。

一是青年学生的道德养成。高校青年在成长成才成人的过程中必然会遭遇无数个自己"想不通""解不开"的思想困扰和精神困惑，急需给予针对性、实效性的开解与疏导。高校在推进思想政治教育的过程中要及时关注学生成长成才过程中的现实需求，推动思政课程育人、课程思政育人、教师思政育人等显性教育和心理育人、科研育人、服务育人、资助育人等隐性教育的同频共振，积极构建"大思政"育人格局，形成育人合力，切实让青年学生掌握"讲道德"的方法技巧，具备道德践行的能力与智慧。当他们身处道德冲突、道德悖论等境遇时，能够清醒地作出正向道德抉择，传播正能量。

二是社会群体道德影响。品德高尚的人不仅关注自我的正当利益，而且具有关心和关怀他人的能力。道德养成要做到从社会实践中来，到社会实践中去。在面向实际、深入实践中提升道德养成教育方式的自觉性和实效性。从时空上来看，高校思想政治教育既要面向在校青年学生，也要满足因为学术交流、竞赛、实践等缘由而身处校外的青年学生需要；既要面向青年学生的课堂教育教学，也要满足青年学生的课下探索求知需求。高校要积极引导青年学生在理论学习中自觉的

---

① 习近平：《在纪念五四运动100周年大会上的讲话》，人民出版社2019年版，第12页。

道德养成，在干事创新敢担当中自觉的道德养成，在为民服务解难题中自觉的道德养成，在道德养成和道德践行中关怀他人、关爱社会，增强社会群体的道德共识。

新时代青年应进行积极的道德实践

在正确道德认知的引导下，只有将头脑中的认识经由实践的不断输出才能实现内外化的有机统一。新时代青年学生通过积极的道德践行，才能锤炼出高尚的品德修为，实现个人价值，满足社会需求，才能在社会主义现代化建设的生动实践中走深走实，行稳致远。

古人云："知之非艰，行之惟艰。"道德认知和道德实践从根本上体现了"知"与"行"的哲学关系。当通过恰当途径获得正确道德判断和道德责任的"善"后，理应把这种"善"自觉应用于实践中，缩短"知善"和"行善"之间的距离。想要锤炼品德修为，空凭纸上谈兵是行不通的，只有基于正确道德认知，同时还要不断地从道德实践中积累经验和教训，持续强化道德养成，才能切实增强新时代中国青年的基本道德素质与道德实践能力。因此，高校要全时段保障青年学生思想观念、价值取向的健康发展，尽力让不同价值取向的人们向青年学生只输送正向积极价值，避免输送负向消极思想，使青年学生拒绝投机取巧，远离自作聪明，避免落入西方敌对势力和不法分子的陷阱之中。

具体而言，首先要加强校园建设的政治方向和价值引领，通过渲染学习氛围、增加交流活动、搭建实践平台等途径正向强化大学生的日常实践和习惯养成。

例如，在课程层面，高校思政课教师应重视理想信念的引导作用，在道德教育的讲授过程中动之以情、晓之以理，借助图片、视频等多种图像形式弘扬社会正能量，引导学生从利己转向利他；在活动层面，可以积极开展高校优秀理论社团学习成果展，"我心中的思政课"等微电影展示，举办"大学生思政宣讲团"、"硕博宣讲团"交流展、大学生"德行夏令营"等实践活动，提升"大学生道德模范暨自强之星"评选活动影响力，进一步强化学期锻炼和暑期实践的连贯性；在环境建设层面，可以在"文化上墙"中潜移默化地展现信念信仰教育，在学校的"温馨提示"和多媒体展示屏中润物无声地融入家国情怀，使一砖一瓦都能积极弘扬主旋律，一花一叶都能自觉传递正能量，努力营造鼓励青年学生践行核心价值观的道德环境和实践氛围。另外，高校要关注到与国家、民族息息相关的大事、要事，将社会资源融入思政课堂之中。比如2020年新冠疫情的暴发为全国的抗疫、防疫工作带来了一系列的挑战，但这也为青年学生锻炼树立道德意识、激发道德情感、落实道德实践提供了良好的契机。在抗击疫情的过程中，积极引导青年学生在保证自身安全的前提下投身于社区、学校之中，争当防疫志愿者，以不同的方式为国家贡献出自己微薄的力量。可见，青年修身立德正是在这样一次次的道德实践中提升了担当本领，修炼了个人品性。

自觉锤炼品德修为是青年学生道德人格的自我完善。面对世界百年未有之大变局，社会思潮纷繁复杂，新时代中国青年正处在价值观形成和确立的关键时期，更要加强主流意识形态的广泛传播，引导青年坚定对马克思主义的信仰、对中国特色社会主义和共产主义的信念，承担应尽的道德责任，更加理智地认识问题、分析问题、解决问题，把正确的道德认知、自觉的道德养成、积极的道德实践紧密结合起来，不断修身立德，打牢道德根基，突破小我樊篱，明确大我定位，提升"无我"境界，展现新时代中国青年应有的精神风貌，让青春之花绽放在祖国最需要的地方，在实现中国梦的伟大实践中书写自己的精彩人生！

东北师范大学马克思主义学部 2020级硕士研究生 袁田

炼品德修为，做正人君子

所谓品德，即道德品质，也称德行或品性，是个体依据一定的道德行为准则在行动时所表现出来的稳固的倾向与特征。

人无德不立，育人的根本在于立德。《论语·宪问》中有一句流传千古的名句："骥不称其力，称其德也。"意思是，千里马值得称赞的，不是它的力气，而是它的品德。从孔子的话中可以窥见，两千多年前中国就有尚德的思想。没有德行的人，他的一切财富、地位、美貌、智慧等都是毫无价值的。为什么这样说呢？试想，如果一个人不具备最基本的品德，反而自私、暴戾，那么当他在与他人合作时，就不会听取别人的意见和建议，只会觉得自己的想法是最好的。这样的话，就没有人愿意与他合作，也没有人愿意与他做朋友，那他再横溢的才华也得不到更好的施展。再如，当他人在生活中不小心"磕碰"到他时，他很可能会突破社会的道德底线，做一些"非人"的事情，当下的"路怒症"便是如此。两个人彼此互不相让，最终导致了悲剧的发生，这就是少了谦让，而失掉了大义大礼大理，失掉了财富、人情甚至生命的典型。

止于至善，是中华民族始终不变的人格追求。"止于至善"是从《大学》中的"大学之道，在明明德，在亲民，在止于至善"而来，意思是，大学之要义，关键是要彰显光明美好的品德；是要不断反思自我品德并不断取得进步，在此基础上推己及人，争取促进所有人改过自新；是要让全社会都获得良好的品德并自觉以此为终身行为准则。《大学》是曾子在春秋末期所作，可见，从春秋时起，人们就逐渐对品德有了一定的追求，再到后来儒家思想逐渐成为正统思想，"品德"一词就深植于人们的心中直到现在。

改革开放以来，中国经济快速发展，人们的物质生活不断丰富，生活质量明显改善，主要体现为消费水平的不断提高和消费结构的改善。随着人们对物质文明的不断创新、不断追求，人们对精神文明的需求也在不断提升。大多数人的主要花费不再是生存资料消费，而是转向了发展资料消费和精神资料消费。在现实生活中，人们对教育及能力提升的投资不断加大，对外出旅游及休闲娱乐等享受体验的投资力度也愈来愈大。

青年强，则国强，青年要不断修身立德，打牢道德根基。诸葛亮在《诫子书》的开头写道："夫君子之行，静以修身，俭以养德。"意思是，道德修养良好的人，修养身心可以依靠内心的宁静，培养自己高尚的品德可以依托俭朴、节约的生活习惯。明代哲学家王阳明不仅有"在家格竹七天"的故事，更有"龙场悟道"的佳话。王阳明在家格竹七天，虽然没有格出圣人之理，但通过对格竹失败的经验，提出了"致良知"的学说。"龙场悟道"是王阳明在龙场这安静又艰苦的环境中，结合自己的经历遭遇，日夜反省，一天夜里，他忽然顿悟，认为心是感应万事万物的根本，提出了"心即理"的命题。站在当下的视角，王阳明正是通过内心的安静和俭朴节约，达到了修身养性的结果。或许有人会说现在经济不断发展，早已不是彼时的状况，那所谓的俭朴节约早已过时。诚然，在当下的社会，物质生活不断丰富，但作为青年的我们不应当盲目浮躁地陷入消费主义的陷阱中，而应当理性地着眼于自己的需求，购入自己需要的商品，寻求内心与外界的平衡，达到内心的宁静，在内心的宁静中读书做人。

锤炼品德，就要明辨是非、恪守正道

道德是人们心中的法律，也是对自己提出的更高要求，所以要锤炼品德，首先要明辨是非曲直。如果模糊了是非曲直，道德便成为纸上谈兵。面对当前复杂的世界大变局，青年要时刻秉持理性、正确的认识，不能盲目跟风，随意发表不当言论。《中庸》中说："君子戒慎乎其所不睹，恐惧乎其所不闻。莫见乎隐，莫显乎微，故君子慎其独也。""慎独"就是独立思考，只有自己进行了独立思考后做出正确的决定，方能行稳致远，当然也要注意"慎独"绝非为目的不择手段、投机取巧、自作聪明。历史上有名的自作聪明的人就是杨修，杨修之死是聪明反被聪明误的结果。他不仅暗地里帮助曹植通过曹操的考试，还大张旗鼓地在众人面前揭露曹操的心思并下令按照他所解释的意思去做，每次都惹得曹操心有不快。最后导致杨修之死的，是他参与了曹操的立嗣之争。总而言之，杨修是死于他的恃才傲物，不懂得收敛锋芒，太喜欢卖弄自己的聪明才智。因此，广大青年要学会涵养静气、独立思考，时刻聪明耳目，做到行稳致远。

锤炼品德，就要常怀感恩之心

面对这个美好的时代，我们要有知恩图报、饮水思源的感恩之心，感恩这个时代，感恩党和国家，感恩社会，感恩人民。我们要时

刻铭记，我们置身其中的幸福生活是党带领中国人民从站起来、富起来到强起来的奋斗成果。我们要常怀感恩之心，是党和国家养育和培育了我们，我们也应当尽自己的力量去反哺党和国家。如今，不少青年以实际行动回馈社会、服务人民。一名来自贫困家庭的清华大学生"穷且益坚，不坠青云之志"，靠着勤俭节约和爱心人士的资助读完本科。他说："我自己也想像他们一样，照亮哪怕其他一个人也好。"从研究生一年级开始，他就每学期拿出3200元资助4名希望小学的孩子。乡亲们凑钱救了张桂梅老师一命，于是她办起了女子中学；黄文秀的家乡养育了她，于是她从北京师范大学毕业后又返回家乡助力脱贫攻坚……一批批中国人，正活跃在各个角落，辛勤付出、默默奉献，温暖着他人，让爱在全社会传递、流淌。

锤炼品德，就要永葆奋斗精神

艰苦奋斗是中华民族的优秀传统美德，小到个人的自立，大到民族的振兴、国家的富强，都离不开艰苦奋斗精神。作为当代中国青年，要如习近平总书记所说的："要在奋斗中摸爬滚打，体察世间冷暖、民众忧乐、现实矛盾，从中找到人生真谛、生命价值、事业方向。"[1]任何事业都是经过了筚路蓝缕才取得成功的。西晋文学家左思少年时期读了张衡的《两京赋》，受到很大的启发，决心将来要撰写一部《三都赋》，虽然面对着陆机的嘲讽和羞辱，但左思不以为意，坚定信念，矢志不渝。他不仅多次向张载求教，还搜集了大量的资料。在他的房间里甚至厕所里，都随时准备着纸和笔，只要想到什么，就随时随地记

---

[1] 习近平：《在纪念五四运动100周年大会上的讲话》，人民出版社2019年版，第11页。

录下来，日后再加以整理。终于，花费了十年的时间他完成了《三都赋》，人们竞相抄写，竟导致洛阳纸贵。中国共产党是践行艰苦奋斗精神的典范，无论是在革命战争年代、社会主义建设时期，还是改革开放时期，中国共产党都靠着艰苦奋斗攻破了一个个险关、克服了重重困难，带领着伟大的中华民族和中国人民稳步向站起来、富起来到强起来的征程迈进。抗日战争时期，无数的青年人不顾个人安危走上街头，为国请命，要求国民党一致对外；社会主义建设时期，数不尽的青年人积极投身祖国的建设并为之奋斗在大江南北；改革开放以来，一批又一批的青年人为国家和人民甘于奉献。每一个个体，都担负着属于自己的社会责任和社会使命，每一代人都走在一代人的长征路上。

　　身为新时代的青年，道德修为是衡量我们是否为合格青年的首要标准。要成为一名合格的青年，一是要坚持科学的理论指导，不断学习习近平新时代中国特色社会主义思想，自觉树立和践行社会主义核心价值观，从中华民族传统美德中汲取道德的滋养。二是要紧跟正确的榜样指引，在学思践悟中提升道德素养，将英雄人物和时代楷模身上的道德风范内化于心，外化于行，从不断内省中提升个人修养，做到明大德、守公德、严私德，追求更有品德、更有道德、更有品位的人生，为营造风清气正、阳光朝气、蓬勃清新的美好社会贡献自己的力量！

东北师范大学文学院 2021级本科生 张怡梦

新时代青年品德建设的三个重点|

习近平总书记在纪念五四运动100周年大会上的讲话中，寄语青年要"从自身内省中提升道德修为，明大德、守公德、严私德"。青年作为新时代中国发展的中坚力量，如何自觉做到"明大德、守公德、严私德"？要坚定马克思主义信仰，将爱国主义统一于党和国家的伟大事业上来；要用榜样力量引领人生方向，选择为人民服务的高尚职业；要在理论学习和实践过程中，不断锤炼品德修为。这是新时代中国特色社会主义建设事业寄予青年的殷切期许。

新时代青年品德建设重在筑牢理想信念，厚植爱国主义情怀

鸦片战争后的各种尝试，无论是运用中体西用的改良还是谋求自我发展的共和都以失败而告终。失败的经验告诉我们照搬照抄西方的制度不适用于中国，只有把马克思主义基本原理同中国具体实际相结合、同中华优秀传统文化相结合，才能正确完成时代和实践提出的重大任务。新时代青年把马克思主义信仰作为自身的道德信条，才能在思想道德上不滑坡，在理想信念上更坚定，在躬亲实践中不断提高自身素质、锤炼思想道德、锻造精神品格。

2018年，习近平总书记在全国教育大会上的讲话中提出"要在厚植爱国主义情怀上下功夫"。爱国主义是我们在新时代的肥沃土壤中生根生长、成人成才、奋发向上的根基。爱国主义情怀在日常生活中主要体现在勇于担当上。新冠疫情期间，全国上下在党中央的统一领导下齐心协力抗击疫情，青年一代挺身而出、担当奉献。每到防疫前线，我们都能看到青年的身影，在危难时刻尽显当代大学生勇于担当的风范和甘于奉献的精神。在疫情防控期间，他们通过具体行动为基层人民群众服务，发挥模范带头作用，不断提高自己面对重大挑战、重大考验时的应对能力。他们运用所学的专业知识，以专业情怀安抚民众以缓解其心理焦虑，积极向社区中的模范党员学习，努力做好服务人民的基层社区工作，向疫情期间需要帮助的民众伸出援助之手。他们不畏艰险、冲锋在前，充分展现了新时代中国青年的精神风貌，彰显了新时代中国青年的蓬勃力量。

作为新时代青年，唯有时刻把爱国、爱党、爱社会主义放在自己的心中，时刻坚持爱国和爱党、爱社会主义高度统一，时刻把做好爱国主义教育落实在自己的行动上，才能使爱国主义精神焕发出勃勃生机。

新时代青年品德建设重在学习先进榜样

新时代青年生活在和平年代，但不要忘记往昔峥嵘岁月。没有革命先烈的英勇献身，就没有我们今天的幸福生活。缅怀革命先烈，传承红色精神，追寻红色足迹，涵养英雄正气，是血脉相连的民族共识，也是灵魂相依的精神寄托。生活在和平年代的青年大学生，虽不必像先辈们一样浴血沙场，冲锋在前，但要学习先辈奉献牺牲、奋斗终身的革命精神。向身边的同学讲述革命先辈的事迹，追寻英雄的红色足迹，让更多的人学习英雄，铭记英雄，崇尚英雄，捍卫英雄，关爱英雄。要努力学习党史，做到学党史、知党恩、跟党走。要深入学习专业知识，指导实践，学思结合，知行合一。做到既严于律己，又舍己为人，随时准备在党和国家需要的时候挺身而出，贡献自己的光和热。

"不忘初心、牢记使命"不是口号，是无数共产党员的初心凝结成的为人民服务的力量，是无数共产党员扎根在扶贫工作第一线的使命和担当，是无数共产党员为党和国家的建设奉献自己的光和热，他们是先锋，是楷模，是我们学习的榜样。当干部就要能吃亏，能吃亏才有人跟随。河南省濮阳县西辛庄村党支部书记李连成，用吃亏获得村民支持，用吃亏将村民拧成一股绳，劲往一处使，用吃亏带领村民致富。党的干部是人民的公仆，他们真正用行动践行全心全意为人民服务的宗旨，做到从群众中来，到群众中去，全心全意为人民服务。李萌是一个22岁的姑娘，大学毕业后选择做一名环卫工人，不怕脏不怕累，心甘情愿做一份为人民服务的职业，并认为这个职业是高尚和伟大的。马克思在《青年在选择职业时的考虑》一文中写道：如果我们选择了最能为人类而工作的职业……而面对我们的骨灰，高尚的人们将洒下热泪。职业不分高低，工作没有贵贱，只要是为人类福利而工作的事业都是高尚的。

新时代青年品德建设重在知行合一

新时代中国青年，肩负着时代的使命和担当，以实现中华民族伟大复兴为己任，要将自己的命运与国家命脉相连，不断完善自我，提高自我。在学习、传播和践行的过程中，在理论应用于实践的探索中，在走好人生成长之路的历练中，不断思考生命的意义与价值，坚定自己的信仰与方向。

青年大学生置身于百舸争流、激流勇进的竞争中，停不得，也慢不得，更松不得，但也不能陷入加速的漩涡中被推着前进，而要不断地省思自身，探求自我。人是高级动物，会思考人的真正生活，懂得追求生活的意义，以实现人的自我价值。作为青年大学生，我们也要讲求"做人之道"，不断去审视、规划、校正自己的人生目标和生活道路，积极种植理想之树。大学校园是一个丰富多彩的社会缩影，青年学生既受到学术氛围的熏陶，也受益于敦品励学的学风影响，同时在老师严谨治学态度的教诲下，跟随老师读原著、学原文、悟原理，在马恩经典品读中感悟真理，在博学善思中不断精进。在这里，我们可以深沉地思考头顶的星空，也可以求真务实地探索心中的律令。从埋头读书到落笔写字，都要用心用情，我们是坚定的革命理论学习者。

学习基础理论，练就过硬本领是青年大学生的责任。古人说："君子不患位之不尊，而患德之不崇；不耻禄之不夥，而耻智之不博。"有才无德会坏事，有德无才会误事，有德有才方能干成事。如果不抓紧加油充电，不主动学习适应，自以为是，盲目自大，就没有扎实的理论基础，也干不好工作。要以知促行，以行求知，做到知行合一，以实践反哺理论，参加多种社会实践，参与各项志愿服务。要以经典为基，深入田野，躬耕实践，在实践中取得新的突破。要以知促行，锤炼品德修为，做坚定的革命理论践行者。从而，在历史与现实的交相辉映下，用理论照亮现实，用现实活化理论，坚定对马克思主义的信仰，做坚定的革命理论践行者。

奋斗的青春最美丽。青年应时刻怀有潜心钻研的毅力、敢于创新的勇气、克服困难的决心，用行动打下坚实基础，用学识书写强国梦想。躬逢盛世，这是属于青年的机遇，万里路遥，这是赋予青年的职责。作为青春路上的奋斗者和追梦人，我们在学习和实践中寻找真我、本我，在成长的过程中，坚定信仰和方向，自觉做马克思主义的学习者、传播者、践行者，做德智体美劳全面发展的社会主义建设者和接班人。

东北师范大学马克思主义学部 2021级硕士研究生 赵小宇

学以明德，践以知行

　　周敦颐有言："圣人之道，入乎耳，存乎心，蕴之为德行，行之为事业。"中华民族自古以德为重，追求崇高品质是镌刻在民族基因里的优良传统。同时，先进的思想和崇高的道德也是中国共产党人的不懈追求。习近平总书记在党的二十大报告中指出："实施公民道德建设工程，弘扬中华传统美德，加强家庭家教家风建设，加强和改进未成年人思想道德建设，推动明大德、守公德、严私德，提高人民道德水准和文明素养。"①人无德不立，青年学生正处于追逐梦想、追求卓越的大好年华，更要从明大德、守公德、严私德做起，为个人理想、国家事业、民族未来奋斗，努力做践行社会主义核心价值观的新时代追梦人。

　　知史明礼，以大德为底色。自古以来，历代硕彦名儒都在崇尚"明德"。孟子所言"浩然之气"需要用德行去滋养，孟子曰："难言也。其为气也，至大至刚，以直养而无害，则塞于天地之间。其为气也，配义与道。"这里所说的用"义"与"道"相配，就在于要"明德"。《谷梁传》中言"德厚者流光，德薄者流卑"，将道德的力量与人

---

① 《习近平著作选读》第一卷，人民出版社2023年版，第37页。

联系起来，德之高尚者，待人接物均能起到正向作用，必然影响深远。读书知史，以史为鉴以正身，知大德通大礼方能明大德。

理想信念是共产党人执着追求、奋斗不息的动力。一座山峰的崛起，挺立的是脊梁，一个政党的勃兴，昂扬的是精神，这种精神贯穿了中国革命、建设、改革的全过程。回首党的百年奋斗历程，千千万万一往无前的共产党员无不坚守着理想信念。正是有了这些党员的理想之火，我们党才具有强国富民的力量，党和人民的事业才不断发展壮大。伟大革命精神是我们党兴盛强大的宝贵财富，也是我们每个人奋发图强的思想指引，优秀共产党员的奋斗事迹展示着中国共产党人的精神品质，激励着一代代青年学生不断奋进，在逐梦之路上勇挑重担。

我们党之所以生生不息、历久弥新，就在于不断有新生的力量加入进来，有一批批青年投入为人民和国家奋斗的事业中，将中国共产党人的优秀道德风范发扬光大。新时代青年人要承担起全面建设社会主义现代化国家的使命，在个人的事业中勤勉奋发，以中华民族的优良传统、中国共产党人的伟大革命精神为力量，将个人微小之力汇入为强国建设、民族复兴的滚滚洪流中，以青春之我谱时代芳华。

培养家国情怀，将个人价值追求同国家价值要求相结合，立大志、明大德、成大才、担大任。"天下兴亡，匹夫有责""苟利国家生死以，岂因祸福避趋之""团结一心，众志成城"的信念存于中华民族的血脉基因，而道德重要的方面就在于守护集体，舍小家、为大家，在于以国为重。中国共产党人的初心和使命就是为中国人民谋幸福、为中华民族谋复兴，我们党的一切事业都以此为使命任务，把一切都奉献给人民和国家。

新冠疫情期间，无数中华儿女秉持为国分忧、为民担当的家国情怀，投身到伟大的抗疫斗争中。一批又一批医护人员冲锋在抗疫一线，广大党员、干部日夜值守，千千万万志愿者挺身而出，广大群众严格遵守防控要求。这种同心守护公共安全的行为，也是良好社会道德水平的重要体现。今天，我们前所未有地接近实现中华民族伟大复兴的目标，日益走近世界舞台中央，而中国之所以能够交出合格的战"疫"答卷，得益于中国共产党的坚强领导，得益于我们每个中国公民遵守社会道德，将个人前途命运同国家前途命运紧紧联系在一起。

作为新时代中国青年，我们应当用自己的笔墨在新时代写下浓墨重彩的一笔。青春与时代的华彩乐章，将镌刻进历史的风云，成为新时代历程中的精彩篇章。新时代中国青年要抱有家国情怀，弘扬美德义行，与党同向，举国同心，迎难而上。

克己慎独，严私德、守初心。君子慎独，克己修身。严私德就是要严格执行道德标准，培养树立坚定的意志品质。青年当严私德、守初心，怀敬畏之心，以中国共产党百年奋斗精神为指引，严于律己，精益求精。

中国共产党以伟大精神引领伟大事业的历程，深刻揭示了大德彰、公德昌、私德兴的历史逻辑。回顾党的历史，我们常常被誓死捍卫信仰的革命先烈事迹所震撼，时时被以人民为先的光辉榜样故事所感染，每每被那些天下为公的伟大人物风范所折服。一大批优秀共产党人严私德、守初心，为历史和人民所铭记，他们发扬"越是艰险越向前"的英雄气概和担当精神，不断提升人格修养，始终保持共产党人清正廉洁的政治本色，团结带领全国人民攻坚克难，彰显了怀德自重的精神境界。在他们身上闪耀着崇高精神和美好道德的光芒，使人看到了共产党人的人生理想，以及在为人民服务的奉献之中实现人生价值的优秀品质。对于青年学生自身而言，更要以榜样为目标，严私德、守初心，做到高瞻远瞩，心不逾矩，克己慎独以修身。

当前，中国日益繁荣昌盛，人民生活愈加幸福美好，我们与世界的距离正在迅速缩小、与世界的交流更加密切。新时代新征程是机遇也是挑战，在信息多元化、舆论环境复杂化的今天，青年面临着更多外在信息的诱惑。道不可坐论，德不能空谈，精言三千不若一日躬行。"不矜细行，终累大德。"小事小节中有原则，见人格、见品行。多积尺寸之功，从小事小节上加强自身修养，从一点一滴中自觉完善自己。青年人要严以修身，警钟长鸣，方能在沧海横流中坚守本色，不负党的期望、人民期待、民族重托。

东北师范大学文学院 2021级硕士研究生 房玮

把修德作为立身、育人、兴国之本

　　2014年5月4日，习近平总书记在北京大学师生座谈会上的讲话中指出："青年的价值取向决定了未来整个社会的价值取向，而青年又处在价值观形成和确立的时期，抓好这一时期的价值观养成十分重要。"①要勤学，下得苦功夫，求得真学问；要修德，加强道德修养，注重道德实践；要明辨，善于明辨是非，善于决断选择；要笃实，扎扎实实干事，踏踏实实做人。作为新时代青年，应该深刻体会"勤学、修德、明辨、笃实"的内涵，在人生的重要成长阶段有所思、有所得、有所获。

修德方能立身

　　自古圣贤，皆以心地为本。为人处世，须守正直而佩仁义。对于个人而言，道德是一个人的基础必修课，是对个人的一种无形的限制与约束，对个人的世界观、人生观、价值观的形成及思想行为方式有着重大意义和深远影响。

　　虽然人生来有不足之处，但是我们在日常生活中，会不自觉地受

---

① 习近平：《青年要自觉践行社会主义核心价值观——在北京大学师生座谈会上的讲话》，人民出版社2014年版，第9页。

到道德的熏陶，逐渐建立起"勿以恶小而为之，勿以善小而不为"的良好品德，不断改正自身弱点和不足，有意识抑制本能的欲望，抵制不良诱惑，加强自我约束与管理，坚定意志。

道德同样对人格的塑造有关键作用，它让我们认识到何为尊严，促使我们形成自己独特的世界观、人生观、价值观，增强价值判断力和道德责任感。道德观念一旦形成，将会在潜移默化中伴随人的一生。

道德对个人的思想和行为有约束的作用。个人所形成的道德观念会督促我们时刻对自己的思想和行为进行省察与审视，通过对照道德标准不断规范自己的思想和行为。同理，个人的自制力越强，克己自律能力越高，道德的约束力则相对越小，我们的行为和思想就越会符合道德要求，在达到一定思想境界后，道德将不再是一种束缚，而是内化成我们的自觉行动和行为准则。

修德方能立身，人无德不立。习近平总书记指出："道德之于个人、之于社会，都具有基础性意义，做人做事第一位的是崇德修身。"[1]于个人而言，道德是首要、是方向，以德为先，方为德才；德才兼备，方可重用。

修德方能育人

古有"善之本在教，教之本在师""一日为师，终身为父"等，今有"教师是天底下最崇高的职业""老师是人类灵魂的工程师""要尊师重教"等。从古至今，教师都是一个非常崇高的职业，但是真正要成为立德树人的人民教师，需要在铸牢师魂、培育师德、增强师能、

---

[1] 《习近平谈治国理政》第一卷，外文出版社2018年版，第172—173页。

担当师责、注重师范等方面进行长期锤炼，这些是身处师范院校的我们走上工作岗位后所必须谨记和践行的，这就要求我们必须培养良好的道德品质、提高自身德行，育人前先育己。

韩愈在《师说》里讲："师者，所以传道授业解惑也。"我认为，师者，教书育人。教书不易，育人更难，教好书育好人是一个教师最高的追求。老师被誉为"人类灵魂的工程师"。其中，"铸魂"是首要的职责，也是最根本的要求。育人先育己，也就是要铸别人的魂，必先要铸牢自己的魂。一个没有铸牢自己灵魂的人，既不可能教好书，更不可能育好人，立德树人就无从谈起。

《左传·襄公二十四年》中有这样一段话，"太上有立德，其次有立功，其次有立言，虽久不废，此谓之不朽"。任何人为人处世都要把"立德"放在"太上"位置。为人师者，以立德树人为根本职责，立德更应该居于最重要的位置，必须在方方面面提升品德修养，注重培育师德，以品德服众，力求在品德修养方面的标准更高、要求更严、格局更大、锻炼更多。

亲其师者，信其道。要成为一个既能教好书、传好道，又能铸好魂、育好人的好老师，不仅要有很好的个人私德、家庭美德，而且还要有很好的社会公德、职业道德，所以修德既要立足平实，又要立足高远。

"其身正，不令而行；其身不正，虽令不从。"教师要言传身教，必须修品德、有道德。如果品德不够高，"言传"的效果就会大打折扣，就会事倍功半；要做到切实有效的"身教"，老师就必须"身正"，如果身不正，身教就无从谈起，甚至还会误人子弟，贻害无穷。这就要求即将步入教师行业的青年学子，不仅要有广博的知识，还要有完美的人格、良好的修养和高尚的品德。

修德方能兴国

自古以来，治国无德而亡的例子数不胜数，《群书治要·新语》中说："治以道德为上，行以仁义为本，故尊于位而无德者绌，富于财而无义者刑；贱而好道者尊，贫而有义者荣。"夏王桀不修德行，统治残暴，用武力伤害百姓，引起民众的反抗，最终，被逐渐强大起来的商部族起兵攻伐，桀大败，商汤灭夏，夏王朝灭亡。商朝为巩固统治，设置监狱，制定酷刑，加强对奴隶和平民的控制，导致社会矛盾日趋尖锐，奴隶主贵族日趋腐朽。商纣王奢靡昏庸，整日沉迷享乐，施用酷刑，残害人民，酒池可以用来划船，酒糟堆起来可以登高远望。最终，周武王将其推翻建立起西周。

得民心者得天下，失民心者失天下。反观之，德政兴国的盛世局面令人感叹。"德"作为中国传统历史哲学具有其丰富含义，它对于中华民族数千年和睦、和平及繁荣发展同样具有巨大意义。汉初统治者体察民情，怜惜在秦的暴政下及在秦末农民战争中久经磨难的百姓，以德治国，采取休养生息政策，轻徭薄赋、勤俭治国、以德化民，到汉文帝、汉景帝时期形成我国古代封建社会第一个治世局面"文景之治"。由此来看，为政以德，可兴国也，修德方能兴国。"德"是为政之本，才能感化民众，为政者正己敬德便可自然达到"无为"之境，但是这种"无为"不代表为政者无所作为，而是指其提升自身德行，"德"作为"内外如一的规范性的行为"，要求为政者首重"修己"方能"安人"，教化民众。有德之人当政，才能"因民之所利而利之"，以民为本，而有德者自身也"必得其位，必得其禄，必得其名，必得其寿"。

修德为首，方能立身、育人、兴国。一个人做好事不难，难的是做一辈子好事，要成为道德高尚的人我们每个人都要从自身做起。一个国家要稳定发展必然需要共同的核心价值观，否则寸步难行。要想一个国家有德就需要全民立德，只有全民有德才能国泰民安。

中华文明自古以来便有着其独特的价值体系。中华优秀传统文化是扎根中华儿女灵魂深处的基因，我们的思想方式和行为方式都受其影响。我们大力倡导社会主义核心价值观，要从传统文化中汲取道德智慧，因为中华民族自古以来便有以德治国、以文化人的传统，强调"德不孤，必有邻"等。无论何时，这些思想理念所具备的鲜明民族特色难以抹去，其时代价值永不褪色。这些思想理念具有社会历史性，会不断与时俱进，也有其自身的连续性和稳定性。我们倡导社会主义核心价值观，就在于它充分体现了中华优秀传统文化。社会主义道德，是植根于中华民族优秀传统文化的沃土，融传统美德与现代美德为一体的现代道德，是充分体现了时代性与历史继承性相统一的新道德。

今天，身处一个伟大的时代，我们要按照社会主义核心价值观来塑造培育我们的德行，见善则迁，有过则改。立足平实，做好小事，管好小节，养小德立于世；立志高远，报效祖国，服务人民，养大德成大业。加强修德，人无德不立，修德方能立身；师无德不济，修德方能育人；国无德不兴，修德方能兴国。

东北师范大学地理科学学院　2022级硕士研究生　刘笑晗

崇德重德，尚德倡德

德者本也。人无德，行不远；国无德，行无归。尚德倡德是个人成长发展、家庭幸福美满和社会稳定和谐的重要基础。"国无德不兴，人无德不立。"道德既是立身之本，又是民族之魂。树立培养好德行是国家社会的重要任务，正确的思想观念有利于促进人才的培养，推动国家社会的进步。

中华民族崇德重德、尚德倡德的传统由来已久。在中华民族的历史长河中，中华儿女不断追求道德境界的升华，体现了中华儿女对于道德的崇高追求。"富贵不能淫，贫贱不能移，威武不能屈""出淤泥而不染，濯清涟而不妖""不要人夸好颜色，只留清气满乾坤""千磨万击还坚劲，任尔东西南北风"等句子耳熟能详，孔子、屈原、宋濂的文章经典更是流芳千古。古人早早意识到，做人做事第一位的是崇德修身。做人是做学问、干事业的前提，立德是做人的基础。中国古代选才尤为重视德行，政德一直是传统文化中官员考核的重要标准，也是整个社会的道德建设的风向标。选拔任用官员只要把职责尽到，该干的事情干了就行了，为何中国文化中将道德置于职位和政绩之上？正所谓"不患位之不尊，而患德之不崇"，中华优秀传统文化特别强调品德修养之于个人成长成才的重要意义，不修身养德难以成为有用人才，而无可用人才，国家兴盛更是无妄之谈。

当今社会，道德建设关乎个人未来成长与国家前途命运。在个人层面，道德驱使作为道德认识主体的人把握现实，找准个人成才的目标。马克思的一生，的确以其光辉的思想理论照亮了世界无产阶级前进的道路。周恩来小学时就立下了"为中华之崛起而读书"的宏愿，他用才学和品德为中国的民族独立、人民解放事业及社会主义事业作出了卓越贡献。他们的事迹和精神激励着无数人投身共产主义事业，为中华民族而奋斗。法国思想家米歇尔·德·蒙田曾言："永不沉睡的良心，不断地鞭答着人们。"道德约束个体行为方式，促进和谐处理现实问题。用爱来交换爱，用信任来交换信任，用优秀的品德来协调人际关系，面对矛盾和冲突时行君子之礼，遵守道德规范，面对不公惨淡勇于奋斗抗争。在社会主义现代化建设中，道德调节较之政治、法律、宗教等调节手段，使人能更好地把握个人对社会整体利益和他人利益的关系和活动，让自己的行为更符合社会道德规范。道德能够通过评价、激励等方式，造成社会舆论，形成社会风尚，树立道德榜样，塑造理想人格，并以此来培养人们的道德观念、道理境界和道德行为，促进社会规范建设。人的社会属性要求每个人在关注自我的同时，也要关注社会。关注社会的一个表现就是要对社会事件进行评价。现在，有些人似乎对社会上发生的不道德行为产生了心理上的麻木，对社会上违背道德规范的事情有"各人自扫门前雪，莫管他人瓦上霜"的现象。一方面，"尊重祝福""不关我事""见怪不怪"等似乎成了普遍现象；另一方面，颠倒是非黑白，同情失德者屡见不鲜，比如明星"塌房"、艺人失德时粉丝不顾是非黑白，千方百计硬要为其洗白开脱，甚至扭曲价值观，把个人的偶像看得至高无上，将他们与科学家、英雄相提并论，还有的公然嘲讽万千奋斗者。在这种情况下，及时正确地对社会行为进行评价，辨明是非就很重要；积极参与道德评价，从而形成强大的道德舆论力量来规范人们的道德行为也显得尤为重要。

在国家层面上，新的伟大斗争和历史征程需要坚实的道德根基。一代人有一代人的责任使命，一代人有一代人的道德风范。2022年，党的二十大成功召开，这是伟大征程的开始。在新征程上，迫切需要加强道德建设，弘扬高尚品德，为建设社会主义现代化国家凝聚起强大的精神力量。此外，世界百年未有之大变局加速演变，面对世界进入新的动荡变革期以及中国深刻变革、思想领域复杂变化的新形势，未来的挑战、风险、阻力和问题只会越来越多。在这样的局势下，迫切需要加强道德建设，促使全国人民在理想信念、价值理念、道德观念上达成一致，不断夯实全体人民团结奋斗的共同思想道德基础，为实现中华民族伟大复兴的中国梦提供有力的道德支撑。

改革开放以来，我国的物质生活水平极大提高，经济建设步伐逐步加快。但与此同时，也要清醒地认识到，由于多方面因素影响，道德领域依然存在不少问题，如以丑为美、"网课爆破"、荣辱不辨、诚信缺失等。因此，强化公民道德建设势在必行。必须以思想道德作为精神引领和信念支撑，强化主流价值观的主体地位，深入凝聚社会共识，使良好道德风尚蔚然成风。

当前，人们对美好生活的向往与日俱增，愈加期待更高品质的物质生活与精神享受，然而在这一过程中难免会受到各种不良风气的侵蚀，尤其是在国外文化不断影响的背景下，解决社会主要矛盾必须加强道德建设。网上现在有一种风气，"万善钱为首，有钱万事足"。诚然，对金钱的追求并没有错，为金钱而奋斗也无大碍，通过个人努力让自己过上好生活也是提倡的。但拜金、金钱至上、唯钱论大可不必。对财富的盲目追求会使人放弃许多重要的东西，比如美好的品质，长此以往，个人走向堕落，社会风气败坏。因此，必须引导人们崇德向善，培育正确的道德判断，积极承担道德责任，并自觉投入实践，在实践中提高思想觉悟、道德水准、文明素养。

实现中华民族伟大复兴需要一代又一代人接续奋斗。青年一代使命在肩，要具备高度的社会责任感和使命意识，努力把中国梦变为现实。任何国家和民族都会存在多元的价值观，价值观的多样性不可避免。然而社会的稳定发展必须具有高度凝练的核心价值观，只有确立核心价值观，让崇德向善成为主流，并持之以恒地熏陶、传播和教化，才能产生强大的向心力。因此，我们要用社会主义核心价值观凝魂聚力，更好构筑中国精神、中国价值、中国力量，为中国特色社会主义事业提供源源不断的精神动力和道德滋养。要坚持把尚德倡德贯穿始终、渗透社会生活各方面，积极培育和践行社会主义核心价值观，加强社会公德、职业道德、家庭美德、个人品德建设，营造全社会崇德向善的浓厚氛围。

正所谓"应该热心地致力于照道德行事，而不要空谈道德"，我们广大青年，要明大德，守公德，严私德，从自己做起、从身边做起、从小事做起，一点一滴积累，养成好思想、好品德。以国家富强、人民幸福为己任，胸怀理想、志存高远，知荣辱、讲正气、作奉献，将社会主义核心价值观内化于心、外化于行。要坚信，有这样一批德才兼备的时代青年，国家未来可期，中华民族复兴指日可待！

东北师范大学外国语学院　2019级本科生　杨笑雨

崇德守纪，用青春热血谱写复兴乐章

"百行德为首，品洁人自高。"青年在成长成才的过程中，树立正确的价值观，严守纪律准则至关重要。青年只有自觉践行社会主义核心价值观，以道德浸润心灵、以纪律规范行为，才能扣好人生的第一粒扣子，为自身成长成才提供更为主动的精神力量，为党和国家事业发展注入源源不断的青春力量。在庆祝中国共产主义青年团成立100周年大会上，习近平总书记对新时代广大共青团员提出"五个模范""五个带头"的要求，为广大共青团员指明了新征程上奋斗的方向，树起了奋斗的标杆。作为一名新时代的共青团员，我们怎样做才算是成为崇德向善、严守纪律的模范呢？答案是：崇德修身、自觉守纪，将青春的热血挥洒在民族复兴的征程上。

明大德，坚定信仰信念

对于个人而言，明大德是成长成才的根和魂。对于国家而言，明大德是持续发展的重要支撑。对于社会而言，明大德是社会风向的鲜明旗帜。对广大共青团员来说，明大德、有品质，首先就要打破小我蔽障，确立大我定位，以达"无我"境界，展现大国青年应有的精神风采，持续锤炼理论修养、道德修养、纪律修养，培养责任意识、创新精神和实践能力，矢志成为德智体美劳全面发展的社会主义合格建设者和可靠接班人。在大是大非中坚定立场，在大风大浪中无畏险阻，在利益诱惑中坚定忠诚品质。要始终坚定信仰信念，在"深学"中追溯信仰之源，在"细悟"中筑牢信仰之基，在"笃行"中坚守信仰之魂，自觉做共产主义远大理想和中国特色社会主义共同理想的坚定信仰者和忠实实践者。

坚定的信念、崇高的理想，令青春的色彩绽放光芒。养大德者方可成大业，德不修，终难行稳致远。做人做事，第一位的一定是崇德修身。一个人没有德，就立不起来，更不可能成为一个大写的人、顶天立地的人。初雯雯——被誉为"河狸公主"的90后女孩，用自己的执着和坚持扎根阿勒泰，为河狸修巢穴、建"食堂"，用爱守护，给河狸一个温暖的家；刘羲檬——悉心照顾瘫痪在床的母亲，独自打理家中大小事情，十几年如一日，用柔弱的双肩为母亲、为整个家庭撑起一片天……这一代青年人用行动给出了答案，也作出了表率，充分展现了广大青年的道德坚守和价值追求。坚持把德作为衡量人、评价人的重要标准，要求全体共青团员加强道德修养，在全社会树立道德榜样、引领道德风尚。青年有信仰，民族有力量，国家才有希望。共青团员要扣好人生第一粒扣子，在事业起步之初就要立德守纪走正道，要牢记共青团"坚定不移跟党走，为党和人民奋斗"的初心使命。"士有百行，以德为先"，因此广大青年要做到德才兼备、以德为先。

守公德，共筑和谐社会

公德，在字面理解，就是公共道德。它关系着整个社会的安定、影响着全体民众的幸福。公德更容易看在他人眼里，暴露在公众场合，所以一些人会戒于他人审视的目光、出于利益的驱使，而做出守公德的样子。但是，真正的守护公德，应该是发自个人内心的对于道德的敬畏和自觉，不是做给别人看的，更不能从中谋取个人私利。对于青年而言，公德的自觉养成，来自身边长辈的言传身教，来自社会榜样的典型示范，来自社会风尚的深刻感召。

广大青年只有在德行的认知上清醒明白，并且能够自觉地检视自己，才能在前进的道路上踏出更有力、更坚实的脚步。"畏则不敢肆而德以成"，只有知敬畏、守底线，才能心有所畏、言有所戒、行有所止，才能老老实实做人、踏踏实实干事。在国家各条战线上，一代代青年人放弃个人享乐，扎实投身实践，树立起一批又一批守公德的时代榜样。自2006年国家启动"三支一扶"计划以来，广大青年学生纷纷响应，主动到基层一线参与支援服务，已经累计选派出51万名高校毕业生。他们在农村地区了解国情民意，增长本领，奉献着青春力量。……他们把青春奋斗融入党和人民事业，成为实现中华民族伟大复兴的先锋力量。世上没有从天而降的英雄，只有挺身而出的凡人。青年一代不怕苦、不畏难、不惧牺牲，用臂膀扛起如山的责任，展现出青春激昂的风采，展现出中华民族的希望。

作为新时代新青年的一分子，作为一名师范大学的学生，我响应党和国家的号召，曾多次参加志愿活动，真正投身于志愿服务工作中，体会志愿服务人员的艰辛与劳累，也曾作为负责人带领学弟学妹参加"三下乡"志愿服务活动，深入乡村，宣扬红色故事、传承红色精神、追寻红色足迹。新时代中国青年应当肩负时代赋予的重任，勇挑重担、奋勇争先，在担当中历练，在尽责中成长。

在守护公德的过程中，青年不能置身其外。良好的社会风气需要我们每一个人的精心呵护，也有利于人们身心健康、人际融洽、心理和谐。只有这样，文明的土壤才能够日益肥沃，作为国家希望的青年才能不断汲取成长的养分，不断培养道德自觉，更加茁壮成长。

严私德，从小事小节上守起

严私德，就是要严格约束自己的操守和行为。崇德向善不但是立身做人的准则，履职尽责的基础，而且是遵纪守法、树立好形象的保证。一个道德上有追求的人，往往对纪律重要性的理解也相对深刻，同时自身也有着高度的纪律自觉。欲事立，须是心立。青年唯有树立正确的道德认知，不断修身立德，打牢道德根基，严守纪律规矩，才能在人生道路上走得更正、走得更远。

对于个人而言，一个人的私德比他的成就更加重要。虽然私德属于个人道德范围，但是私德不仅影响自己和家人，也关乎整个社会是否能够和谐安定。守私德，才能够心中有戒尺，行为有界限，不断提升自身修养。习近平总书记强调："多积尺寸之功，经常防微杜渐。"[1]每一件小事都是一面镜子，能够反映出一个人做人的原则、处事的品德和人格。广大青年要在小事上多下功夫，严于律己，表里如一，老老实实。用真诚和热情对待身边人，用坦荡和诚信对待身边事，才能够成为顶天立地、行端坐正的真君子。

"纸上得来终觉浅，绝知此事要躬行。"道不可坐论，德不能空谈。千重要，万重要，实干最重要。严私德才能守公德，守公德才能

---

[1]　中共中央文献研究室编：《十八大以来重要文献选编》（中），中央文献出版社2016年版，第677页。

明大德。明大德、守公德、严私德，人生的三种德行缺一不可。一个人在私底下的素质高低决定了其社会公德心大小，一个人在社会中的公德表现也就决定了他对国家民族的情感。有人说，新时代青年是什么样，社会就是什么样！社会是什么样，国家就是什么样！

　　正确的道德认知、自觉的道德养成、积极的道德实践是紧密结合、相辅相成的。新时代青年要带头明大德、守公德、严私德，严格遵纪守法，严格履行团员义务，才能行稳致远。崇尚对党忠诚的大德，才能筑牢理想信念、认清大是大非；崇尚造福人民的公德，才能以人民为中心、以天下为己任；崇尚严于律己的品德，才能清清白白做人、干干净净做事。以大德铸魂、公德善心、品德润身，就能激发出更多向上向善的力量。让我们用青春的能动力和创造力激荡起民族复兴的澎湃春潮，用青春的智慧和汗水打拼出一个更加美好的中国。

东北师范大学数学与统计学院 2020级本科生 董纾含

第四部分

勤学习

下得苦功夫，求得真学问

把学习作为首要任务

党的十八大以来，以习近平同志为核心的党中央从确保党和人民事业薪火相传的战略高度出发，对青年成长成才问题给予关注与重视，并从新时代青年的发展这一角度给青年指明前进方向。习近平总书记围绕青年工作发表的一系列重要论述，立意高远，内涵丰富，思想深刻。

2013年5月4日，习近平总书记在同各界优秀青年代表座谈时的讲话中提出："青年人正处于学习的黄金时期，应该把学习作为首要任务，作为一种责任、一种精神追求、一种生活方式，树立梦想从学习开始、事业靠本领成就的观念，让勤奋学习成为青春远航的动力，让增长本领成为青春搏击的能量。"①习近平总书记的重要讲话，强调了学习对于正处黄金年代的中国青年的重要性，深化了学习这一人生重要主题的内涵，明确提出学习之于青年人，应当成为一种责任、一种精神的追求、一种生活的方式。

俗语云："非学无以广才，非志无以成学。"作为青年学生，我们从小便接触到了多种多样的中华优秀传统文化，在优秀传统文化的熏

---

① 《习近平谈治国理政》第一卷，外文出版社2018年版，第51页。

陶中深刻体会到了学习的重要性。然而社会在发展，时代在变化，成长于21世纪中国的青年对于学习的理解不能仅仅停留在学知识层面，还应该结合自身的经历与国家的发展历程，思考学习的内容、学习的目的、学习的方法等。"学习应学什么？""学习为什么而学？""怎样进行有效的学习？"我认为只有弄清楚这些问题，才能真正把握青年学习的基本要求，明确当代青年的历史使命和成长道路。

青年应学什么？

在我国经典儒学著作《论语》中，有这样一句广为流传的话："学而不思则罔，思而不学则殆。"这句话的意思是：只一味学习却不独立思考，就会产生许多思想困惑；只凭自己空想而不虚心学习，就会精神疲倦。可见，在学习之前，我们应当先明确自己要学的内容是什么。《庄子》言："吾生也有涯，而知也无涯。"面对浩如繁星的知识，我们不可能在自己有限的生命内将其全部吸收并内化，而更应该在青年时期这一学习的黄金时段，认真选择最重要的内容进行学习。

"求木之长者，必固其根本；欲流之远者，必浚其泉源。""中华优秀传统文化是中华民族的精神命脉，是涵养社会主义核心价值观的重要源泉，也是我们在世界文化激荡中站稳脚跟的坚实根基。"①2014年10月15日，习近平总书记在文艺工作座谈会上的讲话，深刻地诠释了中华优秀传统文化对于民族精神传承的重要意义。从春秋战国时期形成百家争鸣、思想活跃的盛况，到汉赋、唐诗、宋词、元曲以及明清小说为浩瀚的中华文明史留下数不尽的精神瑰宝，中华文明以其悠久

---

① 习近平：《在文艺工作座谈会上的讲话》，人民出版社2015年版，第25页。

的历史、博大的胸怀、深邃的内涵成为中华民族独特的精神标识，它是世界文明之林中一棵繁茂的巨树，树上凝结着几千年来蕴含中华儿女丰厚情感与深刻智慧的累累硕果。"收百世之阙文，采千载之遗韵。"作为新时代青年，我们更应饱尝中华优秀传统文化的果实，汲取古人先辈凝练总结的学问经验，体会文人墨客丰富隽永的精神世界，将学习优秀传统文化知识视作身为中国青年的责任、身为中华儿女的精神追求、身为社会主义接班人的生活方式，用中华优秀传统文化培育"高山仰止，景行行止"的高尚情操，树立"丈夫志四海，万里犹比邻"的远大抱负，坚定"宝剑锋从磨砺出，梅花香自苦寒来"的不屈意志，造就"大鹏一日同风起，扶摇直上九万里"的无憾人生。

青年应当学习科学技术知识。2014年3月27日，习近平主席在联合国教科文组织总部发表重要演讲指出："我们要大力发展科技事业，通过科技进步和创新，认识自我，认识世界，改造社会，使人们在持续的天工开物中更好掌握科技知识和技能，让科技为人类造福。"①现实证明，当代中国的科技事业发展欣欣向荣，从移动支付到5G网络，从人工智能到虚拟现实，从量子计算到量子互联网，这些过去人们闻所未闻的新兴技术，让我们拥有了全新的科技体验。除了对生活的改变，科技的影响力还体现在军事、环保、航空航天等重要领域中，可以说科技的发展对于国家和民族都具有重大的战略意义。科技知识的本质其实是对自然界基本运行规律的诠释，并在此基础上充分发挥人的主观能动性，创造发明，创新发现。青年人正处于人生最具活力、激情、创造力的黄金期，是最有可能为社会带来创新与改变的群体，

---

① 习近平：《在联合国教科文组织总部的演讲》，《人民日报》2014年3月28日。

应根据个人专业和学科领域，系统地进行科技知识的学习，在自然科学与社会科学知识的殿堂中，留下中国青年奋斗的汗水与坚持的足迹。从青年的角度而言，我们不仅要提高自身科技知识的储备力，还要将所学的科技知识与社会实践结合，将科技知识转化为现实生产力、创新创造力和科研探索力。

青年应当深入学习和领悟习近平新时代中国特色社会主义思想。日月更迭，沧海桑田，中国共产党诞生走过百年。在这波澜壮阔的历史中，中国共产党在马克思主义的引领下，实事求是、与时俱进，开展了众多具有代表性的伟大实践，产生了一批拥有划时代意义的重要思想理论，传承和发扬了伟大建党精神，为实现中华民族伟大复兴事业打下了坚实基础。身为新时代青年，我们应紧跟党的步伐，学习新时代党的创新理论，感悟习近平总书记的为民情怀与求真务实作风，在思想上、政治上、情感上、实践上深刻领会"两个确立"的决定性意义。国际形势瞬息万变，然而不变的是中国青年将习近平新时代中国特色社会主义思想内化于心、外化于行的决心，我们将施展远大抱负、胸怀家国，在新征程大舞台上唱响属于中国青年的时代最强音。

青年为什么而学？

《论语》中有这样一句话："博学而笃志，切问而近思，仁在其中矣。"辉煌的人类文明为我们留下了无数知识与智慧的珍宝，在这浩如烟海的人类文明宝库中，若是没有目标地游走，始终无法到达真理的彼岸。一个人仅仅知道自己要学什么，却不知为何而学、为何而奋斗，也就难以确立和坚守自己的志向，无法实现人生的价值、成就伟大的事业。所以青年在学习时，应当逐步明确自己是为谁学、为何学，树立学习的目标与榜样，以便更好地理解社会，更好地将学习作为一种责任、一种精神追求、一种生活方式。

青年应为个人成长而学习。"立身以立学为先，立学以读书为本。"立身百行，以学为基，学习是立身做人的永恒主题，不论是幼年时蹒跚学步，还是少年时读书不倦，个人的成长过程总是伴随着学习。学习使我们掌握基本生存技能，积累有用知识，坚定内心意志，提升精神富有的高度、增加思想容量。在学习中，我们不仅能逐渐认识我们生存的地球家园的自然法则，逐渐理解人类社会运行的本质规律，还能够让人走进真实的自我，发掘自身潜能，锻炼个人意志，不断领悟人生的真谛、提高思想境界，收获信心，坚定信仰信念，树立实现中华民族伟大复兴的理想，拥有更充实、更璀璨、更具意义的人生。

青年应为时代发展而学习。"自信人生二百年，会当水击三千里"。新时代青年，坐拥着革命先辈以艰苦奋斗换来的大好河山，肩负着21世纪中华民族伟大复兴的重担，在享受祖国优良教育资源的同时，应当明确学习对于个人不仅仅是为自己，更是为了时代的发展与社会的进步。青年应以学习为首要任务，将个人成长与时代洪流融为一体，抓住时代给予的际遇和机缘，着力规划时代条件下最有力的生命轨迹，通过学习实现非凡的人生价值，创造荣光闪耀的新篇章，成就祖国繁荣、时代发展的伟大事业。

青年应为中华民族伟大复兴而学习。学习是中华儿女的永恒主题，不同的时代，个人对于学习的内涵外延或许有着不一样的体会，但不变的是那心怀家国的情感。家国情怀世代相传，成为中国人的一种文化基因，读书学习从来不仅是为了个人前途，更是为了将自己毕生所学倾注到保家卫国、建功立业的伟大家国事业中。正如习近平总书记所说："当代中国青年要有所作为，就必须投身人民的伟大奋斗。同人民一起奋斗，青春才能亮丽；同人民一起前进，青春才能昂扬；同人民一起梦想，青春才能无悔。"①青年应赓续传承文化传统，厚植爱国主义情怀，弘扬强国有我的精神，承担振兴中华的使命，为实现中华民族伟大复兴而勤学笃行。青年要自觉地在学习过程中培育"丹心事国忠无二""一寸丹心图报国"的爱国思想，坚定"愿得此身长报国""留取丹心照汗青"的报国意志，弘扬"长风破浪会有时""不用扬鞭自奋蹄"的强国信念，以学践行，以行正身，不忘初心、牢记使命，激扬青春，崇尚奋斗，为实现中华民族伟大复兴凝聚磅礴力量。

青年怎样进行有效的学习？

青年应当沉着勤奋地学。在中华5000多年的历史文化长河里，勤奋已成为读书人学习成才的基础与首要条件。"立志宜思真品格，读书须尽苦功夫"告诫青年人立志应目光远大，读书须刻苦尽心；"书山有路勤为径，学海无涯苦作舟"告诉青年人唯勤奋是通向知识彼岸的捷径；"少年易老学难成，一寸光阴不可轻"警示青年人光阴易逝，需争分夺秒勤学不息，还有悬梁刺股、凿壁借光、囊萤映雪、韦编三绝等典故，这些勤学苦读的佳话闪烁着耀眼光辉，不断激励着一代又一代中华儿女奋发向上。青年时期是个人成长的黄金时期，青年时期的经历与收获往往对人一生的发展都起着重要的作用。《习近平的七年

---

① 《习近平致全国青联十二届全委会和全国学联二十六大的贺信》，《人民日报》2015年7月25日。

知青岁月》中提到，青年习近平在陕北一待就是七年，在那段岁月里，习近平不仅身体力行，苦干实干，还在繁重的生活劳动中争分夺秒地学习知识，村民们时常看见他拿着一本砖头一样厚的书在读。习近平白天利用难得的干活间隙看书，夜晚便就着光线微弱的煤油灯苦读，正是这艰苦难忘的岁月，让习近平磨炼出了超乎寻常的坚定意志与刻苦精神，为之后成就其非凡人生奠定了坚实的基础。沉着地学，就是要克服浮躁散漫，沉浸在学习的氛围中。勤奋地学，就是要如苏轼所说"旧书不厌百回读，熟读深思子自知"，孜孜不倦地读书，以求常读常新，高效专注地学习，在下苦功夫的同时，将个人思考融入学习积累的过程，系统掌握科学文化知识，筑牢辉煌人生。

青年应持之以恒地学。"绳锯木断，水滴石穿"用简单的现象揭示本质的规律。学习不仅贵勤，还贵在持之以恒。"读书之法，在循序而渐进，熟读而精思。"所谓"循序渐进，持之以恒"，指的是人在学习时应遵循规律，克服挫折，增强定力，有始有终。青年在学习时要有铁杵磨针的耐力、有滴水穿石的持久力，十年如一日，坚定内心勤学不息；还要有千磨万击的毅力，勇于接受风吹雨打，咬定青山不放松，在困境中丰富阅历、增长见闻，在磨难中树立信心、锤炼意志，在考验中开阔视野。

青年应在实践创新中学。"为学之实，固在践履。苟徒知而不行，诚与不学无异。"学习，重要的是脚踏实地去实践，为学而学却不知实践，与不学习无异。宋代理学家朱熹的这番话强调学习离不开躬行，通过实践将理论知识内化于心、外化于行。青年要将所学知识转化为个人能力和素养，就必须把理论与实践相结合，在实践中检验理论的正确性，并通过实践积累经验，深刻理解所学知识，优化理论体系，以便更好地将知识投入实践。作为新时代最具创造力的群体，青年的学习活动应当是富有创新性与开拓性的，要将所学的知识与时代科技的发展相结合，深入社会各个领域的前沿阵地，吸收前人留下的宝贵经验，站在巨人的肩膀上探索真理，用创新精神和创造能力为国家强大、科技发展及社会进步奉献力量。青年要激荡新气象、成就新作为，走在创新创造的前列，争当富有胆识、智慧和创造力的实干人才，争做锐意进取、开拓创新的时代先锋。

梦想从学习开始，事业靠本领成就。青年要将学习作为一种责任，以笃信好学的优秀品格坚定为个人成长而学，为时代发展而学，树立为中华民族伟大复兴而学的崇高志向；青年要将学习作为一种精神追求，以潜精研思的态度投入到对中华优秀传统文化、科学知识以及习近平新时代中国特色社会主义思想的学习中；青年要将学习作为一种生活方式，以理论联系实际的优良学风，脚踏实地，谦虚好学。胸怀家国梦，志当存高远，让我们用学习成就远大理想，用知识实现人生价值，用奋斗书写为实现中华民族伟大复兴中国梦而拼搏的无悔青春。

东北师范大学教育学部 2022级硕士研究生 李易琳

心存正念 勤学为基 实干为本 磨炼成才

2017年五四青年节来临之际，习近平总书记在中国政法大学考察时寄语青年，"要树立与这个时代主题同心同向的理想信念，勇于担当这个时代赋予的历史责任，励志勤学、刻苦磨炼，在激情奋斗中绽放青春光芒、健康成长进步"①。

一个人的成长离不开刻苦追求，只有在刻苦追求中才能培养出自己的才华、提升自身竞争力，才能在人生的历程中创造出蓬勃生机。当青春年少的时候，我们有着无限的活力，有着热情和幻想，渴望自己的人生充满喜悦，期待着有一天化蝶般华丽蜕变，飞向自己的天空。但这一切都要靠自己刻苦追求、勇敢向前，勇于实践，无论多么困难都不能轻易放弃自己的追求。

那么，当代青年究竟如何实现梦想？"一个人成长成才，内因起决定作用"，要想透彻理解这句话，当代青年应该做好这四件事：心存正念、勤学为基、实干为本、磨炼成才。

---

① 中共中央文献研究室编：《习近平关于社会主义政治建设论述摘编》，中央文献出版社2017年版，第209页。

什么是心存正念？

心中的正念，体现了为人民服务的宗旨。"江山就是人民，人民就是江山。"中国共产党一经诞生，就把为中国人民谋幸福、为中华民族谋复兴确立为自己的初心使命。进入新时代，中国共产党把人民对美好生活的向往作为奋斗目标，提升人民群众的获得感、幸福感、安全感。作为新时代青年，一定要从中国共产党百年奋斗的历史经验中读懂人民至上的深刻内涵，要从完成中华民族伟大复兴历史使命的高度站稳人民立场，与人民风雨同舟、血肉相连、荣辱与共，在践行群众路线中履行当代青年的使命与担当。

心中的正念，是永远跟党走的坚定信念。新时代青年是实现中华民族伟大复兴的参与者和见证者，是新时代改革发展的生力军。青年正处于打牢思想理论基础、掌握正确的立场观点方法的重要时期，好奇又热情，但缺乏实践经验和人生阅历，世界观、人生观、价值观的形成充满可塑性与不成熟性。作为新时代青年，要更加自觉坚定历史自信，紧紧团结在以习近平同志为核心的党中央周围，坚定不移听党话、跟党走，走在热爱党、拥护党的前列，为推进中华民族伟大复兴贡献力量。

心中的正念，是走自己的路的胆量魄力。中国共产党从成立之日起，不仅学习马克思主义、坚持马克思主义，更重要的是把马克思主义基本原理同中国具体实际相结合、同中华优秀传统文化相结合，在实践中坚持和发展马克思主义，走出了属于自己的中国特色社会主义道路，不断战胜困难、从胜利走向新的胜利。作为新时代青年，要从党的历史实践中深刻认识到新时代伟大成就的来之不易，深刻认识

"我们为什么能够成功""我们怎样才能继续成功",坚定不移沿着中国特色社会主义道路奋勇前进。

什么是勤学为基？

习近平总书记强调："青年处于人生积累阶段，需要像海绵汲水一样汲取知识。"①希望广大青年"下一番心无旁骛、静谧自怡的功夫"，克服浮躁之气。

"功崇惟志，业广惟勤。"如果说理想信念指引着奋斗的航向，那么勤学则提升了抵达理想彼岸的效率。没有理想信念，会导致精神上"缺钙"；没有勤学敏思，同样会得"空心病"。曾经，民族危亡之际，一代青年发出"华北之大，已经安放不得一张平静的书桌了"的呐喊；阵阵炮弹轰鸣中，西南联合大学的莘莘学子却屡攀学术高峰……没有哪一代青年的梦想不是从学习开始的，也没有哪一个人的青春不是靠奋斗成就的。越是艰巨的任务、越是严峻的挑战，越能激发出青年穷山距海的勇毅和无悔青春的热情。

新时代青年正处于人生的黄金时期，我们学识的储备够不够、基础打得牢不牢，直接影响甚至决定着我们能看得多宽、走得多远。勤学，不仅要学书本上的知识，更要学实践中的经验，在广阔的天地中增长见识、积累本领，充分发挥开拓精神，勇敢探索真理。

---

① 《立德树人德法兼修抓好法治人才培养 励志勤学刻苦磨炼促进青年成长进步 习近平在中国政法大学考察》，《人民日报》2017年5月4日。

什么是实干为本？

"少年负壮气，奋烈自有时"，这句诗正是最好写照。习近平总书记指出，"青年时期是培养和训练科学思维方法和思维能力的关键时期，无论在学校还是在社会，都要把学习同思考、观察同思考、实践同思考紧密结合起来"①。梦想从学习开始，事业靠本领成就。"要敢于做先锋，而不做过客、当看客，让创新成为青春远航的动力，让创业成为青春搏击的能量"②。新时代的我们要做刻苦学习、锐意创新的模范，带头立足岗位、苦练本领、创先争优。要努力成为学习标兵，以只争朝夕的紧迫感如饥似渴地学习知识，把学习作为一种责任、一种精神追求、一种生活方式，练好人生和事业的基本功。要努力成为行业骨干，在岗位实践中摸爬滚打，沉得下来、扎得进去，在工作中增长才干、练就本领，以真才实学报效祖国人民。要努力成为青年先锋，勇于解放思想、与时俱进，在立足本职的创新创造中不断积累经验、取得成果，在关键领域、"卡脖子"环节攻克难关、奋勇争先。

青年时代，选择吃苦也就选择了收获，选择奉献也就选择了高尚。新时代青年要向雷锋同志学习，做艰苦奋斗、无私奉献的模范，努力做一颗融入党和人民事业的螺丝钉，站稳人民立场，永葆对人民的赤子之心，始终同人民站在一起、想在一起、干在一起，拜人民为师，虚心向人民学习；努力做一颗钻得进、钉得住、能承重的螺丝钉，脚踏实地、求真务实，吃苦在前、享受在后，自觉在科技创新最前沿、

---

① 《立德树人德法兼修抓好法治人才培养 励志勤学刻苦磨炼促进青年成长进步 习近平在中国政法大学考察》，《人民日报》2017年5月4日。
② 习近平：《在知识分子、劳动模范、青年代表座谈会上的讲话》，人民出版社2016年版，第12页。

乡村振兴大舞台、服务社会第一线、网络空间舆论场、国际交往新天地、急难险重任务中施展抱负，在党和人民最需要的时刻冲得出来、顶得上去；努力做一颗永不生锈的螺丝钉，无论走多远都不要忘记为什么出发，始终保持奋斗的状态，始终坚守奉献的本色，真正做到紧跟着党永久奋斗、终身奉献。

磨炼造就成才

不经一番彻骨寒，哪得梅花扑鼻香。青年在成长和奋斗中，会收获成功和喜悦，也会面临困难和压力。"玉不琢，不成器"，习近平总书记将广大青年比喻成璞玉，正是希望我们能坦然、耐心接受成长路上的考验与磨砺，经过反复打磨后，从幼稚走向成熟，最终成就一番事业，成为高尚的人。无论顺境逆境，无论得意失意，都是生活的风景、人生的财富。要想大有作为、大有可为，就要经风雨、见世面、长才干，在实践中"曾益其所不能"。对于当代青年来说，正视困难、勇于磨炼，不断以真善美雕琢自己、践行社会主义核心价值观，必能唱响青春之歌、培养高洁的操行和纯朴的情感，必能使自己成为高尚的人。成败得失始终是一道人生考题。给出让人民满意的答卷，不仅是个人之幸，更是时代的召唤、民族的期待、历史的要求。

"心存正念、勤学为基、实干为本、磨炼成才"，新时代的青年一定要牢牢记住。内因才是起决定作用的，青年就是要充分发挥自身的主观能动性，让自己不断去成长，只有自身的努力才是实实在在的，才能够得以长久。要紧紧把握住内因这个关键制胜点，凭借个人努力不断地修正完善、充实自己，练就过硬本领，在青春年华去尽情书写无悔人生，以最好的自己迎接最好的时代。

"人生万事须自为，跬步江山即寥廓。"人生万事，只要自己奋发努力、点滴进步终能走出广阔天地。追求进步，是青年最宝贵的特质，也是党和人民最殷切的希望。青年朋友们，让我们珍惜自己朝气蓬勃的青春，用无比的热爱和拼搏去实现自己的理想！

东北师范大学物理学院 2022级硕士研究生 张艺轩

提高思维能力与青年成长成才

2017年五四青年节来临之际，习近平总书记到中国政法大学考察时特意提到，"养成了历史思维、辩证思维、系统思维、创新思维的习惯，终身受用"。青年培养历史思维、辩证思维、系统思维、创新思维对个人、对国家而言都有重要意义和持久作用。

历史思维就是能够在实践中借鉴历史，用历史指导现实，善于从历史中把握规律、汲取经验，进而更好地指引前进的方向

马克思说："人们自己创造自己的历史，但是他们并不是随心所欲地创造，并不是在他们自己选定的条件下创造，而是在直接碰到的、既定的、从过去承继下来的条件下创造。"①

用系统的、联系的眼光看，历史、现实、未来本就是一个紧密联系的整体，在时间的轴线上不断运动。历史是昨天的现实，而今天的现实也终将成为明天的历史，正如我们剪不断时间的河流，我们既无法也不能将历史、现实、未来三者割裂开来。历史思维就是要求把历史、现实、未来贯通联结，用历史借鉴现实、映照未来；要求把握历

---

① 《马克思恩格斯文集》第二卷，人民出版社2009年版，第470—471页。

史的主流和支流、本质和现象、普遍和特殊，辨析其中的区别和联系，防止以偏概全、以末代本的倾向。青年确立历史思维，一方面要发扬历史主动精神，明确个体在历史发展的长河中不是完全消极被动的，而是能通过把握住历史发展的规律和大势，吸取教训、汲取智慧，如拨云见日般找准前进方向并推动历史变革；另一方面我们也应明白目标是基于历史和现实发展所确定的未来之上的，且目标是有层次的，是能为我们的努力指明方向的。习近平总书记将历史称为"最好的教科书""最好的清醒剂"，更强调必须修好党史这门功课。在新征程上，我们必须以历史思维严肃地审视历史，慎重地把握现实，清醒地谋划未来。

辩证思维就是承认矛盾、分析矛盾、解决矛盾，善于抓住关键、找准重点、洞察事物的发展规律

世界上一切事物都不是静止不动的，而是在不断发展的，要想用发展的眼光看问题，就必须应用辩证思维，提高辩证思维能力。习近平总书记指出："要有全局观，对各种矛盾做到心中有数，同时又要优先解决主要矛盾和矛盾的主要方面，以此带动其他矛盾的解决。"[①]这要求我们不能片面地只盯着问题的一面大动干戈，而应该从不同角度去看待问题，同时抓住中心任务，否则就不能真实、客观地反映事物的本来面貌，也不能找到问题的关键并解决问题。

提高辩证思维能力，要求我们认识和分析问题时，要从联系和发展的角度出发，要瞄准问题分析矛盾，在对立中把握统一、在统一中

---

① 习近平：《辩证唯物主义是中国共产党人的世界观和方法论》，《求是》2019年第1期。

把握对立，认识问题既不极端，分析问题也不片面；提高辩证思维能力，我们驾驭局面和处理问题时，要运用唯物辩证法的根本方法，既看到主要矛盾，也要兼顾次要矛盾，既善于发挥有利于我们的优长，又善于摒弃不利于我们的弊端。同样，在学习、工作中，我们要分析学习、工作的已有条件和可行性，也要分析目前受到哪些局限以及未来可能会遇到的困难、阻碍，并对症下药提前做好准备。

系统思维就是要善于将事物解剖，善于把握事物内部的多种结构和功能，把它们放置于一个整体中去分析思考

恩格斯在《反杜林论》中指出："思维既把相互联系的要素联合为一个统一体，同样也把意识的对象分解为它们的要素。没有分析就没有综合。"[1]这表明当我们在认识事物时，既要对事物及其发展的过程进行具体分析，又要对事物发展的整体过程进行综合把握，系统地看待事物。建立起系统思维的前提，就是要充分认识和把握事物内部的构成，建立起普遍联系，并在此基础上实现功能和价值的发挥与优化。习近平总书记指出："万事万物是相互联系、相互依存的。只有用普遍联系的、全面系统的、发展变化的观点观察事物，才能把握事物发展规律。"[2]"系统观念是具有基础性的思想和工作方法。"[3]必须重视系统思维中的结构性，在头脑中把思维的重点指向整体结构。此外，在实际解决问题时，应该注重横向思维与纵向思维的结合，立体地分析矛盾。作为国家未来发展的中坚力量，青年应秉持系统观念，将自身发

---

① 《马克思恩格斯文集》第九卷，人民出版社2009年版，第45页。
② 《习近平著作选读》第一卷，人民出版社2023年版，第17页。
③ 《习近平谈治国理政》第四卷，外文出版社2022年版，第117页。

展与国家和时代变革相联系，将个人理想融入中华民族伟大复兴的中国梦，把个人小我融于祖国的大我，与人民、国家、民族同呼吸、共命运，从国家战略发展的角度去思考问题，把握前进方向。

创新思维就是打破常规，突破传统，能够结合实际情况开拓创新

创新是一个国家、一个民族发展进步的不竭动力。创新是第一动力，创新才能把握时代、引领时代。人类历史上的每一次重大变革都是创新的结果。回望新中国的发展历史，创新无处不在：创新性地采用"一国两制"制度体系实现港澳回归、创新性地实施改革开放政策激发经济活力、创新性地提出"一带一路"倡议、创新性地提出"构建人类命运共同体"的倡议等。正是因为从国情出发、综合和辩证地分析国内外形势、勇于改革创新，中国才能抓住发展的机会，在世界上站稳脚跟。提高创新思维能力，要求我们要有"逢山开路，遇河架桥"的魄力和胆识，有探索真知、求真务实的态度，为了创新创造而百折不挠、勇往直前，不断积累经验、取得成果；提高创新思维能力，要求我们要有敢为人先的锐气，打破迷信经验、迷信权威的惯性思维，摒弃不合时宜的旧观念，以思想认识的新飞跃打开工作新局面。当前国家所面临的战略机遇和风险前所未有，我们更要在新时代新征程中不断推进理论创新，提出具有原创性的思想来引领实践。

历史思维、辩证思维、系统思维、创新思维绝不是孤立地起作用的，而是同时发挥影响的

在用历史思维去审视历史的过程中，不能缺乏辩证思维、系统思维的参与；在运用创新思维分析解决问题时，也不能缺乏历史思维、辩证思维、系统思维，否则容易误入歧路，无法把握正确的创新方向。创新思维绝不是天马行空、毫无根据，而是在辩证、系统地分析局限性和矛盾性，在现实和不可能之间开辟可能的创造空间，是起源于问题、归结于问题的，是打破常规的，更是切实可行的。所以，我们绝不能为了创新而创新，为了做研究而做研究，而要创有意义的新，做有价值的研究。

青年时期也是人生积累的重要阶段，需要像海绵汲水一样汲取知识。在学习中应用，在应用中学习。

青年是时代前行的先锋，时代也将责任和荣光赋予青年，青年应接下时代的接力棒，争做国家发展的弄潮儿和助力者，以历史思维、辩证思维、系统思维把握奋斗方向，用创新思维助力国之梦想。

东北师范大学心理学院 2021级本科生 邝韵逸

欲得真学问，需下苦功夫 |

当前，国际格局持续演变，全球治理体系深刻重塑，世界之变、时代之变、历史之变正以前所未有的方式展开，当代青年更应该立志勤学，成长成才，不断提高自己的能力，以适应国内外发展需要。在各国文化交融、经济协同发展的今天，勤学更应该成为当代青年学生的基本品质，这也是习近平总书记对当代青年的期望。2014年5月，习近平总书记在北京大学师生座谈会上的讲话中明确要求当代青年，"要勤学，下得苦功夫，求得真学问"。

为什么要"勤学"？

首先，知识即美德。青年是国家的未来，青年的价值取向决定了未来整个社会的价值取向，但价值观的形成绝不是一蹴而就的，需要由易到难、由近及远地培养，使社会主义核心价值观的内容要求成为我们日常生活中的行为准则，形成我们自觉坚守的理念、信念。只有勤于学习，在知识的海洋中畅游，在掌握更多科学知识的基础上，才能形成明辨是非的能力，培养坚持人生方向的定力，自觉践行社会主义核心价值观。尽管学习文化知识，对道德修养不一定有直接影响，但人们往往在学习知识中陶冶了情操，使灵魂得到了净化，从而有助于提升道德修养。

其次，勤学能够培养兴趣。兴趣是在不断思考当中逐渐培养起来的。人们在探索未知的过程中，很容易对某一类事物产生兴趣，进而展开探索，去广泛地了解、认识和收集与这类事物相关的知识内容。而兴趣也是推动当代青年学生学习的重要因素。从教育学角度讲，兴趣是直接影响知识掌握和学业成绩的要素，是发展智力和提高能力的关键，是进行思想政治和品德教育的良好时机，也是努力学习、深度学习、创新学习乃至终身学习的基础。教学是有意识心理和无意识心理统一的过程，学生只有对学习的内容感兴趣，才能将注意力集中在需要学习的事物上，才能感知活跃、思维敏捷、记忆力更加持久，才能激发学习的自主意识，调动学习的积极性。真正的学习不仅是学习某类知识，更在于激励自己、唤醒学习的热情。

再次，勤学能够提高思维能力。学习的目的就是提高思考问题的能力和培养解决问题的能力。在学习的过程中，学习知识并不等同于"学习智慧"，学习知识是掌握某一学科领域的基本规律，是学习已有的结论，而"学习智慧"则是学习思考问题的方式方法，自己去探索并总结规律。勤学就是在学习知识的过程中学会思考问题的方法，并尝试用更多的方法解决问题。评价一个人学习的成果不仅要评价其掌握的知识，还要评估其掌握的智慧，即他的思维能力如何，是否能够创造新知识。随着社会的不断发展，我们正在步入一个高智能的时代，其主要特征是需要人们有更强的学习知识的能力、运用知识的能力和创造知识的能力，也就是说要求大脑有更高的思维效率和思维能力。所谓"工欲善其事，必先利其器"，我们要想在这个高智能的时代生存，就必须首先提高我们的脑力，即思维能力，所以青年人必须勤学善思。

最后，勤学能够锻炼分析能力。分析事物是思考问题的基础和前提，分析能力是一种综合的、具有应用性的能力，包括数据分析能力、材料分析能力、文字分析能力等。分析能力的提高不是一蹴而就的，需要日积月累不断增强。分析能力的提高不是简单的知识的理解记忆或背诵，而是在学习实践的过程中不断地分析、广泛地思考，逐渐地培养起来的。同时，分析问题的科学方法也需要我们进行系统学习。在掌握基本的分析方法之后再对具体问题进行分析时就能做到有的放矢，也能更好地整合归纳自己的观点，使得对问题的分析更加全面。学习能够扩大我们的认知范围，增加知识储备，勤学是当代青年成才的必由之路。

在勤学中如何建造知识大厦？

学习像是在思想的土壤上建立一座座高楼大厦，只有不断汲取新的知识，我们才能不断地添砖加瓦。在这个知识大厦的建造过程中，我们不是简单地添加建筑材料，既要想象这个建筑物最后呈现的外貌，也要制订合理的工程计划，并注意大厦的整体架构及安全牢固问题。为此，何以勤学？如何建造知识大厦？

首先，要有学习动力。知识大厦的建造不只是砖瓦的简单堆砌，要使其立韧千丈而不倒，必然要重视其承重结构的构造，学习动力就是知识大厦的承重结构。何谓学习动力？顾名思义，是指推动人勤奋学习的力量，离开了学习动力我们就没有了学习的推力和拉力，必然无法在学习的进程中持之以恒。每个人都有学习的能力，却因为学习动力的大小产生不同的结果：动力缺失者遭遇一点挫折便会失去学习的信心，终日消极倦怠、自怨自艾；动力拥有者，即使家境贫寒也能凿壁偷光，即使身体残缺也可锐意进取写下不朽篇章。增强学习动力可以从如下几点进行。

一是具有良好的动机。学习的动机是学习动力产生的根源，是学习动力的内在推动力，为学习提供目的和方向。具有良好的学习动机可以使我们以积极主动的状态、有方向性地进行学习，同时使我们对所学内容能够始终保持热忱、集中注意力。拥有良好的动机可以在遇到困难时勇气倍增、保持冷静，成为潜心治学的青年。要注重立志教育，通过增强青年的责任感与使命感启发青年自觉学习。同时培养青年形成正确的归因观，相信努力对成功的积极作用，通过调动青年的主观能动性激发学习动机。

二是培养浓厚的兴趣。"知之者不如好之者，好之者不如乐之者。"学习是求知的过程，而兴趣则有利于激发青年的求知欲望。知识和兴趣是天平的两端，如果只累加一端的砝码势必会失去平衡。因此，通过培养兴趣，青年可以获得勤学的"加油站"，不断补充动力。"用功不求太猛，但求持之以恒"，以兴趣为持之以恒的养料，青年必将收获良好的学习动力。培养青年兴趣的好方法便是开展适合青年特点、满足青年需求的活动，以此提高青年的学习兴趣。

三是给予青年适当的压力。充满氢气的气球因为缺少抗压能力，稍一挤压就会破碎；而经过揉捏生产出的皮球，就能够被拍打、传递，这是因为皮球经历了"压力"。苦乐交织是学习的一大特点，只靠一时的热情是无法长期坚持的，因此青年需要正确认识压力，冷静对待压力。"生于忧患，死于安乐"，施加适当的压力能使青年更加充满动力。

压力是多方面的，有外在世界强加的压力，也有内在心理的压力。外在的压力有他人施加的生活压力或工作压力，内在的压力有自我施加的学习压力以及自我预期等。在压力下，青年可以将压力转变成巨大的学习动力，从自身实际情况出发，提出合理目标，不断激励自己，同时在压力下保持清醒大脑，引导自己不断奋斗、发展，使青年能够勇往直前，勇做时代的弄潮儿。

四是设定合适的学习目标。青年在建造自己的知识大厦时，不能脱离实际、想入非非，应结合自身特点，仔细分析自己所有的"建筑材料"，好好构思怎样建造一座知识大厦。目标是影响失败与成功的一个重要尺度，如果目标定得过低，会使青年失去挑战精神，降低思维的活跃性，使青年不断向下兼容；目标定得过高，可望而不可即，则会使青年产生自我怀疑，经历过多挫折往往会造成习得性无助感，产生厌倦感，最终失去对学习的信心。因此，青年应该在学习中为自己设置阶段目标，使自己在完成一个个小目标后拥有获得感，达成奖励机制，获得学习的动力，从"让我学"逐渐转变为"我要学"。

五是找到合适的学习方法。学习方法是指在学习的过程中，通过实践总结出的快速掌握知识的方法，与学习效率息息相关，是学习的重要实践方式。勤学并不是苦学，"学而不思则罔，思而不学则殆"，学习却不加思考，虽然很苦却没有任何收获。学习没有方法如同制衣没有针线，无法发挥青年应有的才能。"工欲善其事，必先利其器"，因此，青年要想建造好知识大厦必须掌握正确的方法。

"一勤天下无难事"，学如逆水行舟，不进则退。青年正处于人生的黄金时期，通过勤学，青年人能够不断进步，激发创造思维，实现目标梦想，攀登成长之梯。新时代是青年追梦的时代，当代青年只有做到勤学善思，才能在时代潮流中创造精彩人生，成为国之栋梁。

东北师范大学文学院 2019级本科生 王蕾

勤学苦练求真知 |

青春的美好时光属于奋斗、属于拼搏、属于成长。习近平总书记强调："为学之要贵在勤奋、贵在钻研、贵在有恒。"[①]今日之青年，可谓是"恰同学少年，风华正茂"，青年时期拥有奋发向上的无限精力，此时不奋斗更待何时？在此阶段，青年拥有老师与前辈的指导，有同辈间的互相帮扶与互相切磋，有浩瀚的书籍与前人的经验指路，因此更应勤于学习、敏于求知。知识的学习重点在于转化，要不断把所学知识内化于心，真正地形成自己的见解。在丰富的实践中，做到专攻博览，同时也要养成关心国家、关心人民、关心世界的良好习惯，学会担当社会责任。

勤学苦练求真知要求青年在实际学习生活中，通过勤学苦练将知识入心入脑，并自觉运用到社会实践中。青年是个人精力最为充沛、思维最为活跃、接受能力很强的阶段，更是青年长本事、长才干的大好时机。纵览古今中外，无数伟人都在青年时期坚持勤学、下苦功夫、求得真学问。勤学苦练一直以来是我们中华民族的传统美德。中华民族五千多年文明史，勤学苦练的人不胜枚举，无论是车胤的"萤入疏

---

① 《习近平谈治国理政》第一卷，外文出版社2018年版，第172页。

囊"和孙康的"雪映窗纱",还是匡衡的"凿壁偷学"、孙敬和苏秦的
"悬梁刺股"以及祖逖的"闻鸡起舞",都是勤学苦练的榜样。新时代
青年要适应时代的召唤,必须拥有充足的知识、广阔的眼界、过硬的
本领。青年"求得真学问"应从以下几个方面入手。

要有端正的态度

态度决定一切。青年被寄予时代厚望,作为社会主义的建设者和
接班人,承担着中华民族伟大复兴的时代重任。在面临自我挑战以及
时代担当时,端正的态度和坚定的信念则成为形成过硬本领的前提。
青年生逢伟大时代,作为党和国家事业发展的先锋力量,要有"自觉
赶上时代潮流"的紧迫感,有"本领不够"的危机,要有"永不自满、
永不懈怠"的奋斗者姿态。勤学苦练求真知的过程没有捷径可走,只
有真学真练才能练就真本领。本领的提升需要长期付出辛劳,如果不
能循序渐进,做到水滴石穿,那么定然求不到真知。子曰:"由,诲
女知之乎? 知之为知之,不知为不知,是知也。"《论语》中的这段话
告诉了我们求知者应有的态度。对于青年而言,除了明确知道自己应
不断学习,更应知道自己哪些方面需要学习。勤学苦练的方向存在偏
差,再多的努力也得不到真知。青年只有知道自己缺什么、要什么,
才能明白学什么、补什么,让勤学苦练用对地方,让知识的提升充分
有效。切忌方向不明决心大,眉毛胡子一把抓,防止泛泛而学、学而
无用。当今时代,新思想新知识不断涌现,新问题新挑战接踵而至。
知识的学习也始终强调自我转化,只有真正将所学知识转化为所思所
想,将实际知识加以自我内化,才能学到真知真本领。如果缺乏勤学
苦练的态度,那么再活跃的思维也会因为知识的匮乏变为空想。因而,

青年要避免"学得浅""学得散"，要以勤学善思的态度，多思多想、学深悟透。"三人行，必有我师焉。"青年的学习内容不能局限于书本知识，要有不断向周围人学习的态度，向同伴学、向前辈学、向后辈学，取长补短，勤于学习、善于学习，用与时俱进的思想引领自我学习。

要把握最好的学习时间

青年作为个体成长最为迅速的阶段，无疑是学习的最佳时期，要珍惜一寸光阴，抓紧求知学习。求真知的过程需要接收丰富的知识与自我积淀，那么时间就是实现这一过程的基本保证。勤学苦练的"短缺"会导致知识本领的"短板"，而时间积淀的"缺失"则会造成苦练努力的"白费"。近代以来，众多中国青年在探索中国式现代化的进程中留下了耀眼的奋斗足迹。当代青年在接过前人的接力棒后，也将在中华民族伟大复兴中续写新的时代篇章。时代又一次把历史责任赋予青年。"没有金刚钻，揽不了瓷器活。"责任担当总要与能力相匹配，这就要求青年在常规学习外，更要加强自身理论及前沿知识的学习。"盛年不重来，一日难再晨。"每日的学习都需要全力以赴，点滴的时间确保有效学习。时间是挤出来的。除了常规学习时间，青年需要充分利用零碎时间增强自我学习，以时不我待、只争朝夕的精神，不断地用理论武装自己的头脑，用丰富的知识拓宽自己的才干。生逢其时，当不负其时。青年是极具创造、充满希望的一代。如今的中国青年置身于新的伟大的历史洪流，展现出了努力奋斗、勇担使命的爱国主义情怀，努力成为追求远大理想、不断接续奋斗的时代新人。时代与青年理想相重合，青春奋斗正当时。中国青年更应把握好这一时代机遇，以坚持不懈的精神，把各种零碎的时间利用起来，不断学思践悟求真知，在最适合学习的人生阶段下一番苦功夫，练就一身真本领。

要强化实践

实践出真知，实践长真才。"为学之实，固在践履，苟徒知而不行，诚与不学无异。"勤学苦练除了学知识，更多地还要在实践中练本领。求真知的目的在于将知识进行运用。知识学习与问题解决相辅相成，充分的知识学习能够指导实际问题的解决，而实际问题的解决过程中也会带来对知识的反思和积累，这才是真正地学以致用、用以促学、学用相长。中国共产党百年来的奋斗历程，就是带领中国人民在革命、建设、改革中不断探索求真知的过程。古往今来，社会不断发展进步，科技不断实现创新，归根结底都来自实践。"春雨惊春清谷天，夏满芒夏暑相连。秋处露秋寒霜降，冬雪雪冬小大寒。"这是中国的二十四节气歌，是古代人民通过观察与实践所形成的气候变化规律，是不断指导着中国农业活动的真知。"吾尝终日而思矣，不如须臾之所学也，吾常跂而望矣，不如登高之博见也。"实践是最好的课堂，在实践中学、在实践中用、在实践中总结。实践是理论的来源，是理论发展的根本动力，是理论的最终目的，是检验真理的唯一标准。知识的学习是必要的，而实践更是必要的，空有理论而不去实践运用，再美好的愿景、再丰富的知识也只能是泡影，无法落实。青年在广泛吸纳不同知识后，如果缺乏必要的实践，知识则无法真正内化于心。不躬身实践，你可能无法体会到"横看成岭侧成峰，远近高低各不同"

的奇观，更无法实现"登高望远"的人生壮志，也无法感悟"操千曲而后晓声，观千剑而后识器"的哲理。过硬的本领和勤学的真知不是与生俱来的，是在反复的磨炼与丰富的实践中成长获得的，因此青年应带着知识去实践，在实践中丰富知识。

求真知要"钻"进去

应知学问难，在乎点滴勤。勤学苦练求真知的实际落脚点一定是在"钻"字。求真知的过程很像拔萝卜，如果你没有持续使劲，只是浅尝辄止，最终你试完一圈也只能两手空空。只有横下心，钻下去才能拔出真理的大萝卜。"一丝不苟、精益求精、一以贯之"，中国的大国工匠们刻苦钻研为中国从制造业大国走向制造业强国贡献力量。这种大国工匠身上的钻研精神正是求真知所必需的。"路漫漫其修远兮，吾将上下而求索"，科学知识严谨而深邃，学习需要耐心和定力。求真知毫无疑问需要舍得花时间、花精力、下苦功夫。"书读百遍，其义自见。"在学习的过程中我们往往不能一下子知其真意，需要如切如磋、如琢如磨般的韧性，不断感悟、领会。书中理论有深意，深钻细研才能看清本质。为求真知，唯有保持"为伊消得人憔悴"的钻研精神，倾注精力、投入时间，坚持深耕深植，方能从理论中获得知识、智慧、力量。因此，青年学知识要发扬钉钉子的精神，以水滴石穿的恒心、铁杵磨针的决心，在勤学苦练中求真知。

青午肩负着时代重任，接过先辈手中的"接力棒"，更应以自信自强、胸怀天下、担当有为的态度走在时代的最前列。让我们在勤学苦练求真知的过程中，珍惜光阴，锤炼品格，练就本领，不负人民期望，始终保持昂扬奋进的精神状态，发扬永久奋斗的优良传统，在新征程上干出一番事业、创造一番业绩。

东北师范大学心理学院　2018级本科生　贺佳

刻苦学习埋头苦练本领，锐意创新争做青年先锋

2022年5月10日，在庆祝中国共产主义青年团成立100周年大会上，习近平总书记对新时代的广大共青团员提出新的要求，要做理想远大、信念坚定的模范；要做刻苦学习、锐意创新的模范；要做敢于斗争、善于斗争的模范；要做艰苦奋斗、无私奉献的模范；要做崇德向善、严守纪律的模范。"五个模范"的标准和要求，饱含着习近平总书记对青年一代的殷切期望，为新时代共青团员和广大青年提供了奋斗动力，指明了前行方向。"追求进步，是青年最宝贵的特质，也是党和人民最殷切的希望。"①在这"五个模范"的标准和要求当中，最让我有所感触和体会的便是"要做刻苦学习、锐意创新的模范"。

学习在人的一生之中都具有重要意义。学到老，活到老，尤其是在人的青年阶段，更是吸收养分、充实自身的黄金时期。吴玉章曾说，青年人"要选择一个奋斗的目标来努力学习和实践"。中国经济飞速发展，社会整体水平稳步提升，青年人可以接触到的事物和资源十分丰

---

① 习近平：《在庆祝中国共产主义青年团成立100周年大会上的讲话》，人民出版社2022年版，第11页。

富，这有助于我们开阔眼界，充实自身，但也增加了我们沉迷享乐的可能。我们想要实现个人价值，为全面建设社会主义现代化国家添砖加瓦，就一定要培育自身正确的价值观，苦练本领、刻苦学习，决不能因为一点挫折和困难或是外界因素的影响浪费光阴。

创新对于个人而言是走出新天地的希望，对于国家而言是不断发展的动力。一直以来，党和国家始终重视鼓励创新。从创新驱动发展战略的实施，到以创新为首的新发展理念的提出，习近平总书记多次强调创新对于一个民族和一个国家的重要性。而青年人培育创新意识，正是响应了党和国家的号召，是提升自身素质、更好地成为中国特色社会主义建设者和接班人的重要途径。

一直以来，一代又一代青年在中国共产党的团结带领之下，踊跃参与斗争，积极投身建设，不断磨炼自己、成长自我，为了民族事业和人民幸福接续奋斗，使青年的队伍不断壮大，能力不断增强，信念始终坚定。作为新时代青年，我们更要在前人打下的坚实基础上接过接力棒，以党的旗帜为旗帜、以党的意志为意志，以党的使命为使命，听从党的号召，团结在党的周围，刻苦努力、锐意进取、打破陈规、勇于开拓，学习党的创新理论，指导自身实践。

争做刻苦学习、锐意创新的模范，须增强学习意识

把忠诚书写在党和人民的事业中，把青春播撒在民族复兴的征程上，把光荣镌刻在历史行进的史册里。百年征程，波澜壮阔；百年奋斗，历久弥坚。一代代中国青年之所以能够在各个时期担当起复兴重任，就在于能够胸怀报国理想，刻苦读书学习。勤学苦练跳水技术，拼搏争先，在奥运赛场上为中国夺得金牌的张家齐、陈芋汐；放弃舒

适生活，一心返回家乡，投身脱贫攻坚一线，在奉献中诠释青春、在时代中绽放青春的黄文秀；奋斗在铁路一线，坚守岗位拼搏奉献，用心经营生活，为自己的人生履历增添了一道又一道亮色，成为行业"技术大拿"的90后调车员宋超……今天在我国社会建设各领域，到处都有青年人挥洒汗水、全情投入的身影。他们走在时代前列，发挥聪明才智，为国家建设贡献青春力量，青年要担当时代重任，就必须有强烈的学习意识和刻苦钻研精神。作为一名新时代大学生，更应该在大好年华刻苦学习，用实际行动促进自身成长。作为师范院校的学生，我更深刻地感受着党和国家对培养青年学子的重视。

争做刻苦学习、锐意创新的模范，须增强创新意识

习近平总书记指出："青年是社会中最有生气、最有闯劲、最少保守思想的群体，蕴含着改造客观世界、推动社会进步的无穷力量。"[①]我们处在前所未有的变革时代，干着前无古人的伟大事业，这既为青年施展才华、竞展风采提供了广阔舞台，也对青年能力素质提出了新的更高要求。在过去进行学习研究的过程中，我也有意识地培养自身的创新精神和创新能力；在进行各项课题的研究学习中，首先考虑的也是如何创新。我认为，我们站在新时代的舞台上，就不能循规蹈矩地看问题，做研究应当考虑如何能为学科建设和社会发展提出一些新的想法和主张，做出一些新的切实可行的贡献。鲁迅先生曾经鼓励青年人要大胆地说话，勇敢地前行。为国家发声，为民族发声，为时代

---

① 习近平：《在庆祝中国共产主义青年团成立100周年大会上的讲话》，人民出版社2022年版，第9页。

发声。这其实不只是希望我们能够在恶意抨击和欺压面前，勇敢站出来维护国家尊严和民族利益，同时也要求我们敢说话、说真话。换一个角度思考，在和平年代，我们刻苦学习、认真钻研，在科学研究的过程中产出学术成果，取得新的突破，不也是在为祖国发声吗？我们的学习和研究，也应当发出属于当代中国青年的时代之音。所以，这也再一次印证了，青年时期应该用来不断积累学识、增长才干，无论是在学习中还是实践中，都需要我们沉下心来，脚踏实地，要把学习作为一种责任、一种习惯、一种追求。任何理想都需要本领和能力去成就和支撑，否则，梦想只能成为空话，又何谈服务人民、建设国家？

争做刻苦学习、锐意创新的模范，须增强责任意识

有责任有担当，青春才会闪光。青年的命运，从来都同时代紧密相连。在漫长的中华文明历史中，我们的民族始终有着"自古英雄出少年"的传统，有着"长江后浪推前浪"的情怀，有着"少年强则国强"的信念，有着"希望寄托在你们身上"的期待。青春的觉醒，青春的力量，青春的涌动，青春的创造，便是推动中华民族勇毅前行、屹立于世界民族之林的磅礴力量！全面建设社会主义现代化国家、实现中华民族伟大复兴，必须有"强国有我""匹夫有责"的责任意识，必须有"功成不必在我，功成必定有我"的无畏决心，看到自己肩负的历史使命，听党话、感党恩、跟党走，为党和人民的事业勇担大任，苦练本领，争做青年先锋。

争做刻苦学习、锐意创新的模范，须增强奋斗意识

青春是用来奋斗的，奋斗是青春最亮丽的底色，青年要到祖国最需要的地方绽放青春。在社会主义革命和建设时期，共青团带领广大青年主动作为、勇挑重担，向科学进军，向困难进军，哪里最困难，哪里就有青年的旗帜，哪里有需要，哪里就有青年的身影。我们作为党和国家关照培养的新生力量，在享受美好生活的同时应当努力奋斗去创造更加崭新的明天，决不能安于现状、不思进取。今天，新时代青年必须叫响"把青春献给祖国"的口号，增强奋斗意识，坚定奋斗意志，在进行伟大斗争、建设伟大工程、推进伟大事业、实现伟大梦想波澜壮阔的实践中，艰苦奋斗、奋力奔跑，不负韶华，不负时代，不负党和国家的真切嘱托，在青春的赛道上跑出最好成绩。

新时代党和国家为我们搭建好了施展才干的舞台，我们广大青年生逢其时、重任在肩，要牢记殷切期望，不负谆谆嘱托，用行动落实"做刻苦学习、锐意进取的模范"的各项要求，带头立足岗位、苦练本领、创先争优，努力成为行业骨干、青年先锋，在实现中华民族伟大复兴的赛道上奋勇争先，唯知跃进，唯知雄飞！

东北师范大学传媒科学学院（新闻学院） 2020级本科生 白禾

生逢其时重任在肩，刻苦学习实现价值

习近平总书记指出，"树立梦想从学习开始、事业靠本领成就的观念，让勤奋学习成为青春远航的动力，让增长本领成为青春搏击的能量"①。

作为新时代的青年，我们应谨记习近平总书记的嘱托，牢记使命，勤奋刻苦、善于学习，不断汲取知识营养，做有理想、敢担当、能吃苦、肯奋斗的新时代好青年！

青年应努力学习，实现青春价值

国家对青年给予了深切的厚望，我们应不断学习、不断掌握知识，让青春在强国建设、民族复兴的火热实践中绽放绚丽之花。

在青年群体中有这么一群人，他们通过实际行动证明着刻苦学习的价值和青年一代是不可小觑的力量，他们是青年的榜样，他们展现了青春最美好的模样，值得我们学习。陈景润少年时坚持每天凌晨3点起床学外语，每天去图书室沉醉于数学的海洋，废寝忘食，刻苦学习，勤勉一生终摘取了"皇冠上的明珠"；曾获"全国铁路青年岗位能

---

① 《习近平谈治国理政》第一卷，外文出版社2018年版，第51页。

手"的海安南车队内燃机车司机徐震辉，在加入机车乘务员队伍前，坚持主动学习专业知识，努力提高自己的理论知识，同时强制要求自己背记电路图200余个线号位置，以便在实作中准确找到故障假设位置。徐震辉常说："学习是第一义务、第一要务，也是第一出路，只有在学习技能中，才能履行好党员为人民服务的本领；只有在学习理论业务上，才能在自己本职岗位上发光发热，也只有在学习的过程里，才能将小我融入组织的大我。"在他不懈努力和学习下，专业能力越来越强，成为集团骨干，成功实现了自己的"火车梦"。

我们应向优秀青年学习，将小我融入大我，不断精进专业所学，做到像海绵吸水一样汲取知识，用奋斗和汗水努力去实现心中伟大的理想，让青春在祖国最需要的地方绽放！

青年应扎实学习，多阅读多实践

党的二十大报告提出"深化全民阅读活动"，推进全民阅读，形成爱读书、读好书、善读书的浓厚氛围。习近平总书记在2021年秋季学期中央党校（国家行政学院）中青年干部培训班开班式上讲道："年轻干部精力充沛、思维活跃、接受能力强，正处在长本事、长才干的大好时期，一定要珍惜光阴、不负韶华，如饥似渴学习，一刻不停提高。""要发扬这种'挤'和'钻'的精神，多读书、读好书，从书本中汲取智慧和营养。"[1]这是习近平总书记传授给年轻干部的经验，也为我们指出了在学习过程中多读书多思考的重要性。

阅读是获取知识、启智增慧、培养道德的重要途径，可以让人得

---

[1]　习近平：《努力成为可堪大用能担重任的栋梁之才》，《求是》2022年第3期。

到思想启发，树立崇高理想，涵养浩然之气。习近平总书记强调："要力戒浮躁，多用一些时间静心读书、静心思考，主动加快知识更新、优化知识结构，使自己任何时候才不枯、智不竭。"[①]青年正处在发展的大好时机，学习的一个重要途径就是读书。古代的宋濂，幼年时家里贫穷，但他依然克服重重困难向藏书人家借书苦读，即使在数九寒天，砚水结冰，手指冻僵，宋濂也不肯停下抄书的笔；鲁迅先生在南京江南水师学堂读书时，因考试成绩优异，学校奖给他一枚金质奖章，鲁迅先生并没有拿着奖章炫耀，而是将奖章在铺子里换成钱，买了几本心爱的书和一串辣椒，每当读书读到夜深人静、天寒体困时，他就摘下一只辣椒，放在嘴里咀嚼，暖身消除困意，打起精神继续阅读；毛泽东一生酷爱读书，在上学期间，曾连续多年坚持到闹市去读书，培养自己看书的静心和恒心，以此锻炼自己的意志，毛泽东也真正做到了无论在何时何地读书学习，心绪都不受外界的干扰。

古往今来，读书是青年人增长见识、提升自我的有效途径。古有凿壁偷光、映雪夜读、韦编三绝等用于描述古代人勤奋读书的成语，读书学习的重要性不言而喻。读书要利用好时间，发扬"挤劲""专劲"和"韧劲"科学安排读书计划，提高读书效率，丰富知识，增强能力。多读书不仅可以帮助我们获取信息、增长知识、拓宽视野，而且还会帮助我们运用书中的智慧去解决现实生活中的困难和问题，进而提升我们适应社会的能力。

坚持学思用贯通、知信行合一，是马克思主义认识论的一个基本观点，也是青年将学习落到实处的重要过程。"纸上得来终觉浅，绝知

---

① 《习近平的读书故事》，《人民日报》2022年4月23日。

此事要躬行"，青年正处于发展的关键时期，面临的外部环境在不断发生着变化。由于青年人的社会阅历尚浅，会面临许多理想与现实的矛盾，在这种情况下，将所学知识落实到实践中是才能得到认可的检验，只有将所学所知应用到实践，才能像"小马过河"一般知晓"河水深浅"。

广大青年要脚踏实地，深入基层。广大青年应当主动走进基层，脚踏实地拜人民为师、向实践学习，把根牢牢扎在实践沃土和人民群众之中。作为新时代青年，我们既要怀揣梦想，也要脚踏实地一步一步将梦想落实到实践中。

我国大学生志愿服务西部计划、"三支一扶"计划的实施为青年提供了学习实践的平台。随着国家招募人才的力度不断扩大，越来越多的青年获得了宝贵的实践机会，可以将自己的所学应用到祖国需要的地方。例如，西安科技大学毕业生刘浩浩在讲起自己的经历时说道："我选择到基层开展'三支一扶'服务，就是想练就过硬本领，成就人生梦想。"参与西部计划的陈冠静在讲到这三年的所见所闻时感慨道："西部计划志愿者就这一次机会，我想用三年时间，换往后余生的永不后悔。"参加西部计划去支教的研究生陆安琪在谈到教学经历时讲道："想到同学们的努力和认真，我的备课、批改作业等教学工作也变得充满干劲。我相信，努力用爱付出终将有回报，让我们一起加油向未来！"青年们通过实践学习收获了经验和成长，找到了青春的意义，实现了青春的价值。

青年应不断学习，做到与时俱进

新时代中国青年以青春书写实干，努力在大有可为的新时代里大有所为，国家的未来在青年，民族的希望在青年，我们应不断学习新知识、掌握新技术、提升个人素质，做到与时俱进，紧跟时代发展的脚步，做新时代的答卷人。

一些80后、90后乃至00后的个人和团队给我们做出了很好的带头示范作用，他们不断学习紧跟时代发展的脚步，将自己的专业知识不断更新，运用新思路新方法，通过自己的努力让传统产业焕发新的生机，让不可能变成了可能。

当前互联网迅速发展，互联网带动了许多行业的发展。四川省广安市广安区龙安乡革新村驻村第一书记金达苪充分利用互联网的便利性和传播性，接触网售和直播知识，帮助果民们建立电商站点开展网上销售，有效拓宽了当地果民的农产品销路，带动了当地的经济发展；美图公司创始人兼CEO吴欣鸿，充分挖掘大数据时代的特征，将科技带入生活；株洲中车时代电气股份有限公司李昌龙和团队研发的变流模块智能制造样板线充满"未来感"，他说，"把我们的青春力量转化为强大的发展动能，强国目标一定能实现"。青年的创新精神能推动社会的发展，为社会注入新力量。创新精神的发展源于不断学习、不断积累知识，青年应加强学习，接受新思维新举措，去探索新事物，去解决新问题，以此应对新时代的挑战。

恰是一生好年华，正是发奋学习时。青年应将学习当成一种习惯，把学习作为一种追求和态度，让学习成为探索未知世界的一把钥匙。既要做到勤学，努力提升专业知识能力，实现青春价值；也要做到深悟，多读书多思考，领悟书中的智慧，多实践多学习，将所学应用到实践活动中，收获经验和成长；还要做到运用，不断更新知识网络和体系，与时俱进跟紧时代发展的步伐，做时代的扬帆者！

东北师范大学传媒科学学院（新闻学院）2019级本科生　于嘉蕊

新时代青年要学好明辨这门功课

当代青年如何做到"要明辨，善于明辨是非，善于决断选择"？要解决这个问题，需要从"是什么""为什么""怎么办"三个层面加以考虑。

什么是"明辨"？

在何种意义上理解"明辨"？明，明事理；辨，辨是非。《中庸》提到："博学之，审问之，慎思之，明辨之，笃行之。"意思是明确地分辨、辨别清楚，这是表示分与异的思想。有区分，二者才能辨别。明辨，是在对事物了解的基础上，在博闻的前提下，对其进行区分。就其目的而言，明辨是取得好的结果的思想前提。常有言，初心易得，始终难守。明辨，便是守住始终的关键一步。就其现实意义而言，"磨刀不误砍柴工"，明辨就是前期的"磨刀"，是不可或缺的一步。不能由于司空见惯、急于求成等原因就放弃对明辨的追求与坚持，也不能因为短时间内没有看见明辨的成效就贬低、诋毁，失云信心。明辨，在根本上是运用所学所思所想，去作最好的选择，作出正确的判断，去追求真正的公平与正义。

为什么要做到"明辨"？

"凿井者，起于三寸之坎，以就万仞之深。"明辨，就是这"三寸之坎"，打下明辨的基石，才能成就"万仞之深"，才能作出正确的判断与选择，成就辉煌的未来。明辨的逻辑前提与存在的合理内核，在于明辨的作用：明事理，辨是非，作出正确的决断选择。

如何做到"明辨"？

这是一个"怎么办"的问题，是将思想落实到行动、实践的过程。当代青年做到"要明辨，善于明辨是非，善于决断选择"，可以从以下几个方面入手。

一是要树立正确的世界观、人生观、价值观。世界观，是对世界的基本看法与观点；人生观，是对人生的看法，也就是对于人类生存的目的、价值和意义的看法；价值观，是指人们在认识各种具体事物的价值基础上，形成的对事物价值的总的看法和根本观点。价值观一方面表现为价值取向、价值追求，凝结为一定的价值目标；另一方面表现为价值尺度和准则，成为人们判断价值事物有无价值及价值大小的评价标准。树立正确的世界观、人生观、价值观，就是为远航的帆船装上桅杆，保证方向不偏航。以正确的"三观"指导进行明辨，就是先有了一杆秤，在此基础上进行明辨会更快作出准确的选择。明辨，是对其辨别区分，当区分出不同之时，就需要一个准则来确定选择哪一方，正确的"三观"就是在此时起作用，用以明辨是非、作出正确选择。

"面对世界的深刻复杂变化，面对信息时代各种思潮的相互激荡，面对纷繁多变、鱼龙混杂、泥沙俱下的社会现象，面对学业、情感、职业选择等多方面的考量"①，这些都是需要加以明辨之物、明辨之现象。明辨，就是对它们一一进行甄别，辨明是非、正误、主次，辨明真假、善恶、美丑，作出最后正确的选择。当前，国际力量对比加速变化，地区冲突热度不减，全球发展鸿沟突出；全球治理赤字尚未填补，逆全球化思潮抬头；全球经济治理进程受阻，大国博弈竞争加速升级，大国关系面临新挑战；气候合作深受大国政策影响，全球气候治理出现剧烈波动；数字、太空、网络等治理新领域增加，全球治理的盲区扩大。如何看待这些现象，并作出理性的选择？需要练就一双慧眼，以正确的"三观"为指导，明辨之，笃行之。信息时代各种思潮，无政府主义、单边主义、新自由主义、霸权主义、享乐主义等，充斥在网络世界中，我们要有选择地进行阅读，以正确的"三观"作为指路明灯，坚持正确的理想信念，用党的科学理论武装头脑，不能让其腐蚀我们的思想，败坏我们的行为。纷繁多变、鱼龙混杂、泥沙俱下的社会现象，真与假、是与非，都需要进行明辨，在未知晓前因后果之时，不人云亦云，有自己的判断，不盲目跟风。学业、情感、职业选择等多方面的考量，亦需要以正确的"三观"为指导，如学业上是认真学习，继续深造，抑或是自主创业、选择就业，或者是感到迷茫、徘徊犹豫？这些都需要明辨，仔细考量，以期作出最适合自己的决断选择。

二是要勤奋学习，做到博学博闻，为明辨奠定基础。明辨的基础是博学博闻，只有知道得多、知道得广、知道得深，才能在遇到事情时有扎实的功底去分析、辨别，作出正确的选择。现代社会专业化分

---

① 《习近平谈治国理政》第一卷，外文出版社2018年版，第173页。

工加剧，很多人钻研一科、一个方面，这是在"深"上下功夫，也有人学得广、学得杂，这是在"多"与"广"上下功夫。而要博学博闻，就需要勤奋治学，知识不是凭空就能跑进人的脑袋，人所拥有的一切知识，都是靠勤奋求学结出的累累硕果，都是挥洒汗水换来的辛勤成果。

学习与思考，是相辅相成的。勤奋学习、博学博闻，是学；明事理，辨是非，是思。两者是在辩证统一的关系中存在的。对待知识，不能死记硬背、生搬硬套，而应该对其加以理解、吸收，并努力将其运用于实践，在明辨的基础上去笃行。明辨的能力如何，就在于博学的程度；明辨的效果如何，就在于博学的收获。

三是要实践，不怕出错，勇于尝试。《荀子·儒效》讲道，"不闻不若闻之，闻之不若见之，见之不若知之，知之不若行之。学至于行之而止矣。行之，明也"。"知"，并不是学的最后一部分，"知"后还有"行"。"行"，是践行明辨的选择，是对明辨的结果的检验。有的人，进行了明辨，作出了选择，但却没有运用于实践，虽然避免了失败的可能性，却也断绝了成功的路径。哪怕最后证明这是一次错误的选择，也有了一次借鉴，为后期的成功提供了经验教训。

明辨是思维对"纸上得来"之知识结合实际进行分析辨别，实践既是对"纸上得来"之物的验证，又是对明辨的检验。明辨就其本性而言，是一种能力，能力的培养，在于运用与实践。针对明辨作出选择去行动与践行，本就是对明辨的锻炼与提升。在此过程中，明辨的结果得到了验证，明辨得到了锻炼与提高。实践的重要性，不言而喻。

四是要知行合一，以明辨指导实践，以实践检验明辨的正确性。"知"与"行"，就其根本而言，二者是一致的，知行本是合一的。"知者行之始，行者知之成。""知"为"行"提供了最初的指向，"行"验证了"知"的正确与否，并以"知"为指向做出了一定的成效。明辨就是"知"与"行"之间的桥梁，沟通并连接了"知"与"行"。明辨对复杂的知识进行筛选并作出最恰当的选择，"行"则将明辨所作出的选择加以践行。

若是"知"与"行"相分离，明辨或者是只知来处，不知何去何从，成为假大空的话语；或者是只知归处，不知来自何方，成为浮萍般无根之物，都是不完整的。"真知即所以为行，不行不足谓之知"，"知中有行，行中有知"，"知""行"本是一体的，脱离了其中一个都不构成真正的"知"，亦不构成真正的"行"。断章取义，只看见自己想看见的一面，都是不可取的，明辨在这时是无法起到应有的作用的。知行合一，形成完整的逻辑体系、行动体系，才有明辨的容身之处、栖身之所。

总之，当代青年如何做到"善于明辨是非，善于决断选择"？这不仅是需要思考的问题，亦是需要根据思考的结果加以践行的问题。应以扎实的知识素养作为基底，以正确的世界观、人生观、价值观为引领，充分认识"知"与"行"的重要性，并将两者协调起来，做到知行合一，检验明辨结果的准确性，促进明辨能力的提升。"善于明辨是非，善于决断选择"不是一朝一夕的事情，需要坚守初心并矢志不渝坚持与践行，才能做到知行合一。

东北师范大学马克思主义学部　2019级本科生　杨雪娇

练就过硬本领，勇挑时代重任

习近平总书记指出："青年一代有理想、有本领、有担当，国家就有前途，民族就有希望。"[①]在中华民族伟大复兴的关键时期，广大青年要有坚定的理想信念，勇担时代重任，练就过硬本领，奏响更为激昂的青春乐章。

练就过硬本领的出发点是思想过硬

理想信念是共产党人的精神之"钙"。坚定的理想信念，永远是激励我们奋勇向前、克难制胜的力量源泉。理想信念不坚定，就挺不起硬脊梁、挑不起重担子。当下充斥着各种诱惑和考验，如果理想信念缺失，就不能在诱惑考验面前保持定力。青年要始终坚定理想信念，时刻保持初心和使命。

要坚信中国道路。道路标定方向，道路决定前途。中国共产党团结带领人民在改革开放的崭新实践中，开创、坚持、捍卫、发展中国特色社会主义。中国特色社会主义是实现中华民族伟大复兴的必由之路。新时代中国青年要拿出不怕吃苦的干劲儿、"逢山开路，遇水搭桥"

---

① 《习近平著作选读》第二卷，人民出版社2023年版，第57页。

的闯劲儿、持之以恒锲而不舍的韧劲儿、蹄疾步稳的稳劲儿，以青春的姿态描绘绚丽多彩的梦想，在征程中彰显风采。

要坚守价值追求。青年的价值取向决定了未来整个社会的价值取向，如今站在了新的历史起点更需要新时代的青年来实现理想。新时代的中国青年要珍惜这最宝贵的时光，将个人的理想和追求同国家的命运紧紧联系在一起，以中国梦融入青春理想，毫不动摇地坚持对党和国家的赤诚热爱、对崇高理想的不懈追求。

练就过硬本领的重心是能力过硬

面对当今新的发展形势和错综复杂多变的社会生活，青年要时刻保持一种忧患意识和危机感，找准自身的差距和弱点，自觉学习各种业务知识，优化知识结构，不断练强练硬本领。练就过硬本领的重心是能力过硬，有了能力，无论是在大是大非还是矛盾冲突面前都敢于迎难而上、挺身而出，面对各种复杂工作和实际困难都能迎刃而解。练就过硬本领要不断掌握新知识、了解新领域、开拓新视野，从而提高自身的能力水平。青年时光正是学习知识、增长才干、放飞梦想的时候，要像海绵吸水一样不断接纳新信息，开阔新视野、掌握新知识，切实肩负起时代的重任。

要具备勤于思考的能力。"业精于勤，荒于嬉；行成于思，毁于随。"青年在工作、学习和生活中难免会遇到各种各样的问题，会面对形形色色的人和事，如何才能以辛勤的劳动获得最理想的成绩呢？答案是思考。只有具备了思考的能力，才会在面对困难和问题时想到最佳的解决办法和方式，才能在默默无闻的努力中看到灿烂的阳光。只有把思考作为推动自己各方面综合素质的"加速器"，才能在学懂弄通做实上有收获，练就过硬本领，在强国建设、民族复兴中贡献力量。

要具备发现问题的能力。解决问题，必须要先学会发现问题，青年大都有丰富的文化和科技知识，但由于步入社会的工作经历不长，缺乏的是工作中发现问题的能力。这要求青年要善于从多维度、多角度、多方位发现问题，只有发现了问题才能拿出解决问题的办法，才能在不断解决问题中提高自己的工作能力，才能从解决问题中积累丰富的工作经验。

要具备处理事务的能力。在新征程中可能会遇到各种各样的问题，面对繁杂的工作和事务，青年一定要结合自己的工作实际，在深思熟虑的基础上，锻炼自己处理事务的能力。以心中有人民、办事为人民的理念，认真、踏实办好群众的难事、急事，以全心全意为人民服务为宗旨，在为人民办实事、办好事、办急事中提高自己办事的能力。不仅要处理学习工作中的事物，还要学会化解和解决自身的困惑和难题。当代青年要启迪心智、心怀大我，在生活中寻找平衡点，活在当下、功于未来。

练就过硬本领的落脚点是实践过硬

"空谈误国，实干兴邦。"再响亮的口号不落到实处也只是一句空话，再美好的蓝图不落地也只是空中楼阁，我们要以钉钉子精神担当尽责，讲实效、出实招、办实事，以"踏石留印，抓铁有痕"的劲头，狠抓实干。要立足本职，埋头苦干，真抓实干，从自身做起，从点滴做起，在实践中提升自我、锻炼才干、练就一身"硬功夫"，在笃行中扛起责任、担当重任，用勤劳的双手成就属于自己的精彩人生，实现人生价值。新时代的中国青年要在实践中长志气、强骨气、厚底气。

行动是青年最有效的磨砺，青年要致力于成为实践家、行动家，立志做脚踏实地富于务实精神的人。青年只有主动走到田间地头、下沉到基层一线，到祖国最需要的地方去奋斗，才能做到知行合一，将所学的知识转化为改造世界的武器。习近平总书记在中国人民大学考察时强调，希望广大青年"用脚步丈量祖国大地，用眼睛发现中国精神，用耳朵倾听人民呼声，用内心感应时代脉搏"①。时代造就青年，盛世成就青年。新时代青年需积极投身实践，用生动的实践填充梦想，做改造世界的践行者。在平凡岗位上奋斗奉献，在乡村振兴的火热实践中挥洒汗水、磨砺成长，在重大科技攻关任务中担重任、挑大梁，成为创新创业的有生力量。在这个伟大的新时代，中国青年展现了亮丽的青春风采、迸发出豪迈的青春激情。正是青年的不懈奋斗、勇于突破，为党和人民的事业注入了源源不断的青春力量。

青年时期是人生中精力最充沛的时期，青年也是整个社会力量中最积极、最有生气的力量。青年是国家的未来，是民族的希望。当今世界正经历百年未有之大变局，中国也正处在高质量发展的时期，风险和挑战接踵而至。越是接近民族复兴越不会一帆风顺，前面还有更多的"雪山"和"草地"需要我们去跨越。中国青年应练就过硬本领，让思想过硬、能力过硬、实践过硬，为祖国需要和人民利益而砥砺奋斗。

时间之河川流不息，每一代人都有属于自己的征程和使命，正是每一个青春蓬勃的青年力量，构成了青春中国的缩影。在新时代，我

---

① 《习近平在中国人民大学考察时强调 坚持党的领导传承红色基因扎根中国大地 走出一条建设中国特色一流大学新路》，《人民日报》2022年4月26日。

们要以敢于斗争、敢于胜利的顽强意志，练就过硬本领，在应对重大挑战、抵御重大风险、克服重大阻力、解决重大矛盾中经风雨、见世面、壮筋骨、长才干，以青春的斗志担难担重担险，赢得党和人民的信任。

东北师范大学传媒科学学院（新闻学院） 2019级本科生 庄苑

第五部分

勇担当

做民族复兴的先锋力量

让青春勇于担当

积极担当作为、敢于斗争、善于斗争，才能顺利推进强国建设、民族复兴的历史伟业。青年是修炼本领、增长才干的重要时期。放眼当下，知识迭代更新的速度超乎想象，新型技术手段不断涌现。这既为当代青年施展才干、追逐梦想提供了广阔平台，也对其能力素质提出了更高要求。因此，不管是为了自己心中的梦想，还是承担时代所赋予我们的历史重任，青年都要努力学习科学文化知识，提升自我修养，开阔视野，增长才干，从而让自己与时代的发展保持高度统一。

回望过去，1919年5月4日，3000余名爱国大学生自发组织游行团体，在北京喊出"外争主权、内惩国贼""取消二十一条""还我青岛"的口号，中国历史上反帝反封建的五四运动由此开启。在中华大地山河破碎、风雨飘摇的危难之际，许多城市出现学生罢课、商人罢市、工人罢工的现象。中国人民举国同心维护国家利益。五四运动，爆发于民族危难之际，是一场以先进青年知识分子为先锋、广大人民群众参加的彻底反帝反封建的伟大爱国革命运动。五四运动告诉我们，青年人要勇于担当，要与国家同呼吸、共命运。正所谓"天下兴亡，匹夫有责"。作为新一代的中国青年，我们应该把自己的青春与国家的前途命运紧紧联系在一起，将自己同国家和民族的发展融为一体。这就注定了当代青年的努力不同寻常，这份努力既是青年人对历史的续写，也是历史对青年的期待。青年是国家的希望、民族的未来、党的事业的源头活水，要脚踏实地到重大斗争一线去冲击时代浪潮，以昂扬的奋斗姿态扬帆远航。

让青春勇于担当，要坚定理想

在青春的道路上，只有树立正确的理想信念，坚定明确的奋斗目标，才能在历尽辛苦后赢得胜利，实现人生价值和心中梦想。鲁迅留学日本时年仅21岁，在拯救民族的大志中呼喊出"我以我血荐轩辕"；周恩来19岁挥毫写下《大江歌罢掉头东》；毛泽东17岁离开家乡时抄写一首诗留给父亲，"孩儿立志出乡关，学不成名誓不还，埋骨何须桑梓地，人生无处不青山"[①]。正是这样一群人，他们时刻坚定理想，在中国的历史长河中挥洒自己的青春热血，在摸爬滚打中不断前行，将自己的小我融入祖国和人民的大我之中，为中华民族伟大复兴的接续奋斗唱响了一曲又一曲的奋斗之歌。当代中国青年，要站稳立场，坚定政治方向，在中国特色社会主义新时代的发展中找到理想信念的航船，并在其正确指引下努力拼搏，积极投身于实现中华民族伟大复兴，绽放青春之花。

让青春勇于担当，要立足本领

事业靠本领成就，梦想从学习开始。在成长成才的重要阶段，青

---

① 中共中央文献研究室编：《毛泽东年谱（1893—1949）》（修订本）上卷，中央文献出版社2013年版，第8页。

年要感受到学习的重要性，树立学习是实现梦想的根基、本领是事业起步的基础等正确理念。广大青年要立足本领提升，在勤学奋进中找到青春的价值和意义，在努力拼搏中实现人生的梦想。面对世界之变、时代之变、历史之变，中国青年唯有立足本领，打牢知识根基，练就过硬本领，才能在实践中历练，施展才华，增长才干，不负于时代交给的重任，成为担当民族复兴大任的时代新人。

让青春勇于担当，要勤于实践

在青春一代的词典中，只有"未曾想到"，而没有"到达不了"的"远方"。80后女大学毕业生韩笑是颐和园的一名游客讲解员，她时常以"想给游客一碗水，自己要先有一桶水"的理念严格要求自己，将讲解员的工作看作自己一生的事业，受到过往游客的一致好评；快递员田追子，热衷于研究探索，其发明的快递"神器"使水果出港时速提升整整一个小时；中年"农创客"杨艳军，在回乡创业的过程中，给内蒙古老家农村牧区的增收致富带来了新的可能……善于实践、勇于实践、勤于实践，总有一天会收获属于自己的田野。现阶段的我们，未来充满无限可能，在这大好的青春年华里，我们要凝神聚气、坚定步伐，自觉担负起属于中国青年的使命责任，在成长和挫折中找寻自我，在勇敢与尝试中不断前行，在拼搏和奋斗中绽放青春。

谁也不是天生的预言家，无法预知未来的具体模样，但是作为新时代的青年人，我们都明白"黑发不知勤学早，白首方悔读书迟"的道理。同时也要时刻谨记，青春就是用来拼搏的，唯有拼搏才能成就梦想。国家富强、民族振兴与个人的成功紧密相连，这必将建立在个人拼搏的基础上，所以作为新时代的青年，我们更需要继承和发扬先辈的奋斗精神，将自己的小我融入祖国的大我之中，为祖国昌盛、山河无恙、岁月静好贡献一份力量。

2000年，河北保定学院品学兼优的毕业生李桂芝和她的同学得知西部急缺教师，就怀揣着"到祖国最需要的地方去，就是我们的一种爱国和担当"的初心，奔赴西部。他们远离故乡和亲人，像红柳一般扎根边疆。2014年春天，亲历西部大发展的李桂芝和几位校友商量，把十几年在西部的所见所闻写成一封信汇报给习近平总书记。让他们惊喜的是，这一年五四青年节前夕，他们收到了习近平总书记的回信。习近平总书记在信中说，"我在西部地区生活过，深知那里的孩子渴求知识，那里的发展需要人才。""同人民一道拼搏、同祖国一道前进，服务人民、奉献祖国，是当代中国青年的正确方向。"①李桂芝读到信中"好儿女志在四方，有志者奋斗无悔"这一句时，眼泪止不住地流下来，"习近平总书记真正懂得我们的所思所想。"

毛泽东曾在《沁园春·雪》中写道："俱往矣，数风流人物，还看今朝。"在21世纪的中华大地上，青年一代已成为具有代表性、推动社会不断向前发展的坚实力量。当今青年正处于干事创业的黄金年代，同时肩负继往开来的历史重任。新时代中国青年要勇担时代重任，在国家发展实践中展现青春作为。青年最具创新热情、最具创新动力。在新的征程上，广大青年要勇于担当、奋发有为，主动到实践中去，到人民群众中去，到基层一线去，到祖国最需要的地方去，在经济发展、科技创新、文化教育、民主法治、乡村振兴、社会治理、美丽中国建设以及

---

① 《习近平给河北保定学院西部支教毕业生群体代表回信 勉励青年人到基层和人民中去建功立业 在实现中国梦的伟大实践中书写别样精彩的人生》，《人民日报》2014年5月4日。

对外交流等各领域各方面工作中迸发青年独有的创新热情和创造勇气，让青春在强国建设、民族复兴的火热实践中绽放绚丽之花。

东北师范大学思想政治教育研究中心　2021级硕士研究生　王涵

实现中国梦，吾辈在路上

"青年者，人生之王，人生之春，人生之华也。"未来属于青年，希望寄予青年。100多年前，一群新青年高举马克思主义思想火炬，在山河破碎的中国探寻救国救民的前途。在中国共产党的带领下，一代代中国青年接续奋斗，把青春献给人民，把生命融于国家，为实现民族伟大复兴砥砺前行。

"一百年来，中国共产党团结带领中国人民进行的一切奋斗、一切牺牲、一切创造，归结起来就是一个主题：实现中华民族伟大复兴。"[1]1840年鸦片战争后，国家蒙羞、人民蒙难、文明蒙尘，中国人民奋起反抗，仁人志士奔走呐喊，一时之间，太平天国运动、戊戌变法、义和团运动、辛亥革命接连而起，以摧枯拉朽之势撕扯着旧中国的蒙昧与腐朽，但都以失败告终。在中国觉醒的十字路口，马克思主义冲破重重迷雾，开始扎根中国大地。一群青年吹响了五四运动的号角，拉开了新民主主义革命的序幕。中国共产党应运而生，从此中国找到了方向，中国人民找到了依靠，中国青年找到了旗帜。

新中国成立后，在中国共产党的带领下，我们确立了社会主义基

---

[1] 《习近平著作选读》第二卷，人民出版社2023年版，第477页。

本制度，全面进行社会主义探索，实现了迈向社会主义社会的伟大飞跃。改革开放后，开辟、坚持、捍卫、发展中国特色社会主义，实现了从生产力相对落后的状况到经济总量跃居世界第二的历史性突破，中国人民富起来了。进入新时代，在党的领导下，我们的目标更加清晰，信念更加坚定，我们走上实现现代化强国之路。国家各项建设事业取得重大进展，人民的获得感、幸福感大大提升，实现了从站起来、富起来到强起来的伟大飞跃。在这一伟大历程中，一代代青年不断增强做中国人的志气、骨气、底气，成为中华民族伟大复兴的先锋力量。

中国青年以志气铸就理想，助推中华民族伟大复兴

一代人有一代人的长征，一代人有一代人的担当。"丈夫志，当景盛，耻疏闲。"青年应是追光者，以意气风发的姿态、所向披靡的气魄，向着梦想一往无前。天才少年苏翊鸣对滑雪的热爱从未因伤病和技术难关的挑战而消减半分，在挫折面前，他反而愈战愈勇，不仅在单板滑雪大跳台世界杯上创造吉尼斯世界纪录，还在北京冬奥会摘下桂冠，惊艳世人。青年的理想高远如鸿鹄，为民族和时代而翱翔。

中国青年以骨气成就奋斗，助推中华民族伟大复兴

一代代中华儿女，尤其是一代代有志青年不顾生死、不计得失、前赴后继、坚定不移地接续奋斗，才创造了今天强大的中国。中国梦的内核是由一代代华夏儿女的奋斗与汗水熔铸而成的。时代轮替中，始终不变的是奋斗者的身姿；历史坐标上，始终清晰的是奋斗者的步伐。凭着奋斗，蒋英成从汽车维修工成长为世界技能大赛汽车喷漆项目冠军；凭着奋斗，刘超实现了自己的创业梦，成长为"全国农村青

年致富带头人"。纵有千古，横有八荒。新时代为青年提供了广阔的舞台，中国青年始终同中国人民、同中华民族同频共振、同向同行，定能以奋斗换取辉煌。

中国青年以底气成长成才，助推中华民族伟大复兴

中国青年的底气是中国自古以来的文化根基给予的，"君子之德风，小人之德草，草上之风必偃"，告诉中国青年以德为先，"志不求易者成，事不避难者进"，启示我们树立远大理想。中国青年的底气是中国百年来的信仰基石给予的，我们学习马克思主义，坚定马克思主义信仰，同时从中国实际国情出发，运用和发展马克思主义。我们坚持和发展中国特色社会主义，推动物质文明、政治文明、精神文明、社会文明、生态文明协调发展，创造人类文明新形态，为中华民族伟大复兴的中国梦保驾护航。中国青年的底气是中国百年来取得的伟大成就给予的。中国人民在中国共产党的带领下接续奋斗，在世界舞台上散发光彩，中国的身影让全世界看到，中国的声音让全世界听到。我们不断推进构建人类命运共同体，以开放包容的胸怀，兼收并蓄地弥合自身与他者的差异与隔阂，尊重文化多样性，坚持"各美其美，美美与共"。我们坚守和平，在合作中求共赢，在共进中谋发展，正如习近平总书记所说："中国这头狮子已经醒了，但这是一只和平的、可亲的、文明的狮子。"①

可见，中国青年成为中华民族伟大复兴的先锋力量，是由中国青年的自身素质所决定的，是受中国社会的大环境所保障的。正是由于

---

① 习近平:《在中法建交五十周年纪念大会上的讲话》,《人民日报》2014年3月29日。

中国青年具有敢于创造、敢于思想的志气，勇于奋斗、勇于攀登的骨气，不忘初心、脚踏实地的底气，中国青年才能够直面新挑战，勇担新责任，在实现中华民族伟大复兴的新征程上披荆斩棘，锐意进取，谱写新时代的青春之歌。

中国青年又该如何发挥中华民族伟大复兴先锋力量的作用？

"且将新火试新茶。诗酒趁年华。"新一代的中国青年要成为中华民族伟大复兴的先锋力量，需坚守使命、继往开来，接过前辈手中的接力棒，奔赴更辉煌的未来。过去，孙中山先生殷切期盼："惟愿诸君将振兴中国之责任，置之于自身之肩上。"今天，习近平总书记谆谆教诲，"当代青年要在实现民族复兴的赛道上奋勇争先"①。奋勇争先，就是要像"亚洲飞人"苏炳添一般不断突破极限，以实际行动证明中国速度；就是要像青年科学家徐颖一般，研发科普两不误，让航天科技飞入寻常百姓家；就是要像围棋世界冠军柯洁一般，让青年的传奇永不停止。榜样的力量是无穷的，在向榜样学习的同时，青年更需要开拓进取，创造未来，创造属于自己的新世界，创造由青年书写的中华民族伟大复兴的新征程。

立足创造，是要求我们在日积月累的基础上不断进步，由量变引起质变。苟日新，日日新，又日新。不积跬步无以至千里，不积小流无以成江海，在如今的社会大变局之下，创新发展显得尤为重要，抓创新就是抓发展，谋创新就是谋未来，青年作为国家的未来，自然要将创新时刻铭记于脑海，锐意进取，不断进步。立足创造，要求我们

---

① 习近平：《在庆祝中国共产主义青年团成立100周年大会上的讲话》，人民出版社2022年版，第7页。

排除万难、开天辟地。新时代青年应该实心干事业、尽责担当，不断为自己设立挑战，不断跳出舒适圈。突破以往的成就创造出新事物，这自然是困难的，但中国青年就是要有排除万难、继往开来的劲头。"亦余心之所善兮，虽九死其犹未悔"，将创造创新视为毕生追求的事业，为中华民族伟大复兴开辟新的航路，是青年的使命与职责。

青春的力量势如破竹，能超越重重阻碍蓬勃生长；青春的力量赤诚勇敢，能不惧狂澜直面挑战；青春的力量热血激昂，能激荡风云勇立潮头。恰同学少年，风华正茂，国之复兴，吾辈之志。

东北师范大学历史文化学院 2021级本科生 张新茹

激扬先锋力量，争做新时代好青年

习近平总书记在庆祝中国共产党成立100周年大会上指出："一百年来，在中国共产党的旗帜下，一代代中国青年把青春奋斗融入党和人民事业，成为实现中华民族伟大复兴的先锋力量。"①青年最积极、最有朝气，始终在民族复兴的征途上贡献着青春的智慧与力量。

中国青年是探寻中华民族伟大复兴前途的先锋力量，中国工人阶级的先进分子主要产生于青年当中。五四运动前后，率先接受新思想、新文化、新知识的有志青年在反复比较中选择了马克思列宁主义，点燃了中华民族伟大复兴的希望之光。1921年7月，平均年龄仅28岁的13位代表参加了中国共产党第一次全国代表大会，大会宣告了中国共产党诞生这一开天辟地的大事变，吹响了全民族觉醒和奋起的号角，开启了民族复兴的新纪元。1922年，在中国共产党直接关怀和领导下，中国共产主义青年团成立，翻开了中国青年运动新的历史篇章。正如毛泽东所说，"'五四'以来，中国青年们起了什么作用呢？起了某种先锋队的作用……什么叫做先锋队的作用？就是带头作用，就是站

---

① 《习近平著作选读》第二卷，人民出版社2023年版，第488页。

在革命队伍的前头。"①在新民主主义革命时期，中国青年在战场冲锋，在民族独立和人民解放面前不顾个人生死；在社会主义革命和建设时期，中国青年在广阔天地间劳作，在新中国的建设事业中不考虑个人苦乐；在改革开放和社会主义现代化建设新时期，中国青年在开拓创新的浪潮中扬帆奋进，在大踏步改革的路上不计较个人得失。

一代人有一代人的长征，一代人有一代人的担当。新时代新征程上，中国青年积极作为，踔厉奋发，不负时代，不负韶华。东北师范大学的学生阿卜拉江·伊马木以"到祖国最需要的地方去"的信念参军入伍，来到了西藏阿里军分区班公湖某边防连。两年的军旅生涯中，他参加了上百次的边防巡逻、几十次边防斗争、两次重大军事行动，获得了西部战区战时火线入党名额，光荣地加入中国共产党。北京理工大学信息与电子学院2019级博士生宋哲经过无数个日夜研发，掌握了通信阵列正交解耦测量、任意码率调制解调、多模信号解析方法等多项关键技术，解决了高精度要求下的测量设备功能单一、效率低下、价格高昂等痛点问题。她主持研制的多台卫星通信测量装置服务于北斗、天通等多个国家重大航天型号。贵州大学农药学专业2019级博士生张建扎根基层，把论文写在祖国大地上。他创制出具有自主知识产权的绿色农药"香草硫缩病醚"，累计推广应用于10万亩农田，帮助农户增收上千万元。

时代造就青年，盛世成就青年。在实现伟大梦想的征程上，新时代中国青年要坚定不移勇做"有志""好学""有为"青年。

---

① 《毛泽东选集》第二卷，人民出版社1991年版，第565页。

实现中华民族伟大复兴，坚定不移做有志青年

端正动机，牢记宗旨，树立远大理想，不辱当代青年的职责和使命。中国青年当志存高远，奋进于伟大征程，砥砺"我以我血荐轩辕"的政治品格，在"千磨万击还坚劲"中勇担使命，在学深悟透习近平新时代中国特色社会主义思想的过程中坚定绝对忠诚、坚守初心使命，树立远大的理想。从人民利益出发，从实现中华民族伟大复兴出发，在学习与实践中肩负起时代重任，不断砥砺前行。

2013年五四青年节，习近平总书记来到中国航天科技集团公司中国空间技术研究院，参加"实现中国梦、青春勇担当"主题团日活动，同各界优秀青年代表座谈，倾听他们的故事。中国地质大学2011级硕士研究生陈晨，是我国首位成功登顶珠峰的在校女大学生。生活里，她不仅陪伴身患晚期骨癌的父亲抗争病魔，还通过打工兼职挣取学习和治疗费用，缓解家庭经济压力。她坚定地说："有志青年，就要有责任、有担当，担起自己的那份责任。为了梦想，就要意志坚定、百折不回。"习近平总书记认真倾听了陈晨的发言后，对她说："你的强大，不仅是内心强大，专业能力也非常强大。"他祝愿陈晨在勇攀珠峰精神鼓励下勇往直前，不断攀上事业和人生的新高峰。

"青年犹如大地上苗壮成长的小树，总有一天会长成参天大树，撑起一片天。青年又如初升的朝阳，不断积聚着能量，总有一刻会把光和热洒满大地。党和国家的希望寄托在青年身上！"①2022年5月，在庆祝中国共产主义青年团成立100周年大会上，习近平总书记发表重

---

① 习近平：《在庆祝中国共产主义青年团成立100周年大会上的讲话》，人民出版社2022年版，第14页。

要讲话，语重心长对广大青年寄予厚望。

实现中华民族伟大复兴，乐学善思做好学青年

有能力有才干之人方能担起重任。中国青年当勤勉好学，建功于伟大时代，锻造"岂因祸福避趋之"的责任担当，在"吾将上下而求索"中无畏向前。思考不停，学习不止，用知识武装自己，用学识建设祖国，服务人民，将青春的奋斗体现在刻苦学习理论知识和专业技能的过程中。在信息时代，青年务必养成不断学习的习惯，才能适应将来工作和社会不断发展的需要。

实现中华民族伟大复兴，笃行致远做有为青年

青年大学生要将个人价值同国家和人民的利益联系起来，把对党、对祖国、对社会主义事业的无限热爱投入到中华民族伟大复兴的社会实践中去，在建设中国特色社会主义事业的广阔舞台上展现自我的人生价值，努力创造无愧于时代和人民的业绩。要敢于有梦、勇于追梦、勤于圆梦，争做新时代的追梦人。要深刻认识到，追梦之路并非尽是坦途，必须通过磨炼坚韧不拔的意志品质，锤炼敢于"涉险滩、闯难关"的决心和勇气，明晰"得其大者可以兼其小"的深刻内涵，以实现中华民族伟大复兴为己任，全力以赴向着实现伟大梦想勇敢前行。

中国的未来属于青年，世界的未来也属于青年。未来的中国青年，必将"以青春之我，创建青春之家庭，青春之国家，青春之民族，青春之人类，青春之地球，青春之宇宙"。广大青年要牢记习近平总书记的谆谆教导，立志做有理想、敢担当、能吃苦、肯奋斗的新时代好青年，为强国建设、民族复兴挺膺担当，继续创造无愧于时代、无愧于

人民、无愧于历史的新的青春业绩!

东北师范大学美术学院 2020级硕士研究生 邓乔匀

胸怀志气、骨气、底气，
勇担民族复兴大任

习近平总书记在庆祝中国共产党成立100周年大会上的讲话中指出："新时代的中国青年要以实现中华民族伟大复兴为己任，增强做中国人的志气、骨气、底气，不负时代，不负韶华，不负党和人民的殷切期望！"①这一重要论述回溯历史、观照现实、指引未来，鼓舞新时代的中国青年以长志气、硬骨气、蓄底气的姿态，在新征程上奋力奔跑，为党和人民建立新功业。志气、骨气、底气是中华优秀传统文化蕴含的宝贵精神财富，也是新时代新征程对广大青年提出的新要求。我们要准确把握增强做中国人的志气、骨气、底气的内涵，立鸿鹄志，做奋斗者，让志气更坚、骨气更硬、底气更足。

什么是志气？"志，意也。"志的本义是意念和心情，其"根于心"，是对既定目标强烈而持续的向慕和憧憬。"志者，在心向慕之谓也"，由此引申出愿望、志向和目标义。志气，就是想作为、敢作为、能作为，不甘落后、积极向上的决心和气概。马克思希望青年人能够为了人类的福利而劳动，在为人类奋斗的过程中更能够不畏惧困难；

---

① 《习近平著作选读》第二卷，人民出版社2023年版，第488页。

青年毛泽东确立了即便粉身碎骨也要成就有利于国家、民族和人民事业的价值信仰；青年习近平在茫茫的黄土地上，暗下要为人民做实事的决心。青年一代胸怀理想，是一个国家民族不断向前发展的动力之源。古今中外，这种胸怀人类、国家、人民的高尚志向，便是青年该有的志气。

什么是骨气？"骨，肉之覈也。""覈，实也。肉中骨曰覈。"骨的本义是骨头，覈指人和动物体内的坚硬组织，而骨为其提供支撑。骨气，就是青年展现出的刚强不屈的品格和操守，人无刚骨，安身不牢。在党的奋斗历史中，一代代青年劈波斩浪、勇往直前，挺起了中华民族的脊梁。这种骨气体现在"风雨侵衣骨更硬，野菜充饥志越坚"的红军战士身上，体现在"宁肯少活二十年，拼命也要拿下大油田"的铁人王进喜身上，体现在"宁洒热血，不失寸土"的新时代卫国戍边的英雄官兵身上。这种英勇顽强、舍生忘死的血性铁骨，就是青年该有的骨气。

什么是底气？"底，山居也。一曰下也。"底的本义是指居住、停止的地方，也表示物体的最下面部分。由此引申出根基、基础之义。底气，就是建立在此根基、基础上的积极信念，其中包含着对自身能力与价值的评估与肯定。《共产党宣言》指出："资产阶级的灭亡和无产阶级的胜利是同样不可避免的。"1953年，毛泽东在《抗美援朝的胜利和意义》中强调："现在中国人民已经组织起来了，是惹不得的。如果惹翻了，是不好办的。"[①]习近平总书记在庆祝中国共产党成立100周年大会上宣告："实现中华民族伟大复兴进入了不可逆转的历史进

---

① 《毛泽东军事文集》第六卷，军事科学出版社、中央文献出版社1993年版，第355页。

程！"这种自信自强、敢打必胜的信念，就是青年该有的底气。

志气、骨气、底气，相互依存、相辅相成。新时代的中国青年只有不断长志气、硬骨气、蓄底气，在新时代新征程中接续奋斗、砥砺前行，才能不负时代、不负韶华，以实际行动交出合格的青春答卷。

新时代中国青年应增强志气，胸怀天下

百年来，一代代中国青年坚持把马克思主义作为行动指南，以永久奋斗的精神气质、"中华腾飞"的爱国情怀，扛起"强国有我"的历史担当，为中华之崛起而读书、为中国革命胜利而拼搏、为中华民族伟大复兴而奋进。自觉将青春的奋斗目标融入国家和人民的奋进之路，用一点一滴、脚踏实地的实际行动成就自己的伟大理想，在现代化建设、民族伟大复兴的洪流中贡献力量、发挥作用。在成长道路上，不沉溺于个人的悲喜，而要以大人之气审视世界、关注四海，与世界同步，向时代看齐。在党的百年奋斗历史中寻找制胜密码、获得前进动力、感受奋斗初心，坚定不移团结在党的周围，全心全意为人民服务，将小我融于国家的大我，在代代前辈的精神感召中坚定信念、增强信念、汲取力量，脚踏实地、不折不挠地为祖国和人民多做贡献，实现人生理想，贡献青春价值。

新时代中国青年应增强骨气，坚毅不阿

习近平总书记指出，"精神是一个民族赖以长久生存的灵魂，唯有精神上达到一定的高度，这个民族才能在历史的洪流中屹立不倒、奋勇向前"。青年人的骨气，应该是旗帜鲜明的立场，是勠力前行的态度，是明辨是非的价值判断，在强权面前是威武不屈的浩然正气，在

生死面前是无惧无畏的凛然气节，在歪风邪气面前是绝不同流合污的定力。"砍头不要紧，只要主义真"，"此去泉台招旧部，旌旗十万斩阎罗"，"埋骨何须桑梓地，人生无处不青山"……昨日之青年的精神之"钙"，已随着中国共产党人的红色血液输入今日青年的体内，他们继续创造，接续奋斗。他们不断厚植做中国人的骨气，在困难面前不低头，在风险面前不慌乱，在阻力面前不服输，在矛盾面前不逃避，在重重磨炼中成长自我、提升自我，挑起时代重担，答好中国之问、世界之问、人民之问、时代之问！

新时代中国青年应增强底气，勤学苦练

在庆祝中国共产党成立100周年大会上的讲话中，习近平总书记深刻总结了党奋斗百年的光辉历史，阐述了奋斗百年的伟大成就，庄严宣告了中华民族伟大复兴新的历史进程，充分彰显着新时代中国不断创新发展腾飞的坚实底气。底气源自实力，实力催生自信。有了实力，就有底气拥抱时代和未来，有自信开创美好前景。百年来，中国共产党团结带领中国人民开辟伟大道路、创造伟大事业、取得伟大成就，增强了中华儿女做中国人的强大底气。踏上新的征途，广大青年要勇于担当，接过历史的接力棒，敢于逢山开路、遇水架桥，勇于开拓创新、自立自强，做到关键时刻站得出来、危难时刻冲得上去；要夯实本领，常怀只争朝夕、时不我待的紧迫感，秉承调查研究的实干作风、提升攻坚克难的过硬本领、发扬人无我有的创新精神，在实践实干中展现"请党放心，强国有我"的底气。

筚路蓝缕创伟业，初心不忘再起航。当代中国青年是与新时代同向同行、共同前进的一代，生逢盛世，肩负重任。广大青年要努力让

志气更坚、骨气更硬、底气更足。在党的领导下，不负韶华，奋斗到底，用行动书写新时代的青春华章！

东北师范大学教育学部 2019级本科生 邱爽

赓续青春志，英雄出少年

2019年4月30日，习近平总书记在纪念五四运动100周年大会上的讲话中指出："自古英雄出少年。在漫漫历史长河中，人类社会青年英雄辈出，中华民族青年英雄辈出。"中华民族始终发扬"自古英雄出少年"的优良传统，"英雄"与"少年"满怀相遇，所迸发出的就不仅仅是鲜衣怒马的"意气"，更有忠肝义胆的"侠气"。

何谓英雄少年？这里的"少年"并非传统意义上的严格依照年龄进行划分的学术名词，而是指人的一生当中最富有朝气的年华。鲜衣怒马的少年，衣袂翩翩，更是永不服输，敢斗天地，有可供抒发的无穷意气。青春赋予少年以意义，也被少年赋予意义。这里的"英雄"不仅仅是一个称号，更是一种精神。忆往昔，英雄似乎是"报君黄金台上意，提携玉龙为君死"的担当品格，是"长风破浪会有时，直挂云帆济沧海"的侠士意气，是"三十功名尘与土，八千里路云和月"的洒脱自然。而如今，对于英雄的定义有了更新的解释。习近平总书记曾说："平凡铸就伟大，英雄来自人民。"新的时代，英雄人物已成为一个个伟大而平凡的普通人，《人民日报》也曾这样写道："英雄，就是普通人拥有一颗伟大的心！"他们或无惧挑战，或无私奉献，或日夜坚守。他们用点点星芒，汇聚成了时代的灿烂洪流，绽放了璀璨夺目的生命光彩。

那么，少年郎何以能称为英雄呢？

自我突破，心怀大爱

失聪女孩江梦南，于无声中谱写华彩乐章，面对自身的特殊情况，依旧顽强逐梦，不断求学，克服了众多常人难以想象的困难，最终考取清华大学博士研究生。她心怀大爱、深耕科研，投身生命科学研究，立志解决生命健康难题，为他人撑一把伞。"感动中国2021年度人物"栏目给江梦南的颁奖词中有这样一句话："从无声里突围……迟开的你，也鲜花般怒放。"

保家卫国，忠贞大义

卫国戍边烈士王焯冉，牺牲时年仅23岁。2020年6月，王焯冉于渡河增援一线紧急情况下拼尽全力将战友推上石岸，自己却被激流吞噬。他曾在执行任务前的家书中写道："爸妈，儿子不孝，可能没法给你们养老送终了。如果有来生，我一定还给你们当儿子，好好报答你们。"

燃灯自我，同频时代

广西百坭村原驻村第一书记黄文秀完成学业后毅然归乡，坚守在脱贫攻坚最前线。2019年6月，担心村中灾情的黄文秀开车返村途中遭遇山洪，不幸牺牲，年仅30岁。百坭村迅速发展的种植业、降至2.71%的贫困发生率、荣获"乡风文明"荣誉称号等，都展现出黄文秀向时代交出的青春答卷。

时代的车轮滚滚向前，时代的重任担当在肩。世界舞台上，也必将有更多的中国青年闪闪发光。今朝唯我少年郎，敢叫天地试锋芒。让我们赓续青春之志，发愤图强，争做栋梁，不负时代之望！

东北师范大学传媒科学学院（新闻学院）　2020级本科生　孙骞

以奋斗之楫，渡青春之舟

　　自古英雄出少年。西汉贾谊少有才名，被汉文帝征召，委以博士之职时只有21岁，在所聘博士中年纪最轻。后来贾谊担任梁怀王太傅，写就《治安策》，针对文帝时期匈奴侵边、制度疏阔、诸侯王割据等问题上疏陈述政事。毛泽东称赞《治安策》是西汉一代最好的政论。唐代文人王勃自幼聪敏好学，据《旧唐书》记载，他6岁即能写文章，文笔流畅，与杨炯、卢照邻、骆宾王，并称为"初唐四杰"。留下"海内存知己，天涯若比邻""落霞与孤鹜齐飞，秋水共长天一色"等千古名句。毛泽东在青少年时期立志探索中华民族强盛之路，25岁同何叔衡、蔡和森等人发起成立新民学会，28岁出席党的一大，34岁领导秋收起义、率领起义队伍上井冈山、创建第一个农村革命根据地。周恩来21岁领导天津爱国学生运动，24岁在法国勤工俭学期间参与组建旅欧中国少年共产党，29岁领导南昌起义、创建中国共产党自己的武装队伍。邓小平16岁赴法国勤工俭学探寻救国之路，25岁领导百色起义、创建中国工农红军第七军。李政道和杨振宁提出弱相互作用中宇称不守恒定律时分别为30岁和34岁。由此可见，从古至今，青年才俊无不怀揣梦想，激扬奋发，在自己生活的时代书写出不凡的人生。

　　一代人有一代人的长征，一代人有一代人的使命。2013年5月

4日，习近平总书记在同各界优秀青年代表座谈时的讲话中指出："展望未来，我国青年一代必将大有可为，也必将大有作为。这是'长江后浪推前浪'的历史规律，也是'一代更比一代强'的青春责任。广大青年要勇敢肩负起时代赋予的重任，志存高远，脚踏实地，努力在实现中华民族伟大复兴的中国梦的生动实践中放飞青春梦想。"①青年始终是最具有鲜活生命力、丰富创造力和坚强意志力的急先锋，青年的命运从来都与时代紧密相连。

吾辈青年，以理想为帆，不畏远行

青春有梦，勇敢去追，青年人不仅要志存高远，更要能埋头苦干，为梦想而不懈奋斗。国学大师王国维先生分别引用北宋晏殊、柳永与南宋辛弃疾的词，总结出了治学的三个境界。作为新时代青年，亦可以从中有所启发，总结出青春追梦的三个境界。青年一代在投身于强国建设、民族复兴新征程中，要"望尽天涯路"，树立远大理想，要忍受"昨夜西风凋碧树"的清冷，耐得住"独上高楼"的寂寞；更要勤学苦干，刻苦钻研，磨砺自己到"衣带渐宽"也无怨无悔，"消得人憔悴"也心甘情愿；还要有恒心有毅力，坚定信念，一往无前，只有做到"众里寻他千百度"，才会在"蓦然回首"间，发现原来就在"灯火阑珊处"。

吾辈青年，以拼搏为桨，不惧风浪

敢说敢干、敢为天下先，显示出青年人一往无前的勇气和魄力。

---

① 《习近平谈治国理政》第一卷，外文出版社2018年版，第50页。

新时代青年要有一颗充满激情、勇于拼搏的心，才不至于在暮年回首往事的时候因碌碌无为而悔恨。像长篇小说《平凡的世界》中的孙少平一样，即便面对艰难险阻，也不畏苦难，向阳而生。现实生活中，我们身边从来不缺少这样勇敢拼搏的青年：全国最美教师刘秀祥不因家庭困苦而停下拼搏前行的脚步，"千里背母上大学"学有所成返回家乡，为家乡的教育事业发出一分光；"探界者"钟扬一生做着"种子梦"，跋山涉水16年，把论文写满高原；中山大学博士生韦慧晓投身军旅，2016年3月成为中国人民解放军海军首位女副舰长，在万里海疆书写无悔青春。诚如李大钊先生所言，"青年之字典，无'困难'之字，青年之口头，无'障碍'之语"①。

吾辈青年，以智慧为舵，不畏迷航

新时代青年需依靠自己的智慧才能，练就过硬本领，不断学习，成长进步。清华大学电子工程系首位80后系主任汪玉奋楫攻关智能芯片，交通运输部东海第一救助飞行队搜救教员机长宋寅上天下海救人于危难，重庆市巴南区皮肤病防治院医生蒋朝辉时刻把患者放心上。北斗卫星团队核心人员平均年龄36岁，在疫情防控斗争中支援武汉医疗队护士队伍80后、90后占90%，数百万青年学生参与"三下乡"社会实践活动。在全面建设社会主义现代化国家的新征程上，青年在各自领域独当一面，绽放着亮丽的青春风采，迸发出豪迈的青春激情，谱写了中华民族伟大复兴进程中的青春乐章。

生逢盛世，青年大有作为。新时代青年怀有中流击水、浪遏飞舟

---

① 《李大钊全集》第一卷，人民出版社2013年版，第330页。

的雄心壮志，亦有着搏击长空、挥斥方遒的力量。数风流人物，还看今朝！且看吾辈青年以青春之我、奋斗之我，展现青春风采，书写人生华章，谱就青春之歌！

东北师范大学信息科学与技术学院　2022级硕士研究生　张龙

让青春绽放绚丽之花

习近平总书记在纪念五四运动100周年大会上的讲话中指出："自古英雄出少年。在漫漫历史长河中，人类社会青年英雄辈出，中华民族青年英雄辈出。"①在此次讲话中，习近平总书记还以马克思、恩格斯、列宁、牛顿、达尔文、爱因斯坦、贾谊、王勃等古今中外青年才俊的例子激励当代中国青年，在实现中华民族伟大复兴的进程中不断开拓创新、奋发有为。

回顾历史，青年始终是最先进、最突出、最具活力的一支力量。100多年前，正是一批奋勇争先的时代青年，掀起了一场轰轰烈烈的五四运动，揭开了反帝反封建斗争的序幕。每个时代每一代青年都有自己的使命和任务。李大钊先生曾说，"青年之字典，无'困难'之字，青年之口头，无'障碍'之语；惟知跃进，惟知雄飞，惟知本其自由之精神，奇僻之思想，锐敏之直觉，活泼之生命"②。那么作为新时代的中国青年，如何才能够成为一名优秀的青年呢？

---

① 习近平：《在纪念五四运动100周年大会上的讲话》，人民出版社2019年版，第15页。
② 《李大钊全集》第一卷，人民出版社2013年版，第330页。

坚定理想信念

作为新时代的青年，应当胸怀大志，有远大的抱负。历史上的伟大人物无不在青年时期就确立了伟大的志向和理想。马克思在其学生时期就确立了为全人类造福的远大理想，毛泽东在青年时期立下了"孩儿立志出乡关，学不成名誓不还"的豪言壮语，周恩来在读书时期就确立了"为中华之崛起而读书"的高远志向。理想和抱负不仅是对于未来的美好规划，更是引领我们走向何处的指南针。新时代青年应把个人的理想抱负和国家民族振兴的远大目标结合起来，将个人理想融入国家理想当中，在实现国家理想的过程中实现自身的价值。

保持思想独立

思想是一个人区别于其他人的本质所在，是一个人的灵魂所在。青年作为国家和民族未来的希望，应当保有一份独立的思想和灵魂。在面对纷繁复杂的世界和具有多元化价值观的大环境下，我们应当保持清醒的头脑，独立地思考每一种价值观背后蕴含的实质，思考我们的使命和任务。如何保持一种独立的思想，保持一种独立的灵魂？最重要的是在看待每一个问题的时候要有独立的看法，用自己的眼光、用自己的心灵去评价，去认识、理解面对的问题。不趋炎附势、人云亦云，不盲目地听从他人的言论和思想观点。

锤炼自身本领

"工欲善其事，必先利其器"，唯有练就真才实学，才能够谈及未来的建设。新时代青年既要深入学习理论知识，又要在实践中锤炼解决问题的本领。如果说思想和理论是文的方面，那么实际的本领就是武的方面，文武兼有，才能成为一名全面的人才。新时代大学生是国之栋梁，更应该加强学习和锻炼，不负光阴、不负韶华。在课堂上充分汲取知识之养分，打下坚实的专业基础；在大劳动大实践中，把论文写在祖国大地上。

自古英雄出少年，少年英雄造时势。唯有有远大之理想、自由之人格、高超之本领，新时代的中国青年才能够肩负起民族复兴的时代大任。让中国青年团结起来，以奋斗之姿态绽放青春绚丽之花朵！

东北师范大学政法学院 2021级硕士研究生 陈明

新时代青年要踔厉奋发赴远方

中国青年生于斯、长于斯，先辈们用生命为我们换来当今盛世，时代的进步为我们提供了广阔的舞台，你我正值芳华，当怀有且将新火试新茶之勇，将慵懒退缩止步于过去，令怯懦彷徨随风而散去。青年应以青春赴万丈光芒，以芳华担时代之责！

吾辈青年，有凌云之志，信风启航

"志之所趋，无远弗届，穷山距海，不能限也。"青年意气当拏云，愿为征程请长缨。电视剧《觉醒年代》刻画了李大钊、陈独秀等中国共产党人豪气干云的形象，其中众学子在高峰之巅诵读经典、挥斥方遒的一幕让人心潮澎湃，他们"背黑暗而向光明，为世界进文明，为人类造幸福"的志向响彻整个云霄，为青年们指明方向，将理想与家国情怀相结合。先辈们的青年时代如此热情赤诚，即使相距百年，仍能引起我们这一辈人的强烈共鸣。我们要像革命先辈们一样，成为心怀为国为民理想抱负的人。毛泽东在莫斯科向中国留学生、实习生讲道："世界是属于你们的。中国的前途是属于你们的。"① 我们将把个

---

① 《毛泽东同志论青年和青年工作》，中国青年出版社1960年版，第12页。

人理想融入实现中华民族伟大复兴的中国梦，沐浴时代恩泽，让我们的拼搏奋斗融入崭新的征程，为崭新的时代增添明艳的色彩！

"乔木亭亭倚盖苍，栉风沐雨自担当。"青年一代有理想，有担当，国家就有前途，民族就有希望。"你所站立的那个地方，正是你的中国；你怎么样，中国便怎么样；你是什么，中国便是什么；你有光明，中国便不再黑暗。"日出东方，其道大光，乳虎啸谷，鹰隼啸翼，吾辈青年，在强国建设、民族复兴新征程上更要有"寄意寒星荃不察，我以我血荐轩辕"的意志和"可上九天揽月，可下五洋捉鳖"的气魄。

青年人的理想绚丽多姿，可是仅有理想，却不付诸行动，就只能是毫无意义的空想。青年人朝气蓬勃，可是一味地前行，没有目标和方向，就只是野蛮地横冲直撞。青年人既要有凌云志，又要信风启航，二者相结合才能让青春在全面建设社会主义现代化国家的火热实践中绽放绚丽之花。

吾辈青年，跬步致远，砥砺奋进

古往今来，从日月经天到江河行地，从时节变迁到人事代谢，从洪荒大野到微末之端，勇于担当的青年英雄人物数不胜数。鲁迅曾说："有一分热，发一分光，就令萤火一般，也可以在黑暗里发一点光，不必等候炬火。""此后如竟没有炬火，我便是唯一的光。"这些话如今听来甚是恰当。无数平凡的人，积跬步而行千里，做着不平凡的事，再渺小的力量乘上十四亿，也足以战胜一切困难。

青年是人的一生中最宝贵的时期，每个人都必定出发于他的青年时。青年如欣欣向荣的葵花，注定要向阳而生；青年又如羽翼渐丰的雏鹰，注定要鹰击长空；青年更如青云直上的大鹏，注定要背负青天。

因为我们的名字叫青年，我们的责任是实现中华民族伟大复兴中国梦。诚然，中国青年生逢其时，实现梦想的前景无比广阔，要始终保持着初生牛犊不怕虎、越是艰险越向前的刚毅勇敢。正如毛泽东在《满江红·和郭沫若同志》中所言："四海翻腾云水怒，五洲震荡风雷激。要扫除一切害人虫，全无敌。"面对强国之路的考验，我们要呈现出态度、厚度和温度，砥砺奋进，做到"请党放心，强国有我"！

吾辈青年，不惧荆途，团结向前

五千多年岁月长河，因青春慨然以赴得以静好；在中华大地上，因青年挺身向前得以逾澄。华夏理想之小苗，在青年生命原野中也曾蓬勃生长；华夏青年之星火，在时代长夜里也曾燎原千里，使人不得不伫立凝视，然后热泪盈眶。每一代逐日移山的青年都有自己的际遇和挑战，如今中国在新征程上，吾辈之青年当明确自己肩负的重任，不畏攀登，不怕巨浪。

团结就是力量，奋斗开创未来。或许你只是一滴水，汇入滚滚浪潮，便能爆发出排山倒海、冲破绝壁的力量；抑或你只是一束光，融入祖国复兴大势，便能放射出澄澈玉宇，照亮千秋的光芒。我们应将青春之我奉献于祖国未来，团结一心，不负青春。国家与人民相互成就不可分割，小我成长融入大我奋斗，凡心所向，素履以往，做有理想、敢担当、能吃苦、肯奋斗的新时代好青年。团结是青年信念与力量的结合，也使我们并肩同行，齐心协力，共创未来。在空前的矛盾风险挑战面前，人心齐，方可泰山移！中国人民一次次涅槃重生，汇聚起团结奋斗的合力，定格下中国人民众志成城的勇毅身影。峥嵘的过去已经彪炳史册，璀璨当下正在不断延伸，未来需要我们踏实开拓。

时代大有可为，青年使命在肩！身为东师学子，作为新时代青年，我们要勇于担当历史责任和时代使命，修炼个人本领、磨炼自身品德，在全面建设社会主义现代化国家、实现第二个百年奋斗目标的新征程上勇敢追逐自己炙热的理想！

东北师范大学文学院 2020级本科生 王晶晶

第六部分

肯奋斗

幸福都是奋斗出来的

练好内功强修养，不负韶华担使命

2014年5月，习近平总书记在北京大学考察时指出，青年树立和培育社会主义核心价值观要在勤学、修德、明辨、笃实上下功夫。习近平总书记提出的下功夫的四个方面为新时代中国青年指明了奋斗的方向。

勤学为基

"业精于勤，荒于嬉。"纵观历史，凡有所作为的人，皆具有勤奋好学的良好品质。首先要做到的是博学，博学是广博地学习，要保证自己有足够的知识量储备。不仅学习自己本专业的知识，还要学习不同学科、不同领域的知识，才能确保自己在实践中有能力应对可能会发生的问题。100多年前，陈独秀、李大钊等积极吸收最先进的理论成果——马克思主义，终于拨云见日，将理论付诸实践，成立了中国共产党，从此中国历史翻开了崭新的一页。除了广博的理论学习之外，过硬的技能学习也是必不可缺的。匠人李万君，在艰苦的条件中，苦练技术，抓住机会，最终成为懂发明、会创造的大国工匠。中国高铁能畅销国际市场，离不开高铁科研团队工匠般的精益求精精神，他们让中国产品成为世界标配。

修德为尺

"道德当身，故不以物惑。"拥有良好的道德，才能不被外界的纷扰所干扰，才能在实践中坚守本心，勇毅前行。要修德先修身，修身最重要的一个基础就是要自我反省。子曰："吾日三省吾身。"纵观历史，杰出人物无不是通过自查自省的方式来修身养性。只有通过一次次的反省和总结自身的缺点和不足，才能够不断地改进。通过自省来修身，通过修身来涵养道德。在百年奋斗的历程中，中国共产党之所以能够具有强大的生命力，正是因为党具有"自我革命"这种鲜明的品格，自我革命是自我警醒、自我否定、自我反思、自我超越的一种积极的、主动的革命性行为。作为新时代青年，我们也要从身边的小事做起，从生活的点滴做起，优秀的品质要保留并且弘扬，不足的地方积极改正，以此来不断涵养自身品德。

明辨为向

有了正确的是非观念、清晰的前进方向，才能够坚定自己脚下的路。辩证唯物主义认为，实践是认识的基础，认识对实践具有反作用，认识对实践的反作用集中地表现为它对实践的指导作用。认识有正确的也有错误的，不同性质的认识会产生不同的作用。正确认识是基于实践产生的人脑对客观事物的正确反映，具有主观性。正确的认识对实践起着积极的促进作用，对社会的发展有一定的推动作用。相反，不符合事实本质的错误认识可能违背事物发展的客观规律，对实践产生不利的影响和消极阻碍作用，把人们引向歧途。因此，应在实践基础上从感性认识上升为理性认识，并使主观与客观相符合。当代青年，要具备发现真理和明辨是非的能力，这就要求当代青年必须对客观世界有理性的认识，在解决问题时能够做到理论联系实际。

笃实为路

实干是解决问题的万能钥匙。当代青年，要有干事创业的决心和毅力，要有只争朝夕的拼劲。"如此年轻的我想要去改变这个世界"，正是当代青年应有的志气和梦想，实现这一理想目标，必须清醒地认识到这条路没有捷径可走。除了信心、激情和热血，还必须有埋头苦干、久久为功的坚持。"扎"意味着扎根，意味着坚守，"实"意味着实地，意味着一步一脚印。一个成功的实践，就是一个坚持到底的实践。现实生活中，也有像愚公一样的实干笃行者。"山凿一尺宽一尺，路修一丈长一丈。"重庆市巫山县下庄村村委会主任毛相林就是当代"愚公"，他40多年不改初心使命，带领村民一步一脚印地修出了一条从下庄村通往外界的长达8公里的"天路"。在逐梦的路上没有捷径，有的是只争朝夕的干劲和久久为功的坚持。

有扎实的知识，才能支撑实践的开始；有良好的道德，才能坚守出发的初心；有明辨的眼界，才能识别前行的航向；有笃行的意志，才能靠近梦想的彼岸。

东北师范大学心理学院 2022级硕士研究生 薛捷

以奋斗姿态，展青春色彩

2014年5月4日，习近平总书记在北京大学师生座谈会上指出："有信念、有梦想、有奋斗、有奉献的人生，才是有意义的人生。当代青年建功立业的舞台空前广阔、梦想成真的前景空前光明，希望大家努力在实现中国梦的伟大实践中创造自己的精彩人生。"①幸福是奋斗出来的，在距离实现中华民族伟大复兴的中国梦越来越近的时候，更离不开持之以恒的奋斗精神。

在悠久的中华民族历史中，有无数仁人志士将个人命运和国家命运紧密相连，为报效国家而奉献了自己的一生。前有孔子不畏艰辛游学列国，从此开启了规模浩大的游学活动，开创了教育的新范式，民间私学也因此发展到新高度，孔子坚持十四年游学列国，也为后世士人和学子实现知识增长和个人发展提供了新的途径。后有春秋时期越王勾践睡在柴房，挂着苦胆，不忘国耻，经过十年的积聚终于厚积薄发打败吴国。西汉霍去病勇战匈奴，实现了自己立下的"匈奴未灭，何以家为"的誓言，他英勇无畏，率军出征，大破匈奴军，乘胜追杀，封狼居胥。南宋民族英雄文天祥，面临亡国之险，临危受命，视死如归。新中国成立后，钱学森排除万难，历经千辛万苦回到祖国的怀抱，

---

① 《习近平谈治国理政》第一卷，外文出版社2018年版，第175—176页。

为新中国国防事业建立了奠基性的贡献。纵观历史，无数民族英雄破空而出，在国家大义面前，为了坚定的信仰奋不顾身。

新时代的青年正发挥自己最大的能量，奏响青春的最美乐章。在新征程中，我将无我，不负韶华，用奋斗报效祖国，用青春谱写华章，这是五四精神穿越百年时空激起的宏大回声，也是当代青年致敬历史的坚定誓言！中国青年五四奖章获得者崔兆举登上世界技能大赛领奖台的那一刻，只有他自己心里清楚自己经过了怎样的一段荆棘坎坷。回顾这一路的征程，十几岁的崔兆举自知自己不是有天分的人，每一次训练都要花比别人更多的时间，才能取得一点点进步，他知道技能学习和训练注定是一条枯燥、艰辛而又寂寞的道路，唯有坚持前行才有可能实现自己的目标和梦想。正是这种精益求精、一丝不苟的工作态度使得他的每一次训练都有进步和收获，不断积累解决问题的经验和能力。感动中国的李万君，被誉为"平凡的工匠，非凡的大师"，他凭借精湛的焊接技术和敬业精神，为我国高铁事业的发展作出了重要贡献。荣誉的背后是努力的付出和汗水。李万君在长达32年的工作中勤于钻研、勇于创新，练就了过硬的焊接本领，从一名普通的焊工成为超一流的高铁焊接大师。甘于艰苦奋斗，每个平凡的人都可以有一条不平凡的成功之路。时代的接力棒正在传递到我们这一代的手中，将青春的汗水挥洒在祖国最需要的地方，青春才会熠熠闪光。青春是用来奋斗的，一代又一代青年人不做时代的看客，而用实际行动为青春代言，为时代定义，才使民族有希望、国家有力量。

"是选择北京安稳的生活，还是选择回农村种田？"魏巧给出的答案是后者。这位80后青年，曾是中国科学院地理研究所一名助理研究员，6年前和丈夫辞去中科院和北京大学的工作，回到江苏老家种植两万多亩水稻，通过数字化管理，亩产达1100斤，有效带动了周边农民致富。"像魏巧这样的同志到农村去，很好！"2023年3月5日，习近平总书记听了魏巧讲述自己"新农人"故事后，对青年人投身乡村振兴给予勉励与支持。联合农业农村部评选首届"全国乡村振兴青年先锋"，示范引领广大青年投身农业强国建设；近5年累计动员21万余名高校学生依托"大学生志愿服务西部计划""研究生支教团"等项目到西部地区开展志愿服务；开展高素质农民培育，举办900多个班次，培训6万余人。"希望同学们志存高远、脚踏实地，把课堂学习和乡村实践紧密结合起来，厚植爱农情怀，练就兴农本领，在乡村振兴的大舞台上建功立业，为加快推进农业农村现代化、全面建设社会主义现代化国家贡献青春力量。"①2023年五四青年节前夕，习近平总书记给中国农业大学科技小院的同学们回信，提出殷切希望。

"成功的花，人们只惊慕她现时的明艳！然而当初它的芽儿，浸透了奋斗的泪泉，洒遍了牺牲的血雨。"不驰于空想，不骛于虚声。伟大的时代为广大青年搭建了广阔的舞台，让多元之梦想、自由之精神有了安放和栖息之处。不甘平凡的青年人都在寻找自己的舞台，逆风而行，用苦干实干、勤勉务实支撑起自己的梦想。让自己成为祖国建设的有用之才、栋梁之材，担负起历史重任，艰苦奋斗，让自己的人生绽放出更亮丽的色彩！

  东北师范大学教育学部 2022级硕士研究生 张晓扬

---

① 《习近平给中国农业大学科技小院的学生回信强调 厚植爱农情怀练就兴农本领 在乡村振兴的大舞台上建功立业 在五四青年节到来之际向全国广大青年致以节日的祝贺》，《人民日报》2023年5月4日。

在奋斗中彰显青春本色

"青春孕育无限希望，青年创造美好明天。一个民族只有寄望青春、永葆青春，才能兴旺发达。"[1]这是习近平总书记对当代青年的寄托。纵观中华民族五千多年历史，青年始终是国家发展的不竭动力。五四运动中，青年更是发挥了至关重要的作用。俄国十月革命为中国送来了马克思列宁主义，给中国革命注入红色力量，从此红色便在中国生根发芽。北大红楼、嘉兴南湖……这些地方遍布中国青年的足迹，正是在革命先辈们的努力下，近代中国得以摆脱帝国主义与封建主义的镣铐，从此走向民主与科学的国度。五四运动以来，在中国共产党的带领之下，一代代中国青年深刻关注国家前途命运，围绕不同阶段的中心任务，展开一次又一次运动，在投身于革命、建设、改革时不断磨炼自我、发展自我，谱写了壮丽的青春之歌。

青年一代是充满理想、充满抱负的一代，那么，新时代青年如何实现理想抱负呢？历史经验告诉我们：只有奋斗。

---

① 习近平：《在庆祝中国共产主义青年团成立100周年大会上的讲话》，人民出版社2022年版，第1页。

奋斗要坚定理想信念

理想信念是中国共产党精神上的"钙"。方向决定道路，方向正确了道路才会光明。新时代中国青年应把树立正确的理想、坚定的信念作为立身之本，当代青年唯有以坚定的理想信念为根基，坚信中国道路、坚守价值追求、坚定文化自信，才能成长为党、国家和人民所期盼的有志青年，才能不负党和人民的期待，才能顺利完成历史使命与时代重托。

奋斗要与国家同向同行

理想不能躺在摇篮里，理想要放置在国家民族的宏伟蓝图之中。在社会的大学校里，青年要夯实学识基础，掌握扎实才能，以乐观积极的态度、永不畏惧的信念投身于社会主义建设。习近平总书记多次鼓励青年，到祖国最需要的地方去。如今，越来越多的当代青年牢记习近平总书记嘱托，主动请缨去基层去生产建设一线。2020年7月，习近平总书记给中国石油大学（北京）克拉玛依校区毕业生回信，充分肯定他们"奔赴新疆基层工作，立志同各族群众一起奋斗"的人生选择。在习近平总书记重要回信精神的巨大鼓舞下，很多毕业生选择留疆工作，将自己的青春献给戈壁沙漠，献给社会主义建设。在习近平总书记回信精神的号召下，一大批青年人才踊跃前来，在克拉玛依经济社会高质量发展中扮演了极其重要的角色，积蓄了克拉玛依发展新动能。

奋斗要立足人民

中国共产党自成立以来，始终把人民放在心头，把人民的利益看作自己的切身事，把保障人民的幸福当作自己的分内事，把人民的评价作为最重要的行动准则。全国人大代表程梦醒，大学毕业后主动放弃大城市的工作机会，毅然回到家乡传承湖北非物质文化遗产"应城豆皮"，不仅保护了我国文化遗产，还带领父老乡亲共同脱贫致富，用自己的青春和汗水帮助乡亲们增收。在她的成长故事里，我们更加深刻地明白，要做成事、有成就，必须把自己和广大人民紧紧联系在一起，才能够获得创造的智慧和前进的动力。"同人民一起奋斗，青春才能亮丽；同人民一起前进，青春才能昂扬；同人民一起梦想，青春才能无悔。"①

如今的时代是英雄辈出的时代，我们有几十年如一日深耕水稻遗传育种应用研究的袁隆平院士；有为祖国原子弹事业发展，不惜销声匿迹"别夫离子"三十年的王承书院士；有为疫情防控作出突出贡献的钟南山院士……他们在青年时期就树立了为国为社会的远大志向，并朝着自己的目标砥砺奋斗，如今吾辈青年也追随着前辈的脚步，以国家发展、民族复兴为己任，在学习中武装自己的头脑，坚定道路自信与文化自信，树立远大理想的同时将个人命运与国家命运紧密地结合在一起，勇担时代赋予的重任，携手各族人民在不懈奋斗中共同书写属于当代青年、属于中华民族的美好明天。

自古英雄出少年，少年英雄造时势。奋斗是青春最亮丽的底色，

---

① 习近平：《致全国青联十二届全委会和全国学联二十六大的贺信》，《人民日报》2015年7月25日。

青年们应立足社会现实，从自身做起、从点滴做起，以拼搏之姿、奋发之力不断开辟社会主义事业发展新天地，在不断奋斗中彰显属于新时代青年的青春本色。

东北师范大学传媒科学学院（新闻学院）　2021级本科生　王玥琪

为人民幸福砥砺奋斗

　　近年来，习近平总书记在重要场合的讲话中多次提及了"奋斗"，并把广大青年与"奋斗"相联系，激励青年投身社会主义现代化建设的浪潮中去。在纪念五四运动100周年大会上，习近平总书记语重心长地对新时代青年提出"六点要求"：新时代中国青年要树立远大理想，热爱伟大的社国、担当时代责任、勇于砥砺奋斗、练就过硬本领、锤炼品德修为，以此勉励青年勇为先锋、不负期待。在庆祝中国共产党成立100周年大会上的讲话中，习近平总书记指出："新时代的中国青年要以实现中华民族伟大复兴为己任，增强做中国人的志气、骨气、底气，不负时代，不负韶华，不负党和人民的殷切期望！"[①]在党的二十大报告中，习近平总书记指出："广大青年要坚定不移听党话、跟党走，怀抱梦想又脚踏实地，敢想敢为又善作善成，立志做有理想、敢担当、能吃苦、肯奋斗的新时代好青年，让青春在全面建设社会主义现代化国家的火热实践中绽放绚丽之花。"[②]青年人只有深刻领悟习近平总书记的重要讲话，并以此为指导砥砺奋斗，凝聚共识、积蓄

---

① 《习近平著作选读》第二卷，人民出版社2023年版，第488页。
② 《习近平著作选读》第一卷，人民出版社2023年版，第58页。

234

力量，才能为实现中华民族伟大复兴的中国梦贡献出应有的力量。

幸福是奋斗出来的

习近平总书记指出："人世间的一切幸福都需要靠辛勤的劳动来创造。"①艰难困苦，玉汝于成。要想获得幸福，必须坚持艰苦奋斗。自古以来，中华民族就是一个具有伟大奋斗精神的民族，中国人民的艰苦奋斗铸就了五千多年光辉灿烂的中华文明。在古代，中国人民开疆拓土、创造四大发明，各种文学艺术作品与哲学思想流传至今。近代以来，中国共产党带领中国人民拯救民族危亡，中华民族迎来了从站起来、富起来到强起来的伟大飞跃，这些都是靠中国人民的团结一心与不懈努力奋斗而换来的。奋斗的道路不会一帆风顺，往往荆棘丛生、充满坎坷。中国社会发展，中华民族振兴，中国人民幸福，必须依靠自己的英勇奋斗来实现。青年只有脚踏实地、砥砺奋斗才能实现自己人生的幸福。张载那传诵不绝的"横渠四句"："为天地立心，为生民立命，为往圣继绝学，为万世开太平"，告诉了我们奋斗要有为国家、为人民的志向；《尚书》中"功崇惟志，业广惟勤"教育我们伟大功业来源于辛勤奋斗，只有发愤图强、积极进取，才能换来美好的未来。

奋斗本身就是一种幸福

幸福就是过有价值的生活，而奋斗正是为了创造有意义、有价值的生活所做的行动，奋斗是幸福的源泉。当为了国家、民族和人民需要付出艰辛的努力时，即使过程是艰苦的，但收获的结果是国家富强、

---

① 《习近平著作选读》第一卷，人民出版社2023年版，第60页。

民族复兴和人民幸福，社会价值的实现也会使得这份辛苦化作个人的幸福感与满足感。奋斗是青春最亮丽的底色。一方面，青年在披荆斩棘和攻坚克难中真正发挥自己的价值，使自己的身心得到锻炼，才能真正收获有意义有价值的快乐，实现个人的理想和幸福。另一方面，青年要把自己的幸福和人民的幸福紧密联系，青年的不懈奋斗、砥砺奋斗能够使自己做好面对更大困难和挑战的准备，更好地实现个人的价值和幸福。

"当代中国青年要有所作为，就必须投身人民的伟大奋斗。同人民一起奋斗，青春才能亮丽；同人民一起前进，青春才能昂扬；同人民一起梦想，青春才能无悔。"[①]要想为人民幸福砥砺奋斗，青年要做到坚定理想信念、练就过硬本领与增强社会责任感。

历史唯物主义告诉我们，人民群众是历史的主体，人民性是马克思主义最鲜明的品格，青年要学会用马克思主义武装自己，深入学习马克思主义的经典著作，在品读原著精品中进一步感悟马克思主义所带给我们的思想伟力，真正领略人民性这一马克思主义一以贯之的鲜明品格，用科学理论涵养自身的奋斗信念，为个人的奋斗之路提供源源不断的精神动力。

练就过硬本领

要为人民幸福砥砺奋斗，过程绝不是一帆风顺的，只有练就过硬本领，应对前路的荆棘与考验，才能完成好这一久久为功的事业。对

---

① 《习近平致全国青联十二届全委会和全国学联二十六大的贺信》，《人民日报》2015年7月25日。

青年人来说，练就过硬本领一方面要加强知识学习，充实自己；另一方面要积极进行社会实践活动，不断锤炼自己。青年人正处于增长学识、积累经验的关键时期，学习才是自身的首要任务，既要夯实专业理论基础，又要开阔视野，不能囿于本专业视域，而应广泛涉猎各个领域，充实自己的知识储备。实践是检验真理的唯一标准。青年人必须坚持学以致用，要投身祖国大地，深入基层、深入群众，坚守在祖国最需要、人民最需要的岗位之上，积极参加社会实践，在实践中检验和运用个人学识，奉献社会，造福群众。

增强社会责任感

在如今这个快速发展的时代，我国发展已进入机遇与风险挑战并存的关键时期。充斥着难以预料的不确定因素，"黑天鹅""灰犀牛"事件随时可能发生，这就要求青年人必须肩负起历史和时代赋予的责任和使命，要意识到新时代自己所处的地位，要意识到青年群体和国家未来与民族复兴之间的关系，必须担当起国家和民族的责任，牢记为人民服务的信念，与人民群众团结一心，为中国梦实现砥砺奋斗。

党的二十大擘画的宏伟图景，是国家的、民族的、人民的，更是青年的。作为一名当代青年，要争做先锋分子，增强志气、骨气、底气，在为实现人民幸福的奋斗中绽放绚丽之花。要自觉把个人的奋斗与中华民族伟大复兴相结合，做到"仰望星空，脚踏实地"，在新时代新征程上留下属于青年人的青春足迹。

东北师范大学马克思主义学部 2021级硕士研究生 朱华淼

做永久奋斗的新时代青年

　　《永久奋斗》一文是 1939 年 5 月 30 日毛泽东在延安举行的庆贺模范青年大会上的讲话。毛泽东在讲话中重点强调："什么是模范青年？就是要有永久奋斗这一条。其他的当然也要有，如刚才冯文彬同志讲过的智育、德育、体育、美育、群育等等，但据我看来，'永久奋斗'才是最主要的一条，没有这一条，什么都是空的。奋斗到什么程度呢？要奋斗到五年，十年，四十年，五十年，甚至到六十年，七十年，总之一句话，要奋斗到死，没有死就还没有达到永久奋斗的目标。"五四运动以来，无数中国青年在接力奋斗中，将理想信念和个人价值融入中华民族伟大复兴的历史征程之中，从革命战争年代的杨靖宇、刘胡兰，到和平年代的雷锋、王继才，以及航天报国的嫦娥团队、神州团队、北斗团队……一代又一代的青年才俊传承弘扬永久奋斗的优良传统，在接力奋斗中用生命和热血谱写了壮丽的青春之歌。

奋斗成就伟业

　　因为奋斗，中国共产党团结带领中国人民推翻帝国主义、封建主义、官僚资本主义三座大山，迎来了天安门广场上的五星红旗迎风飘扬；因为奋斗，我们国家扭转了一贫如洗的社会状况，中华民族迎来了从站起来、富起来到强起来的伟大历史性飞跃；因为奋斗，中国日益走近世界舞台中央，引领世界构建人类命运共同体。习近平总书记指出，"当代中国青年是与新时代同向同行、共同前进的一代，生逢盛世，肩负重任"[1]，"施展才干的舞台无比广阔，实现梦想的前景无比光明"[2]。实现中华民族伟大复兴的中国梦，更需要一代又一代的有志青年接力奋斗、砥砺前行。

新时代是奋斗者的时代，需要青年发扬奋斗精神，增强奋斗本领

然而，当前部分中国青年也受到一些不良社会思潮的影响，如崇尚"锦鲤附体""小确幸"，幻想"躺赢""摆烂"，望做"佛系青年""精致的利己主义者""啃老族"等。这些不良思想不可避免地使部分青年模糊理想与现实、利己与利人、小我与大我。永久奋斗需要对青年进行深入的教育和引导，始终坚定正确的政治方向。在对模范青年的希冀中，毛泽东要求模范青年"要有'坚定正确的政治方向'。这个方向是不可动摇的，要有'富贵不能淫，贫贱不能移，威武不能屈'的骨气来坚持这个方向"[3]。新时代的青年需要通过永久勤奋地学习理论知识来武装自己的头脑，始终保持虚怀若谷的学习状态，感悟党的创新理论，认清党和国家所处的历史地位，从内心深处厚植对党的信赖，在学而信、学而思、学而行的过程中，找准并执着于人生奋斗

---

① 《习近平在清华大学考察时强调 坚持中国特色世界一流大学建设目标方向 为服务国家富强民族复兴人民幸福贡献力量》，《人民日报》2021年4月20日。
② 《习近平著作选读》第一卷，人民出版社2023年版，第58页。
③ 《毛泽东文集》第二卷，人民出版社1993年版，第191页。

的方向。

新时代中国青年是勇担责任的一代

党的十八大以来，新时代青年绽放出夺目的青春风采，迸发着豪迈的青春激情，以自己的实际行动奋力书写新时代的青春答卷。平均年龄只有30岁的"中国天眼"工程运行团队用两年时间研制出超高耐疲劳钢索，成功支撑起"中国天眼"的"视网膜"，500米口径球面射电望远镜FAST的研发实现了我国在前沿科学领域的一项重大原创突破。还有许许多多的普通劳动者，如快递小哥、建筑工、清洁工、列车司机、支教老师、乡村医生……他们用热爱和激情在平凡的岗位上兢兢业业，不懈奋斗，为社会秩序的稳定贡献着自己的一份力量……幸福是奋斗出来的，而奋斗本身便是幸福的体现。新时代青年奋力接跑，在各行各业中焕发出耀眼的青春光芒，向世人生动展示着"衣食无忧而不忘艰苦，岁月静好而继续奋斗"的精神面貌。

没有人永远年轻，但永远有人年轻。一名青年作为有生命的个体，会从青年到中年，再到老年，但炎黄子孙生生不息，世代相传。毛泽东在讲话中对模范青年们说："将来你们老了，教育你们的儿子也要代表他们，儿子再告诉儿子，孙子再告诉孙子，这样一代一代传下去，并且一传十，十传百，百传千，传遍全中国，不达目的不止。"①正是在这样的传统下，一代又一代的青年为中国革命、建设、改革的事业而奋斗，为人民群众幸福而奋斗。新时代中国青年要保持奋斗激情，在新的征程上，广大青年要弘扬永久奋斗的优良传统，发扬吃苦耐劳、

---

① 《毛泽东文集》第二卷，人民出版社1993年版，第193—194页。

自力更生、艰苦奋斗的精神，摒弃骄娇二气，克服一切不思进取、耽于安逸、躺平佛系的消极思想，以敢于超越前人、敢于引领时代、敢于创造世界奇迹的豪迈，在实现民族复兴的赛道上奋勇争先，用实际行动续写中国青年运动的奋斗华章。

东北师范大学文学院 2020级本科生 杜鑫靓

争做敢于斗争、善于斗争的模范青年

　　新时代青年应敢于斗争、善于斗争。敢于斗争、善于斗争是中华民族的优良传统，伟大的斗争精神在我们中华民族的精神谱系中一脉相承。正是敢于斗争的精神熔铸成中华民族的铁血长城，中华文明才能历经磨难而经久不衰，才能阔步前行走在复兴之路上。敢于斗争、善于斗争是我们党求得生存、获得发展、赢得胜利的重要密码，伟大建党精神就包括"不怕牺牲、英勇斗争"。中国共产党一出生就铭刻着斗争的烙印，在淬炼中成长，百年壮阔的风雨历程展示出了无畏无惧的革命气节、立场坚定的政治气节和风骨浩然的民族气节，这激励着我们青年奋勇向前。

　　历史性成就靠团结奋斗铸就，事业发展新天地靠顽强斗争打开。"越是接近民族复兴越不会一帆风顺，越充满风险挑战乃至惊涛骇浪。"①进入新时代，以习近平同志为核心的党中央对党和国家面临的新形势新任务作出科学判断，带领人民进行了具有许多新的历史特点的伟大斗争，推进了史无前例的反腐败斗争，展现"得罪千百人、不负十四亿"的使命担当；组织了人类历史上规模最大的脱贫攻坚战，

---

① 《习近平著作选读》第二卷，人民出版社2023年版，第302页。

历史性地解决了绝对贫困问题，全面建成小康社会；开展了抗击疫情的人民战争、总体战、阻击战，统筹疫情防控和经济社会稳定发展取得重大积极成果；坚定维护国家尊严和利益，在世界舞台保持定力，敢于亮剑……正是因为我们一直坚持敢于斗争、善于斗争，新时代的中国青年才能处在中华民族发展的最好时期。

回首过去，一系列战略性举措在斗争中得以落实，一系列变革性实践在斗争中得以实施，一系列突破性进展是在斗争中实现的，一系列标志性成果是在斗争中取得的。越是向前进，越是要从走过的路中汲取智慧、提振信心、增添力量，我们新时代的青年应当继续发扬斗争精神，拿出"踏平坎坷成大道，斗罢艰险又出发"的意志，知难而进、迎难而上，与一切风险挑战进行斗争。那么我们青年如何才能成为敢于斗争、善于斗争的模范青年呢？

青年要始终明确斗争方向，做政治上的明白人

习近平总书记提出："凡是危害中国共产党领导和我国社会主义制度的各种风险挑战，凡是危害我国主权、安全、发展利益的各种风险挑战，凡是危害我国核心利益和重大原则的各种风险挑战，凡是危害我国人民根本利益的各种风险挑战，凡是危害我国实现'两个一百年'奋斗目标、实现中华民族伟大复兴的各种风险挑战，只要来了，我们就必须进行坚决斗争，毫不动摇，毫不退缩，直至取得胜利。"[①]

中华民族伟大复兴绝不是轻轻松松、敲锣打鼓就能实现的。社会

---

① 习近平：《在纪念中国人民抗日战争暨世界反法西斯战争胜利75周年座谈会上的讲话》，人民出版社2020年版，第12页。

是不断矛盾运动着的，只要矛盾还在斗争就还在，新时代的前进道路上仍然存在着各种风险挑战，我们的斗争从来都是奔着矛盾问题、风险挑战去的，新的历史难题决定了我们必须进行具有新的历史特点的伟大斗争。无论我们展开什么斗争都不能背离中国共产党领导和坚持中国特色社会主义制度这个大方向，我们要坚持马克思列宁主义、毛泽东思想、邓小平理论、"三个代表"重要思想、科学发展观，全面贯彻习近平新时代中国特色社会主义思想，坚定中国特色社会主义共同理想和共产主义远大理想必定能实现的信念。

青年要始终坚定以人民为中心的斗争立场，做思想上的清醒者

"人民"是被中国共产党始终放在心头的关键词，是中国特色社会主义的主体。因为我们前方有党的引领，心中有人民，所以我们脚下有力量。邓小平曾动情地说："我们太穷了，太落后了，老实说对不起人民。我们现在必须发展生产力，改善人民生活条件。"①在民族危机日益深重时，北平爱国学生在中国共产党的领导下，举行声势浩大的一二·九抗日救国游行，点燃了全民族抗日的熊熊烈火；当新冠疫情出现时，青年一代火速集结，奔赴疫情防控斗争第一线……我们始终知道我们在为谁斗争，我们为什么斗争。人民为我们党、我们团的工作提供了源源不断的支持。

---

① 中共中央文献研究室编：《邓小平思想年谱（1975—1997）》，中央文献出版社1998年版，第81页。

青年要坚持增强忧患意识和保持战略定力相统一

矛盾无处不在、无时不有，我们不能因为当前和平与发展是主题，就忽视了国际形势的波谲云诡；不能因为国内发展态势整体向好，就忽视了改革面临的新情况新问题新挑战。我们必须时刻保持战略定力和清醒判断，坚持战略判断和战术决断相统一。战略就是要把握全局，要善于抓住主要矛盾，把握矛盾的主要方面，围绕主要矛盾作出战术决断，才能有效解决问题。要坚持斗争过程和斗争实效相统一。我们强调的斗争是手段而绝非目的，伟大斗争宣示了我们以什么样的精神状态走向中华民族伟大复兴。

斗争要遵循规律，讲求艺术。我们讲的斗争是为人民谋幸福、为民族谋复兴、为世界谋大同。我们必须认清形势，科学分析，先作出需不需要斗争的判断，再选择最稳妥的斗争方式。斗争的方式有很多，以往革命时期我国青年组建青年救国队、青年抗日先锋队及由年龄不足18岁的青少年组成的儿童团，等等，展开以战争为主的斗争。新中国成立后，青年团探索适合青年特点的工作模式，组建了青年突击队、青年垦荒队等，展开支援工作和活动。改革开放后，青年们敢于破旧立新，把经济建设与思想建设相结合，把劳动竞赛与学文化、技术、科学相结合，采用了团结批评教育的方式。党的二十大强调了要坚持发扬斗争精神。争做敢于斗争、善于斗争的模范青年，我们已经在路上了，但是还有很长的路要走。在强国建设、民族复兴新征程上，青年是不是敢于斗争、善于斗争，关系国家和民族的前途命运。习近平总书记强调："只要青年都勇挑重担、勇克难关、勇斗风险，中国特色社会主义就能充满活力、充满后劲、充满希望。"①

　　青年一代要越是艰险越向前，能义无反顾深入最艰险繁重的地方，努力做到困难面前撑得住、关键时刻靠得住、风险挑战扛得住，在斗争中磨砺意志，在斗争中锤炼过硬本领，以斗争精神战胜前进道路上的一切艰难险阻，在应对重大风险挑战中展现青春风貌，不断增强做中国人的志气、骨气、底气，在全面建设社会主义现代化国家征程中当好开路先锋、事业闯将。

东北师范大学政法学院　2021级本科生　黄子依

---

①　习近平：《在纪念五四运动100周年大会上的讲话》，人民出版社2019年版，第8页。

以伟大斗争赢得伟大事业的新胜利|

为何在和平年代还要进行具有许多新的历史特点的伟大斗争呢？唯物辩证法告诉我们，事物是不断变化运动的，时代在变，我们也要随势而变。世情、国情、党情决定了在新时代新征程上我们必须进行具有许多新的历史特点的伟大斗争。

新时代青年将要接过的是中华民族伟大复兴的重任，青年的选择决定了未来整个社会的发展方向。只要青年站稳政治立场、永葆革命精神、苦练斗争本领、坚持脚踏实地，任何艰难险阻都不能阻挡我们前进的步伐，中国特色社会主义事业就一定能够取得新的伟大胜利！伟大斗争需要正确的方向。方向如果不正确，走得再远也没有意义。伟大斗争的正确方向在哪里？历史和实践告诉我们，就是党所指引的方向。坚定不移跟党走是共青团的初心和使命，也是广大青年前进的方向。跟着中国共产党，我们更能清楚自己的立场、原则和目标，才能有底气与各种风险挑战斗争到底。恩格斯说过，"一个知道自己的目的，也知道怎样达到这个目的的政党，一个真正想达到这个目的并且具有达到这个目的所必不可缺的顽强精神的政党，——这样的政党将是不可战胜的"①。中国共产党为什么能战胜数倍于己、武装到牙齿的敌人，为什么能历经沧桑而初心不改，本色依旧，为什么能创造彪炳史册的人间奇迹？其成功密码之一就在于敢于斗争。斗争，失败，再斗争，再失败，再斗争，直至胜利，这就是伟大的斗争精神。

伟大斗争需要强大的精神

毛泽东曾说，"人是要有一点精神的"②。这句话穿透历史时空依然能让我们感到强烈的革命斗争气势。邓小平曾鼓舞我们："我们就是要有这个雄心壮志！"③习近平总书记告诫我们："牢记使命，就不要忘记我们是共产党人，我们是革命者，不要丧失了革命精神。"④"清澈的爱，只为中国"，用生命和行动才能证明新时代的中国青年没有躺在前辈的功劳簿上睡大觉，没有丧失不怕牺牲、英勇斗争的精神气魄。当代青年处于最好的时代，物质文明快速发展，社会变化日新月异，生活水平不断提高……同时也处于最具挑战的时代，物欲横流容易导致一些青年的内心越来越空洞、情绪越来越烦躁、信仰越来越模糊、精神越来越萎靡。我们的强国之路，不仅要强在物质，更要强在精神。如果内心缺乏力量，无论物质多么丰富也无法充分发挥作用，真正的力量，源自内心。没有强烈的历史进取心、没有坚定的意志和必胜的信心，伟大斗争、伟大胜利就是一句空话。

---

① 《恩格斯和倍倍尔通信集》，人民出版社1985年版，第848页。
② 《毛泽东文集》第七卷，人民出版社1999年版，第162页。
③ 《邓小平文选》第三卷，人民出版社1993年版，第377页。
④ 习近平：《坚持和发展中国特色社会主义要一以贯之》，《求是》2022年第18期。

伟大斗争需要过硬的能力

斗争要讲究策略，要夯实本领，要坚持原则。斗争是一门艺术，斗争不是斗狠斗气、争名争利、逞强好胜，而是有使命在肩、有章法可依、有规律可循的。同外部敌对势力斗争，要讲求策略，不能凭血气之勇、意气用事、怎么解气怎么来，要有理有利有节，从全局大局出发捍卫国家利益。当外部势力在人权、贸易、科技、军事、意识形态等诸多领域侵犯我们时，我们该怎么办？打铁必须自身硬，只要我们不信敌对势力的邪，不怕反动派这个"鬼"，不怕前进路上的难；只要相信正义、坚信真理、坚定信仰，做到骨头硬；只要站在历史正确的一边，站在人类进步的一边；只要科学把握习近平新时代中国特色社会主义思想这个法宝，坚持好、运用好蕴含其中的立场、观点和方法；只要深刻认识、准确运用斗争规律，不断提升敢于斗争、善于斗争的能力和水平，就一定能狭路相逢勇者胜！

伟大斗争必须躬行实践

"中国人民和中华民族从斗争实践中懂得，中国社会发展，中华民族振兴，中国人民幸福，必须依靠自己的英勇奋斗来实现，没有人会恩赐给我们一个光明的中国。"① 斗争需要方向、需要精神、需要能力，但是这些只是斗争的充分条件，实践，只有实践才是斗争的必要条件。斗争必须在实践中得以实现，也必须在实践中得以检验。"平静的水面，练不出精悍的水手；安逸的环境，造不出时代的伟人。"磨

---

① 习近平：《在纪念五四运动100周年大会上的讲话》，人民出版社2019年版，第4页。

砺坚强意志必须主动投身到急、难、险、重的任务中去。沧海横流方显英雄本色。我们看到在脱贫攻坚的战场上，无数驻村干部向困扰中国千百年的绝对贫困进行斗争；我们看到在国际舞台上，无数优秀青年向对中国诋毁、持偏见、抹黑的行径进行着坚决斗争；我们看到在重大技术攻关的战场上，无数科研工作者夜以继日地拼搏只为剪断卡脖子的锁链……人在事上练，刀在石上磨。正是这些"风吹浪打""烫手山芋""刀山火海"才使我们在复杂严峻的斗争中真正锻造为烈火真金。中国青年和中国青年运动，从来都是在担当时代使命中彰显青春的使命，在推动时代进步中实现自身的进步。中国特色社会主义进入新时代十年来，党和国家事业取得历史性成就、发生历史性变革。广大青年在实现新时代伟大变革的历史进程中贡献了青春的智慧和力量，中国青年运动在推进具有许多新的历史特点的伟大斗争中书写了恢宏壮阔的时代篇章！

　　一部中国共产党史，就是一部伟大斗争史。在克服种种艰难险阻中，我们党锤炼出坚持真理、坚守理想，践行初心、担当使命，不怕牺牲、英勇斗争，对党忠诚、不负人民的伟大建党精神。这是中国共产党最根本、最深沉的精神之基。历史是最好的教科书，历史会做出最符合规律的结论——中国共产党依靠伟大斗争走到今天，也必然依靠伟大斗争赢得未来，赢得中国特色社会主义事业的新胜利。习近平总书记指出："担当和斗争是一种责任，敢于负责才叫真担当、真斗争。新中国成立之初，百废待兴，百业待举，中国人民无比渴望和平安宁，但美帝国主义却悍然把战火烧到了我们的家门口。值此危急关头，我们党以非凡气魄和胆略作出了抗美援朝、保家卫国的历史性决策。""当前，改革发展稳定任务那么重，需要担当和斗争的事太多了。""无数事实告诉我们，唯有以狭路相逢勇者胜的气概，敢于斗争、善于斗争，我们才能赢得尊严、赢得主动，切实维护国家主权、安全、发展利益。我们这支队伍里不能有胆小鬼，更不能有心怀异心、身在曹营心在汉、同床异梦的人。"[①]广大共青团员须知坚持和发展中国特色社会主义关键在人，关键在一代又一代的青年，广大共青团员要做敢于斗争、善于斗争的模范，带头迎难而上、攻坚克难，做到不信邪、不怕鬼、骨头硬。以小我之奋斗，汇聚大我之格局；以伟大之斗争，实现伟大之事业。

东北师范大学政法学院 2021级本科生 张志鹏

---

① 习近平：《努力成长为对党和人民忠诚可靠、堪当时代重任的栋梁之才》，《求是》2023年第13期。

做勇于斗争的新青年

伟大的时代需要伟大的精神。在党的二十大报告中，习近平总书记强调"坚持发扬斗争精神"，指出："增强全党全国各族人民的志气、骨气、底气，不信邪、不怕鬼、不怕压，知难而进、迎难而上，统筹发展和安全，全力战胜前进道路上各种困难和挑战，依靠顽强斗争打开事业发展新天地。"①

斗争性是马克思主义固有的理论特性。马克思主义不是一种纯粹思辨性的理论学说，而是一种旨在解决现实矛盾和改造客观世界的"斗争哲学"。马克思主义的斗争性特质体现在以下三个方面。首先，斗争性贯穿于马克思主义创立和发展的全过程。斗争精神作为马克思主义的精神底色，是马克思、恩格斯投身革命洪流，领导革命斗争的经验凝结，是一种具有鲜明现实指向的实践科学。其次，斗争性蕴含于马克思主义的理论内容中。马克思指出："辩证法……按其本质来说，它是批判的和革命的。"斗争是普遍存在的，有矛盾就会有斗争，而矛盾是普遍存在的，贯穿于事物的各个方面和发展的全过程。矛盾的对立统一决定了斗争具有普遍性，而斗争的形式往往又具有多样性。

———————

① 《习近平著作选读》第一卷，人民出版社2023年版，第23页。

因此，新时代开展伟大斗争，必须坚持唯物辩证法的根本方法论，切实认识和处理好斗争实践中的各种重大关系，积极面对和化解前行道路上的各种矛盾。最后，斗争性体现于马克思主义对崇高理想的追求中。从理论上看，人类社会形态和政治制度的嬗变是一个长期的、艰难的渐进过程，需要历经各种艰苦卓绝的现实斗争，克服重重难关和阻力。因此新旧势力之间斗争时间之长、斗争过程之艰、斗争任务之重，往往是社会形态变革的突出形式。马克思主义把实现共产主义这一人类社会最终的制度形态作为其追求目标，便深刻地体现了其坚持斗争、勇于斗争的理论立场和理论品格。

敢于斗争、敢于胜利是党和国家对新时代青年的要求。青年是整个社会力量中最积极、最有生气的力量。作为国家的希望和民族的未来，青年一代始终是实现中华民族伟大复兴的先锋力量。敢于斗争、敢于胜利，是新时代青年承担的重大历史使命。党的百年奋斗史就是一部伟大斗争史，如"红军不怕远征难"的豪迈，"拼命也要拿下大油田"的干劲，"我是党员我先上"的坚定，"千难万险不退缩"的勇毅，中国共产党锤炼了不畏强敌、不惧风险、敢于斗争、敢于胜利的风骨和品质。敢于斗争、敢于胜利，是对新时代青年鲜明的时代要求。新时代中国青年生逢盛世，但也面临许多具有新的历史特点的伟大斗争，需要中国青年以非凡的勇气与斗争本领走好新时代长征路。敢于斗争、敢于胜利，是新时代青年面临的特殊成长考验。互联网的快速崛起为青年获取信息提供了便捷手段，但由于辨别是非能力较弱、"三观尚未完全形成，部分青年或多或少受到历史虚无主义、极端个人主义"等各种各样错误社会思潮的影响。碎片化阅读、西方文化崇拜、丧文化，使部分青年用消费疏解心情、享乐代替奋斗、金钱麻醉感官，以刺激性取代理性、极端偏见取代理性思考，从而诱发个体极端化，甚至因不良信息荼毒精神生活。因此，新时代更需要我们培养斗争精神，发扬"指点江山，激扬文字，粪土当年万户侯"的斗争激情，继承"为有牺牲多壮志，敢教日月换新天"的斗争勇气，守住"今日长缨在手，何时缚住苍龙"的壮志豪情。

"越是艰险越向前"，青年要坚定斗争意志

全面建设社会主义现代化国家寄托着中华民族的夙愿和期盼，凝结着中国人民的奋斗和汗水，是一项伟大而艰巨的事业，前途光明，任重道远。广大青年人要在党的领导下，坚定青年斗争意志，与各种错误思潮作斗争。

坚定唯物史观，与历史虚无主义作斗争。"蒙以养正，圣功也。"生长于和平年代的青年学生不能因为社会阅历浅、对社会现实缺乏辨别而陷入历史虚无主义的泥淖。要警惕历史虚无主义的隐蔽性特点，增强斗争意志。要警惕辨别打着"解密"的幌子任意歪曲历史，利用青年知识欠缺披着"学术"的外衣诋毁英雄人物，利用过度娱乐的"麻痹性"庸俗化历史，以及利用大数据在新媒体平台有针对性地混淆视听，设置思维陷阱的情况。要警惕历史虚无主义者以歪曲历史为手段，抹杀中国共产党领导人民取得的伟大历史功绩，诋毁中华民族优秀传统文化，破坏中华民族的自信心和认同感的企图。

坚定人民史观，与享乐主义作斗争。人民是历史的主体，青年要坚定共产主义信仰，树立为人民服务的理念，将实现人的自由全面发展为奋斗指向。在时代赋予的广阔舞台和面临挑战前，不能沉迷丧文化论调，不能将时代的机遇全然看作压力，沉迷感叹人生与梦想之间

的"断层"；不能被富足生活、安定环境麻痹了精神，变得满足现状、安于享乐、不思进取；更不能被"失意人的牢骚话、悲观者的厌世谈、讽刺家的夸张语"干扰，消解了奋斗的意志、向上的劲头。要有全心全意为人民服务的价值追求，不怕苦、能吃苦的精神境界，不断锤炼坚定的意志和顽强的品质，在实现自我、奉献社会中积极成长。

"不畏浮云遮望眼"，青年要增强斗争智慧

广大青年人要在党的领导下，发扬斗争精神、加强斗争历练，"要经受严格的思想淬炼、政治历练、实践锻炼，发扬斗争精神，增强斗争本领"[①]，牢牢掌握斗争主动权；发扬敢于斗争的精神，以坚韧不拔、永不言弃的豪气，迎刃而上、攻坚克难。在当前面临的斗争形势下青年更应发扬斗争精神。

强化理论武装，坚定斗争方向。斗争精神内蕴着"不达目的誓不罢休"的必胜决心和奋进品格。思想理论的优势是具有决定性意义的优势。顽强斗争不是拼命蛮干，而是敢于斗争、善于斗争的有机结合，是先进思想理论指导下的坚定行动，更是斗争勇气胆识，艺术策略与决心意志的集中体现。我们要深入贯彻落实党的二十大精神，用中国化时代化的马克思主义武装头脑，科学运用习近平新时代中国特色社会主义思想的世界观和方法论分析斗争形式，制定斗争策略，为顽强斗争提供思想指南，注入真理力量。

坚守底线思维，认识斗争性质。"备豫不虞，为国常道。"新中国成立以来，中国共产党能一次次战胜国内外风险挑战，就在于我们始

---

① 《习近平著作选读》第二卷，人民出版社2023年版，第257页。

终坚持底线，确保社会主义不变质、不变色、不变味。抗击新冠疫情是我们面临的一次大考，中国共产党的强大组织动员能力、中国特色社会主义制度的优越性、中国人民的团结奋斗精神在这场大考中充分彰显。

"踏平坎坷成大道"，青年要练就斗争本领

实现伟大梦想必须进行伟大斗争，必须讲求斗争艺术、善于斗争。毛泽东说："胜利的信念是打出来的，是斗争中间得出来的。"①新征程上要在不断斗争中增进必胜的信念，在钢铁般的信念指引下坚持顽强斗争。

保持危机忧患意识，坚定斗争定力。《孟子·告子下》有云："入则无法家拂士，出则无敌国外患者，国恒亡。然后知生于忧患，而死于安乐也。"古今中外的历史告诫我们，丧失忧患意识、放弃斗争精神，必将付出国灭家亡的惨重代价。苏联解体的历史教训警示我们，意识形态的斗争是争夺现有阵地的斗争，更是争夺未来的斗争。在这个既充满挑战也充满希望的时代，在更为艰险更为复杂的局势面前，我们更不能放松斗志，应常怀远虑居安思危，在斗争中寻求突破，在斗争中保持定力。

增强历史主动精神，寻求斗争突破。掌握主动是赢得斗争胜利的关键。历史主动精神是对历史规律的深刻把握、对历史大势的主动顺应、对历史选择的主动求变、对历史发展的主动作为，也是战略层面的主动应对。要从思想上行动上把敢于斗争、善于斗争融入团结奋斗

---

① 《毛泽东文集》第八卷，人民出版社1999年版，第426页。

全过程。我们要掌握"团结——批评——团结"的公式，以过硬的斗争本领逢山开路、遇水架桥，借力打力、四两拨千斤。

坚定自信自强品格，激发斗争力量。自信自强是坚持斗争的重要基础。文化自信是一个国家、一个民族发展中最基本、最深沉、最持久的力量，是进行伟大斗争的深厚精神支撑，是坚持斗争的磅礴力量之源。全面推进中华民族伟大复兴，我们要传承和发扬好历史中形成的斗争智慧，以坚定的文化自信铸就深厚持久的顽强斗争精神，推进伟大斗争。要积累更加丰厚的物质文化基础，汇聚更为主动的精神力量，进一步激发中国人民的积极性、主动性、创造性，进一步增强自信自强的精神力量。

青春的姿态越挺拔，时代越向前。没有一代代青年前赴后继、艰苦卓绝的接续奋斗，就没有中国特色社会主义新时代的今天，更不会有实现中华民族伟大复兴的明天。前行路上，我们必须将斗争精神贯穿到底、坚持到底，在敢于斗争、善于斗争中赢得主动、赢得优势、赢得未来，在以中国式现代化全面推进中华民族伟大复兴的新征程中夺取新的更大胜利！

东北师范大学马克思主义学部 2022级硕士研究生 吴敏霞

在新征程中锤炼斗争本领

日月其迈，岁律更新。大风泱泱，大潮滂滂。中国共产党在不同发展阶段因时而变，随事而至。党的十八大以来，我们经历了具有重大现实意义的三件大事：一是迎来中国共产党成立一百周年，二是中国特色社会主义进入新时代，三是完成脱贫攻坚、全面建成小康社会的历史任务，完成了第一个百年奋斗目标。在实现中华民族伟大复兴的壮阔征程中，中国共产党带领中国人民团结奋斗，不断从胜利走向新的胜利，同时也迈入新征程。

党的二十大报告指出："从现在起，中国共产党的中心任务就是团结带领全国各族人民全面建成社会主义现代化强国、实现第二个百年奋斗目标，以中国式现代化全面推进中华民族伟大复兴。"[①]新时代的中国，在人民生活水平、社会制度建设、经济发展态势、生态文明建设等各方面都取得了瞩目成就，但不容否认的是，这其中仍存在发展不平衡不充分的问题。马克思主义认为，社会是在矛盾运动中前进的，有矛盾就会有斗争。在新的征程上，考验更加严峻，风险更加复杂，斗争是必然的。习近平总书记在党的二十大报告中指出："全党同

---

① 《习近平著作选读》第一卷，人民出版社2023年版，第18页。

志务必不忘初心、牢记使命，务必谦虚谨慎、艰苦奋斗，务必敢于斗争、善于斗争，坚定历史自信，增强历史主动，谱写新时代中国特色社会主义更加绚丽的华章。"①新的长征路上，中国共产党必须进行具有许多新的历史特色的伟大斗争，才能实现强国建设、民族复兴的各项目标任务，谱写更加辉煌灿烂的历史篇章。

青年为什么要坚持奋力新征程？

青年、国家、时代永远紧密相连。作为有本领、有责任、有担当的青年一代，在历史永不停歇的车轮前，我们的脚步应该永远向前，不仅要成为时代的开拓者，更要成为社会的奉献者。习近平总书记在二十届中央政治局常委同中外记者见面时强调："新征程是充满光荣和梦想的远征。蓝图已经绘就，号角已经吹响。我们要踔厉奋发、勇毅前行，努力创造更加灿烂的明天。"②面对国内外日趋复杂的环境，中国证明了自己能够有力应对各种机遇与挑战，实现了既有目标，并制定了迈向新征程的目标，而吾辈青年，也将在新征程中迎来实现自己抱负、施展才华的难得机遇。

青年人在新征程上要砥砺斗争精神。斗争精神是共产党人的一脉相传，中华民族在内忧外患、历经磨难中，锻炼出了坚韧不拔、百折不挠、不怕牺牲的精神。越是目标远大的理想越需要我们发扬斗争精神。新时代青年的战场可能在讲台，可能在基层，也可能在大地……选择了自身的职业，就要有坚强的毅力和战斗的勇气，敢于时刻冲在

---

① 《习近平著作选读》第一卷，人民出版社2023年版，第1—2页。
② 《习近平著作选读》第二卷，人民出版社2023年版，第613页。

第一线。斗争精神需要我们能攻关，"咬定青山不放松，立根原在破岩中"。无论是金融业、互联网行业、建筑业还是服装业，等等，各行各业都有机遇与挑战，要想自己有长足的进步，就必须保持开拓创新能力，站在前人的肩膀上，研究攻克自己本行业一项又一项难题，方能历久弥新，也只有这样，中国才能走在世界发展前列。斗争精神要求我们甘于奉献，"横眉冷对千夫指，俯首甘为孺子牛"。为了中国的发展，一代代青年人献出了自己的青春年华、聪明才智和热血汗水，甚至甘愿为其付出一切。因此，作为新时代新征程中的青年不要被外界所诱惑，要有大局担当，服从全局，心怀国家，心怀人民。

青年为什么要在新征程中锤炼斗争本领？

习近平总书记在党史学习教育动员大会上强调，要"做好较长时间应对外部环境变化的思想准备和工作准备，不断增强斗争意识、丰富斗争经验、提升斗争本领，不断提高治国理政能力和水平"[①]。未来的道路上还有很多雪山要爬，很多草地要过，这就要求我们不仅要发扬斗争精神，更要锤炼自己的斗争本领，这样才能应对好一次次的挑战。毛泽东说过："什么叫工作，工作就是斗争。"[②]因此，可以明白，作为青年的我们不论在哪个岗位，担任什么职务，遇到的斗争必然是多方面的，我们要汲取前人的智慧，掌握马克思主义的立场观点方法，主动投入各种斗争中，经受历练，在复杂严峻的斗争中经风雨，见世面，壮筋骨。

---

① 《习近平著作选读》第二卷，人民出版社2023年版，第422—423页。
② 《毛泽东选集》第四卷，人民出版社1991年版，第1161页。

青年怎样在新征程中锤炼斗争本领？

万事万物都有规律，为了锤炼自己的斗争本领，一是我们应该树立斗争意识，在重大原则和大是大非面前坚定立场，在繁杂诱惑中坚定自己的理想，不要"躺平"，不要"摆烂"。正如李大钊同志说："黄金时代，不在我们背后，乃在我们面前，不在过去，乃在将来。"①青春是人生最可宝贵的时期，青春用来奋斗才更有意义，而没有艰辛就不是真正的奋斗。二是我们应该把握事物发展的规律，根据事物的发展规律，选择科学、合理的斗争方式，"舟循川则游速，人顺路则不迷"。因此，我们也要制定科学、合理的斗争策略，抓住主要矛盾，抓住矛盾的主要方面，并根据实践的发展及时调整策略，牢牢掌握住主动权，力求在斗争中赢得胜利。

保持斗争精神、增强斗争本领。作为时代前沿的青年，我们要站在理论的高度，充分认识当前的形势，面对瞬息万变的环境，辨明是非真假，坚守本职工作，中华民族前进动力才能更加充足。

东北师范大学美术学院 2019级本科生 胡雪纯

---

① 《李大钊全集》第四卷，人民出版社2013年版，第415页。

把奋斗作为最亮丽的青春底色

　　"奋斗"一词，最早出自《宋史·吴挺传》："金人舍骑，操短兵奋斗，挺遣别将尽夺其马"，形容在战场上的奋战。毛泽东在《增强党的团结，继承党的传统》中写道："团结全党，团结国内外一切可以团结的力量，为建设伟大的社会主义中国而奋斗。"①奋斗，是一个闪闪发光的词语。从"红军不怕远征难"的万里长征，到"可上九天揽月"的探月工程，再到消除绝对贫困、全面建成小康社会的伟大壮举，"奋斗"二字成为中国共产党从诞生之日起始终践行初心使命的生动写照。

　　幸福都是奋斗出来的，习近平总书记强调："广大青年要培养奋斗精神，做到理想坚定，信念执着，不怕困难，勇于开拓，顽强拼搏，永不气馁。"②奋斗是青春最亮丽的底色。中华民族复兴的重担需要依靠不懈的奋斗来挑起，每个人的梦想之舟也需要奋斗之帆来维系。正值青年时期，要有初生牛犊不怕虎的闯劲，更要有艰难险阻吾亦往的勇毅。时代浪涌仍立潮头，看万水千山；时代波谲云诡仍勇往直前，做开路先锋。不惧苦难，不言放弃，不图安逸，不怨旁人，用自己的

① 《毛泽东文集》第七卷，人民出版社1999年版，第86页。
② 习近平：《在北京大学师生座谈会上的讲话》，人民出版社2018年版，第12页。

双手和汗水开辟人生和事业前程。

奋斗不只是响亮的口号，而是要做好每一件小事、完成好每一项任务、履行好每一项职责。每个岗位都是成就人生的舞台，每个人都能书写不凡的青春华章。在工厂车间一线，青年工人苦练本领、精益求精，拧好每个螺丝、焊好每个接头，争当"青年岗位能手"，让"中国制造"走向世界；在田间地头，青年农民寒耕暑耘、精耕细作，用科学技术为粮食增产、为土地增效，让中国碗装满中国粮；在城市的大街小巷，快递小哥、外卖骑手风里来雨里去，为千家万户带来便捷……脚踏实地、艰苦奋斗，任何事必作于细也必成于实。在磨砺中提升本领，用青春吹响新征程的号角。

奋斗的道路不会一帆风顺，往往荆棘丛生、充满坎坷。强者，总是从挫折中不断奋起、永不气馁。安徽砀山县的李娟，常年卧病在床，可她没有向命运低头，用嘴咬着触控笔做电商，带动乡亲们脱贫致富……顺境不骄、逆境不馁，青春应当在劈波斩浪中开拓前进，在披荆斩棘中柳暗花明，在千磨万击中淡然自若，方能汇成青春的无限精彩。

盛世当何貌，江山已作答。中国共产党人带领人民历经千难而百折不挠、历万险而矢志不渝，成就了百年大党的恢宏气象。在复杂多变的国际政治、经济环境下，党带领全国人民克服重重困难，以稳中求进的总基调，逐步推进实现中华民族伟大复兴的历史使命。2022年北京冬奥会顺利举行，冰雪文化在科技的催化中得以淋漓尽致地展现。全球瞩目，一颗颗璀璨的明珠为冬奥加冕，讲述着中国发展的故事，传递着中国的文化与价值。中华民族伟大复兴绝不是轻轻松松、敲锣打鼓就能实现的，也绝不是一马平川、朝夕之间就能到达的。只有勇于自我革命才能赢得历史主动，只有发扬斗争精神才能不断战胜风险挑战，只有脚踏实地、躬身奋斗才能不断续写新奇迹、创造新辉煌。

青春意味着朝气蓬勃，意味着永不止步。生逢盛世，青年人要立足服务社会主义事业的总方向，怀揣青年人的理想，绽放求真笃行至美的光芒，更加紧密地团结在以习近平同志为核心的党中央周围，紧跟时代的前进步伐。今天，时代的接力棒交到我们手上，唯有青春赋予我们奋不顾身的底气。青年有梦，不应止于心动，更应付诸行动。有理想、有信念、肯担当，每一滴汗水都将成为中国故事的青春注脚，每一项成就都将是共和国大厦的坚实支撑。

青春意味着有所担当，意味着时代责任。习近平总书记对青年的殷切寄语让我辈青年深刻感知到了国家的强大与民族的繁荣，也更加坚定了为国家和民族贡献青春和能量的决心。"志合者，不以山海为远"，青年者，更有青云之志。筑牢信念之基，做青春追梦者；积极学习进步，做博学笃行者；争取实践实干，做奋进担当者，永怀赤子之心和凌云之志。盛世安宁，青年人虽不必上马定乾坤，却可提笔安天下。站在新的历史起点，敢想敢做，继往开来，当存凌云之志。昂首，青春正当时。正是中华文化的不断滋养，让一代代的青年儿女不断焕发活力。新时代是追梦者的时代，也是广大青少年成就梦想的时代。牢记每个不曾起舞的日子都是对青春的辜负，时刻向着梦想前行，永葆青春亮丽的奋斗底色，在奋斗中创造精彩人生。

回顾风雨兼程的过去，展望可期的未来，"传承红色基因，担当强国重任"是我们不变的目标，我不止一次真切地感受到与时代同呼吸共成长何其有幸。我们比历史上任何时期都更接近、更有信心和能力实现中华民族伟大复兴的目标，在什么时间就要做什么事情，做什么事情都要脚踏实地。愿我们在奋斗的路上永远心系祖国，心系民族；在前进的道路上脚踏实地，踏实肯干。当代青年必定不负韶华，勇担使命，为奋力谱写社会主义现代化的华彩篇章汇聚青春力量，让青春在不懈砥砺奋进中绽放绚丽之花。

东北师范大学外国语学院 2019级本科生 王诗佳

第七部分

谱华章

生逢新时代，要做好青年

让青春之花开遍时代的原野

　　青年是祖国的未来、民族的希望，党和人民的事业寄托在青年身上。习近平总书记始终高度关心青年成长进步，在党的二十大上所作的报告中强调："全党要把青年工作作为战略性工作来抓，用党的科学理论武装青年，用党的初心使命感召青年，做青年朋友的知心人、青年工作的热心人、青年群众的引路人。"[①]新时代青年欲健康成长成才，就要坚定理想信念，厚植爱国情怀，以高昂的奋斗精神、不惧风雨的前行勇气、改革创新的时代精神，接过历史的火炬，担起时代赋予的责任，在新征程上高歌猛进，化作漫天星火席卷时代荒原。

　　坚定理想信念，牢筑青年成长成才的精神之基。习近平总书记多次指出，"人生的扣子从一开始就要扣好"。青年正处于世界观、人生观、价值观塑造的"拔节孕穗"关键期，树立正确的价值追求，将引领青年走向目标之地，在实现个人理想中助力中华民族伟大复兴中国梦的实现。

　　回首过去，中华民族伟大复兴之路的起始，是理想光辉支撑着100多年前的青年光热：北平街头，理想的灯塔指引着爱国青年段锡

---

① 《习近平著作选读》第一卷，人民出版社2023年版，第58页。

朋、傅斯年誓死力争；那卢沟桥畔，燃烧着青年团长佟麟阁、赵登禹"捐躯赴国难"的热血；那阴冷巷道，闻一多为了光明和民主被戕害，其坚定的信念若红烛光暖今犹在；那鸭绿江畔，青年战士赴汤蹈火，燃起了和平炬火。那些年轻的面容与灵魂，永远是时代最光明、最有生机与希望的注脚，为晦暗之际添上亮色。愿那理想信念的光辉，在当代青年之间相守相续。纵时代波谲云诡，理想信念仍可照彻远方，点亮征程大道康庄。

理想指引人生方向，信念决定事业成败。一个人的理想信念展现的是其一生中最高的价值追求，也是不断激励人前进发展的方向。如果缺乏理想信念的指引，青年就容易缺乏精神追求，失去奋斗目标，陷入泥淖。新时代的青年应该树立正确的世界观、人生观、价值观，坚定马克思主义信仰，理解历史规律，培育理想之魂、汲取奋斗之力，补足创新之钙、树立正确的理想信念，方能永葆蓬勃向上的活力，不掉进堕落的陷阱。青年应于现实中充分实践，不吝于汇聚星光佑众生，相互照耀壮华夏。以一道光簇拥另一道光，汇聚光热，将个人命运与国家时代紧密相连，方可升冉冉新日，耀时代原野郁郁苍苍，护家国山川碧波荡漾。

不惧艰险，奋楫争先，乘风破浪成时代之才。理想在远方，通往理想的路途却是坎坷不易。李白有诗叹曰："行路难！行路难！多歧路，今安在？"可他紧接着道出："长风破浪会有时，直挂云帆济沧海。"前行的道路必然不会一帆风顺，有乱云飞渡，有荆棘丛生，唯有不懈的奋斗，才能使我们跨越艰难险阻，朝着新时代大步前进。

时序轮替中，始终不变的是青年的身姿，始终清晰的是青年的步伐。而立足于我国现实基本国情与国际竞争日益激烈的现状，我们更需要拥有科学知识和专业素质人才。当今时代，是科技飞速发展的时代，是信息爆炸的时代，新事物不断出现，如果青年不自觉学习新知识，不主动探索新世界，优化自己的知识结构，永葆奋斗精神，就很容易落后于时代，被时代抛弃，无法成为时代所需之才。

我们应当向先进学习，学习袁隆平为了"做一粒好种子"，奋寻十年"野败"，将青春奉献给广阔稻田；学习钟扬保护生物多样性，在六千米海拔，将论文写满青春的奋斗之诗；学习樊锦诗守护敦煌一生，奏响青春之声与悠悠历史古音交响，沉醉其中；学习平均年龄30岁出头的北斗团队，不惧任务艰巨，提前完成北斗三号全球组网。凡此种种，若不是在行路难时破风浪、挂云帆，恐难有今日之成就。如鲁迅所言，青年"所多的是生力"，可以"辟成平地""开掘井泉"，实现理想途中所遇艰难不应成为青年前行路上之绊脚石，而是成长成才的助燃剂。唯有振作精神，发扬精神，艰难困苦，玉汝于成，新时代青年方能奋勇冲破阻碍，以奋斗为桥，直达人生之彼岸。国家的发展与时代的进步在于无数个"我"的奋斗，青年走好每一步方能凝聚起一大步。

诚然，今日的青年不只有单一发展的模板路，我们有了许多多元新兴的成才路，但殊途须同归，条条大路都是通向中华民族伟大复兴的康庄大道。越来越多的青年投身乡村振兴，越来越多的青年奔赴科研岗位，越来越多的青年致力于服务人民，这些都是青年无愧于时代的生动注脚。坚定理想信念，不驰于空想，不骛于虚声，青年当接续奋斗新时代，奋进新征程，弄潮时代，接力奋斗！

开拓进取，让青春在创新创造中闪耀光芒。罗伊·泽扎纳在《未来生活简史》中提出三场革命：个性化制造革命、智能革命和生物革命。而无论哪一场革命，都需要创新思维、创新能力。创新是当今时代一个国家屹立世界必不可缺的一项能力。

时代呼唤创新，青年渴望创新。实现中华民族伟大复兴比任何时候都更需要创新创造的力量。青年的思想更加具有生机活力，有着较强的学习和创造能力，能更好完成创新创造的事业。当代青年应自觉担起责任，贯彻改革创新的时代精神，永葆好奇心与创造意识，顺时代之势令其为社会经济赋能，释放无限创新活力，做开拓进取、勇于创新的时代先锋。

中国科学技术大学俞书宏院士团队基于"藕断丝连"这一自然现象，以创新视角深入探究莲丝纤维的微观结构和力学性能；青年科学家曹原在石墨烯领域创新进取，为世界解决科学难题……"新"是"火"，时代是"碳"，有了火的点燃才有碳的燃烧与旺盛。青年一代应向他们学习，赓续"新"的创新精神，努力攀登，才能于日新月异的时代丈量国家的新高度。

我们赞颂青年榜样，实际上是赞颂他们践行"新"中开拓进取的精神、不甘囿于窠臼的态度，让创新和创造的源泉永不枯竭。当前，实现中华民族伟大复兴的宏伟目标已在不断向我们靠近，国际上的竞争合作和国内现状也在不断寻求具有专业知识和创新能力的人才。因此，新时代的青年们应当循着创新创造的星光，眼界更远、思维更活跃，执创新之笔于新时代绘就画卷，以我之青春，为国之繁荣铸就荣光。

这个大时代就像太阳一样普照着世人。照亮豪宅华屋，也照亮蜗居的棚户。未来属于每一位青年，每一位青年都不是过客、看客，都是开创者、奋斗者！有理想，有信念，就有了彼岸，有了航向；肯奋斗，不放弃，就拥有了不断向前的动力与能力；有创新精神，则有了通向彼岸的捷径。风正劲，帆高悬，征途漫漫须奋斗，吾辈青年当继续展现勇当先锋的青春气质。

新时代青年生逢盛世，理应努力耕耘，坚定理想信念，不惧困难，奋勇前行，牢记"新时代的中国青年要以实现中华民族伟大复兴为己任，增强做中国人的志气、骨气、底气"，将把个人理想融入中国梦，创造时代伟业。以韦编三绝、悬梁刺股之毅力，以凿壁借光、囊萤映雪之劲头，去发掘时代的无限可能，怀珠抱玉，心向远方，开拓创新，勇攀高峰，定将有为，开创未来盛世之景！

东北师范大学环境学院 2022级本科生　虞紫棱

奏好"三部曲"，写好未来纪｜

"从小爷爷对我说，吃水不忘挖井人，曾经苦难才明白，没有共产党哪有新中国……"，悠扬的旋律中，我放空了大脑。因为合唱排练已经很多次了，只要有背景音乐，我就能不假思索地唱好男声部分，女声部分也很熟悉了。不过这一次，我的注意力转移到了歌词上，思绪回到了小山村。

仲夏夜，洗完澡后，身上的水擦得不是很干就披着毛巾走到院子里。院子里有三张椅子，一盘蚊香，等着我和爷爷奶奶加入。虫鸣断断续续，繁星明明暗暗。爷爷的老收音机耗电很快，还是舍不得扔，但已经买了一个新的。新收音机音质也很差，能听到明显的颗粒感。这种颗粒感带来的摩擦声和爷爷的老歌互相映衬。

"洪湖水呀，浪呀嘛浪打浪啊……""娘的眼泪似水淌……""藏族人民再苦啊再苦也有边啊，共产党来了苦变甜哟……"随机播放的歌曲，曲词却还有几分关联性。歌儿高亢、嘹亮，节奏刚健、催人向上，主题都是一致的。去年夏天，前年夏天，更早以前的夏天，好像都是这几首歌。歌曲的间隙，奶奶用方言问我："还记不记得小时候我教你唱的，《我们是共产主义接班人》？"

我当然记得，但是每次奶奶这么问我，我都会给予否定的回答，因为如果我回答"会"，她就会叫我唱给她听，而回答"不会"，就可以听她唱。奶奶的口音很重，唱歌时用的普通话也带有方言特色。会把"我"唱得更接近"哦"，"是"更接近"寺"。不过能听出来她歌声中饱含的真挚情感。这种真挚不是唱功磨出来的，而是历经了一甲子岁月，从沧桑的嗓音中挤出来的。

我的思绪于是又穿越到了小学。第一批少先队员只有十人，而一个班有近五十人。我小时候贪玩，成绩不是很好，于是错失了第一次入队的机会。当国歌响起，第一批少先队员情绪高昂地举起手，我把力气从脚底贯通到指尖时，内心泛起一阵失落。从那以后，我就暗暗较劲，终于在不久之后也加入了少先队。

老师说，红领巾是国旗的一角，是烈士用鲜血染红的，因而我总觉得红领巾有一种让我心生敬畏的神秘力量。每次佩戴红领巾时，我都会把布捋直。虽然一条红领巾价格并不高，但脱线了我还是会叫母亲缝补，有污渍了仍会用心清洗。洗完之后总觉得用夹子夹着晾干有失体面，于是就恭敬地晾在桌上。

升入中学之后，通过努力，我很快成为共青团的一员。这个身份总能给予我某种力量，这种力量教会了我从帮助他人、服务集体的过程中获取快乐。在地上看到垃圾，我会随手捡起；看到桌椅没摆正，我会认真对齐。有些同学难以理解我的行为，甚至觉得我在作秀。但实际上，从这些利于集体的小小行为中，我确实感受到了精神的愉悦，这种行为虽远不及伟大，但它带给我的精神力量日后或许可以成为伟大行为的动因。

感受到这种伟大精神力量的我，在进入大学后第一批提交了入党申请书。在组织的培养、教育、帮助下，我顺利成为党员发展对象。

在党课学习的过程中，我在老师的带领下观看了中国共产党第二十次全国代表大会开幕式。以前，我从未观看过大会直播，只是通过简报了解会议内容，细读金句的总结，畅想未来的方向。但这次从头到尾听取报告、观看直播使我深化了对党的认识。

观看直播的过程拉近了我与党的距离。党不是高高在上的权威，而是为人民服务的公仆。党员来自不同的民族、不同的地域，从事着不同的职业甚至说着不同的语言，但同样的是胸中跃动的为人民服务的赤子之心。老师说，中国共产党赓续百年永葆青春活力的奥秘在于始终坚持真理、修正错误。中国共产党能够正确地开展批评和自我批评，在原则问题上进行思想斗争，敢于直面问题，勇于自我革命，这正是政党能够历久弥新的原因。

我还观看了二十大代表采访，更深化了对"以人民为中心"的思想认识。有些代表操着浓重的口音，在镜头前略显紧张，但所言皆发自肺腑，都是关于自己所负责地区或是相关领域未来发展的畅想，希望得到社会更多关注。他们有着面朝黄土背朝天的踏实，脚踏实地，扎根乡村，把理论深深嵌入实践，把为人民服务的宗旨内化于心、外化于行，最后以其口述其心。他们给党的二十大的主题注入了实践的底色、打动人心的力量。他们的努力是"踔厉奋发，勇毅前行"的最好注脚，他们的奋斗是为全面建设社会主义现代化国家、全面推进中华民族伟大复兴的伟大奋斗。

作为一名未来的老师，我对教育"培养什么样的人"有了更深刻的体会。教育就是要培养这样心怀人民、艰苦奋斗的人。他们可能有自己的小缺点、小不足，但是都怀着拳拳赤子心、殷殷报国情战斗在为人民服务的一线。而要培养这样的人，首先我自己就要成为这样的人。为此我要努力学习专业知识，提升教学技能，不断学习贯彻党的思想，积极完成党的任务。

此外，更让我深化认识的，是听了老师讲授"中国共产党组织原则和纪律问题"这一课。作为世界上人数最多的政党，中国共产党正是靠着完善的制度和严格的纪律，保证中国前进的方向。中国共产党发展党员有着严格程序。从思想、学习、纪律、工作等方面综合考察，只有不断提高思想觉悟的人才有机会加入中国共产党。因此相比西方国家的政党，中国共产党具有鲜明的优越性。

信仰无声，拳拳赤子心是我最好的心声；人生无涯，殷殷报国情是我最好的情怀。入队、入团、入党，是青年追求政治进步的"人生三部曲"。在对三者的追求过程中，我不断成长进步，政治觉悟不断提高。我深深感受到，时代呼唤着我们，人民期待着我们，唯有矢志不渝、笃行不怠，方能不负时代、不负人民。

东北师范大学文学院　2020级本科生　陈文锴

努力做大有作为的新时代好青年 |

习近平总书记在党的二十大报告中寄语青年，"青年强，则国家强"，强调"当代中国青年生逢其时，施展才干的舞台无比广阔，实现梦想的前景无比光明"，对广大青年寄予了"做有理想、敢担当、能吃苦、肯奋斗的新时代好青年"的殷切期望。这充分体现了以习近平同志为核心的党中央对青年的关心与期盼，为新时代的中国青年如何成长成才指明了一条康庄大道。如今的新时代是广大青年大有作为的好时代，当代青年要把握好时代赋予的机会，要在中华民族的广阔天地中有所作为且大有作为。

坚定理想信念，做有抱负的新时代好青年

理想信念是精神之基、力量之源。青年理想远大、信念坚定，是一个国家、一个民族无坚不摧的前进动力。当代青年应当志存高远，树立为国家为社会不懈奋斗的远大理想。党的二十大擘画的宏图盛景，既属于国家和民族，更属于当今青年一代，是青年成长进步、建功立业的大好际遇，更是青年传承历史、开拓未来的神圣责任。大道如砥，行稳致远。在这个机遇与挑战并存的时代，青年一代的担子更重、责任更大。青年感悟真理伟力、坚定共产主义的信仰，从根本上形成坚

定马克思主义的政治自觉、行动自觉。一代人有一代人的长征，一代人有一代人的使命，一代人有一代人的担当。当前，世界正经历百年未有之大变局，我国正处在全面建设社会主义现代化国家、实现中华民族伟大复兴的关键时期，新时代中国青年是伟大事业不断取得成功的见证者，也是伟大变革的参与者，更是实现伟大梦想的先锋力量。青春的卷轴，在赓续奋进中铺展；时代的华章，在继往开来中谱写。在迈入实现第二个百年奋斗目标的关键时期，青年人作为"先锋军"，更要坚定理想信念，勇毅前行，让青春在全面建设社会主义现代化国家的新征程中绽放出绚丽的花朵、为实现中华民族伟大复兴中国梦贡献一份青春的力量。

敢于承担责任，做有担当的新时代好青年

青年一代有理想、有本领、有担当，国家就有前途，民族就有希望。国家的前途命运与个人的前途命运是紧密相连、荣辱与共的，在我们的国家迎来前所未有的光明前景的时候，青年更应该认识到肩上承担的时代与历史重任，当以责无旁贷的责任感、舍我其谁的使命感，勇敢地面对前行路上的困难，以百折不挠、斗志昂扬的锐气成长为民族复兴的先锋力量，勇于承担责任，不负人民期待与时代重托。做有责任、敢担当的新时代好青年，要始终不忘初心使命，敢于斗争、善于斗争。新时代青年是党的事业的接班人，要找准正确的人生定位，扛起民族复兴大任，不负国家和人民期望。中华民族伟大复兴绝不是轻轻松松、敲锣打鼓就能实现的，青年一代面对困难要敢于迎难而上，保持顽强的斗争精神、坚忍的斗争意志、高超的斗争本领，以不怕困难的信心和勇气战胜困难。新的历史方位，社会各方面发展所面临的

风险与挑战只会多不会少。青年是中国特色社会主义的建设者和接班人，在新时代建设中练就担当时代重任的过硬本领，有一分热便发一分光，扛起责任使命，积极投身中国特色社会主义建设之中，做有担当的新时代好青年，不负人民的期望、国家的期望、时代的期望！

踏实肯干，做能吃苦的新时代好青年

习近平总书记强调："前进道路上，我们要大力发扬孺子牛、拓荒牛、老黄牛精神，以不怕苦、能吃苦的牛劲牛力，不用扬鞭自奋蹄，继续为中华民族伟大复兴辛勤耕耘、勇往直前，在新时代创造新的历史辉煌！"[①]青年人是民族的希望和未来，是中国特色社会主义伟大事业的接班者，更要发扬乐于吃苦、甘于吃苦的精神，踏实肯干，奋勇向前。艰难困苦、玉汝于成。新时代青年要有不怕苦、能吃苦、肯吃苦的意志品质与闯劲干劲。能适应条件不足的艰苦环境，不怕困难、不畏艰险，积极走向基层、愿意留在基层，把吃苦当作一种经历与磨炼，能在艰苦的环境中扎下根来。不仅能抬头向朝阳，也能弯腰面黄土。在广阔的基层天地中锻炼自己，发扬吃苦精神，勇敢面对现实环境中的一切艰难困苦，踏实埋头苦干，让青春的汗水洒在人民需要的地方、国家需要的地方，为乡村振兴和促进城乡事业发展贡献自己的力量，为实现全体人民的共同富裕添砖加瓦。

砥砺奋斗，做肯奋斗的新时代好青年

青年最富有朝气，最富有梦想，是未来的领导者和建设者。青年

---

① 习近平：《在二〇二一年春节团拜会上的讲话》，《人民日报》2021年2月11日。

人始终是每一个时代不可缺少的冲锋者与建设者，他们在战火纷飞的年代抛头颅洒热血，为民族的独立与人民的解放不懈奋斗；他们在百废俱兴的土地上挥洒汗水，为建设社会主义艰苦奋斗；他们在改革开放的春风中解放思想、锐意进取，为人民摆脱贫困、富裕起来努力奋斗；他们在新时代新征程上继往开来、敢为人先，为实现第二个百年奋斗目标砥砺奋斗。正是这样一代又一代人的赓续，党和人民才能在中华大地上书写几千年历史上最恢宏的史诗。新时代青年人不再面临革命先辈那样的艰苦环境，但民族复兴之路同样是充满挑战与风险的，青年一代依旧重担在肩，更要有不怕艰险、勇往直前的创业精神，为强国建设、民族复兴艰苦奋斗。实现中华民族伟大复兴是近代以来中国人民始终为之奋斗的梦想，青年一直是追梦队伍的中坚力量。梦想的坚持源于中华民族数千年的优秀传统文化的积淀，源于百年浴血奋战、百折不挠的奋斗。奋斗是青春最亮丽的底色，青年要传承勤劳勇敢、自强不息的民族精神，勿忘昨天的苦难辉煌，无愧今天的使命担当，不负明天的伟大梦想，踏上新的赶考之路，自信百倍走好新的长征之路，迎接时代挑战，谱写时代之歌。

青年是国家的希望，民族的未来。身为中国青年，我们身负中华民族伟大复兴的历史重任，更要不负时代、不负国家、不负韶华，做道德品质上的高尚者、精神灵魂上的永恒者、现实生活中的强者。长征路漫漫，青年要把个人的前途命运同党和国家的前途命运紧紧联系在一起，把青春的小我融入强国建设、民族复兴的奋斗之中，立志成为强国事业的冲锋者。

东北师范大学马克思主义学部　2022级硕士研究生　邓永敏

争做有理想、敢担当、能吃苦、肯奋斗的新时代好青年

我们从来没有像今天这样接近实现中华民族伟大复兴的荣耀时刻，新时代的中国青年正与伟大时代进行一场轰轰烈烈的"双向奔赴"。百余年前，新青年们殷切探寻着救国救民的新路，用自己的血肉之躯扛起了破碎山河，以九死不悔的意志带领我们走出风雨如晦的旧世界、走向美好的新中国。百余年后，点点星光早已汇成万丈光芒，我们生逢盛世、奔跑逐梦、乘势而上。而当代青年遇到了很多我们过去从未遇到过的困难，由奋斗构成的鲜亮底色与"少年维特之烦恼"式的"心灵雾霾"相伴而行，"自觉抵制拜金主义、享乐主义、极端个人主义、历史虚无主义等错误思想"，在生活过招中练就"有理想、敢担当、能吃苦、肯奋斗"的主体能动性，才能让青春之花绚丽绽放。

以理想信念引领自我意识的觉解。百余年来，中国共产党领导人民成功开辟了一条中国式现代化道路，其中"物质文明和精神文明相协调的现代化"带领我们抵御资本增值逻辑统摄下"流动的现代性"中"两个文明"不平衡、不协调。我们如今的物质生活比任何时候都要丰富，而内心的厌烦空虚却比任何时代都要严重，青年学生作为社会的新生力量，树立远大理想、坚定信念信仰是抵御"消费主义""拜

金主义"的自我庸俗化的实践遵循。今天，我国社会的主要矛盾为人民日益增长的美好生活需要和不平衡不充分的发展之间的矛盾，青年学生的个体需求不断增多、主体意识不断觉醒。机遇与危险总是相伴而行，"青年人阅历不广，容易从自身角度、从理想状态的角度来认识和理解世界，难免给他们带来局限性"。在当下流行的青年亚文化中，青年人的自我确证、获得认同的心态部分地受到"物化"符码的宰制，他们以娱乐化的符号消费展现着自己的身份、品位，这种虚拟狂欢的内在只能是空洞虚无的，沉溺于此只会是"青春虚度无所成，白首衔悲亦何及"。青年追求个性解放和不拘桎梏的"个体化自我"建构应当在共产主义远大理想和中国特色社会主义共同理想的引领之下，与"社会化自我"形成良性的相互作用关系。

青年要深知自身肩上的担子之沉、责任之重，时刻警醒自己，以"明知山有虎，偏向虎山行"的强毅魄力，以不畏艰难险阻、披荆斩棘的坚强决心，撸起袖子加油干。要锤炼敢想、敢干、敢闯的"真精神"，在"风雨雷电"中接受考验、实现蜕变。青年需要"大开脑洞"，跳出陈规窠臼，以实情实境为依托，以破解问题为落脚点，敢于"质疑""抬杠""否定"，用活跃的思维开创独树一帜的创新举措。

青年理想远大、信念坚定，是一个国家、一个民族无坚不摧的前进动力。青年正处于自我实现的关键岔路口，虽然人生目标大有不同、职业选择亦有差异，但人生价值的衡量标准是相对稳定的，应当将个人梦融入中国梦，与时代同步伐、与人民共命运，将一腔热血投进中国式现代化进程之中。实现中华民族伟大复兴的中国青年要筑牢理想信念之基，加强对科学理论的学习，知行合一，增强政治定力，时刻补足精神之"钙"。

　　"青年是社会中最有生气、最有闯劲、最少保守思想的群体，蕴含着改造客观世界、推动社会进步的无穷力量"，这意味着青年人"躲进小楼成一统"逃避心态是要不得的，而是要迎难而上，攻坚克难。"内卷"是当代青年学生常常谈及的问题，表现为一种"增长，却没有发展"的陀螺死循环的实践模式，创新力的匮乏、着眼于蝇头小利都是其症结所在。这种社会现象的外在逼促所带来的不能是一种自我舍弃，以"躺平""佛系"的方式退居一隅，青年是要进一步刻苦学习、锐意创新的，要把个人前途与国家命运相结合，把个体发展与民族振兴相联系，勇担时代重任。青年毛泽东在《湘江评论》创刊词中高呼："天下者我们的天下。国家者我们的国家。社会者我们的社会。我们不说，谁说？我们不干，谁干？"①强国之路不可能一片坦途。面向未来，我们要自觉做到衣食无忧而不忘艰苦、岁月静好而不丢奋斗，坚决摒弃躺在前人功劳簿上享乐的"坐享"心态，不思进取、得过且过的"躺平"心态，把负重前行当吃亏、"躲进小楼成一统"的逃避心态，拿出顶风破浪、勇往直前的豪气，明知山有虎、偏向虎山行的胆气，披荆斩棘、除旧布新的锐气，勤奋学习、躬身实践，主动到祖国和人民最需要的地方拼搏奉献。时代在召唤中国青年，中国青年也必将在新征程中发出时代最强音。

　　新征程上的中国青年心怀"国之大者"，应将小我融汇到社会发展的洪流之中，尽己所能助力国家发展、民族进步。不论是扎根在乡村，"让扶过贫的人像打过仗的人那样自豪"的"大山的女儿"黄文秀，还

---

① 中共中央文献研究室、中共湖南省委《毛泽东早期文稿》编写组编：《毛泽东早期文稿》，湖南人民出版社2013年版，第356页。

是作为抗疫一线主力军的90后、00后，都积极投身全面建设社会主义现代化国家的伟大事业。中国的发展离不开每个青年的无私奉献和无畏牺牲的担当精神。党的二十大代表於若飞谈道："其实我们自己怎么样，我们中国就怎么样。……如果我们在奔赴梦想的这条路上，坚持不懈勇往直前，我们的国家一定会发展得越来越好。"在新征程上，中国青年需要发挥斗争力量，勇于担当时代责任，团结拼搏、意气风发地朝着第二个百年奋斗目标迈进。

以艰苦奋斗充盈主体动能的持久续航。"无数人生成功的事实表明，青年时代，选择吃苦也就选择了收获，选择奉献也就选择了高尚"[1]，习近平总书记身体力行地为青年朋友们做出了榜样，在七年知青岁月里，他一步步过了跳蚤关、饮食关、劳动关、思想关，一分磨砺一分收获，主体动能也不断充盈。新时代的中国青年生于经济繁荣、社会安定的年代，"苦"的时代内涵也发生转变。在百年未有之大变局中，发展环境的复杂性、严峻性、不确定性上升，我们必须做好准备，经受风高浪急甚至惊涛骇浪的重大考验。当代青年遇到了很多我们过去从未遇到过的困难，可人生绝非坦途，面对挫折，就必须接得住、挺得起、压不垮，这需要青年学会思考、善于分析、正确抉择，做到稳重自持、从容自信、坚定自励。"天下难事，必作于易；天下大事，必作于细。"艰苦奋斗是中国优秀传统文化的思想结晶、中国共产党人的精神品格、新时代的主旋律，是新时代青年自我挑战、自我认同、自我实现的实践动能。

近年来，"摆烂""丧""废宅"等青年亚文化与积极向上、踔厉

---

[1] 《习近平谈治国理政》第一卷，外文出版社2018年版，第54页。

奋发、勇毅前行的主流意识形态的思想交锋时有出现，在青年群体中尤为典型。"低物欲""低认同""低斗志"的行为模式，着重表现为他们将精神满足与网络成瘾相混淆，随之而来的不可能是其欲求的狂欢满足，只能是空虚焦虑、逃避恐惧的心理障碍。《老人与海》中有一句名言："一个人并不是生来要给打败的，你尽可以把他消灭掉，可就是打不败他。"艰辛努力是成功的必要条件，青年学生应当持有辩证思维，将苦难困境转化为磨炼自己的机遇，面向实际、深入实践、严谨务实、苦干实干，用行动证明自己能堪当大任。党的二十大代表刘秀祥出身贫苦、命途坎坷，曾以"千里背母上大学"感动了亿万国人，大学毕业后毅然决然投身于乡村教育，四处劝学、铸魂育人，资助贫困学生、开展公益讲座，身正为范地将艰苦奋斗、无私奉献的精神传递给下一代人。千千万万风华正茂的青年们，或正怀揣梦想踏入校园大门，或步履铿锵走进绿色军营，或正耕耘在希望的田野，或正在流水线上忙个不停，或在实验室里日夜攻关……越奋斗、越精彩、越幸福。

"肯吃苦"与"能奋斗"辩证统一于青年学生敢想敢为、善作善为的实践活动。"精诚所至，金石为开"的韧劲和意志加上"路漫漫其修远兮，吾将上下而求索"的动力和耐力，恰是对"艰苦奋斗"精神的时代诠释。"天将降大任于是人也，必先苦其心志"，新时代的青年需要居安思危，大事临头不怕事，面对挑战保持定力、不怕鬼、不信邪、不怕压，面对未来的各种不确定性和风险做好应对的充分思想准备。新时代的青年需要"带头站稳人民立场，脚踏实地、求真务实，吃苦在前、享受在后，甘于做一颗永不生锈的螺丝钉"，以只争朝夕的热情奋发学习，以静谧自怡的苦功夫锤炼自己，练好人生和事业的基本功。

东北师范大学马克思主义学部　2022级硕士研究生　张雨晴

向下扎根，向上生长

　　青年作为一个国家朝气蓬勃的新生力量，肩膀上承担着国家发展的大任，目光中充盈着国家发展的希望，已经迈上国家发展的新征程。青年的面貌影响着国家、民族的面貌，只有青年一代能够担大任、挑大梁，国家发展才有生生不息的生命活力。悠悠历史岁月中，无数优秀中国青年的身影活跃其间，他们用青春的力量推动着国家、民族、人民的发展进步。新时代新征程，中国的发展既面临前所未有的光明前景，青年拥有实现抱负的大好机会，同时也面临着前所未有的激流险阻，青年需要不畏艰险、奋力拼搏。中国青年生逢其时、重任在肩，理应向下扎根、向上生长，以深厚的爱国情、昂扬的斗志、过硬的本领、不懈的奋斗，把最美的青春画卷铺展在祖国的大地上。

向下扎根，饱含青春爱国情

　　广大青年应心怀国家，听党话、跟党走。爱国之情与一个人血脉相连的情感基因，常埋藏在我们的内心深处，与祖国的命运息息相关。炮火纷飞年代，爱国之情是面对酷刑时咬定青山不放松的坚守；而新时代，爱国之情则包含着爱国、爱党、爱社会主义三者的高度统一。作为国家的脊梁、民族的希望，爱国、爱党、爱社会主义应该是当代青年融于血液、化于骨髓之中的真挚情感。当代无数优秀青年将自己的一腔爱国情挥洒在了祖国的大地上。短道速滑运动员任子威以"站上赛场,就要为国争光"的信念,手指五星红旗,阔步登上最高领奖台;卫国戍边英雄陈祥榕一心报国,用自己年仅19岁的生命诠释了"清澈的爱,只为中国"的爱国之情;学者曹原时刻铭记自己是一个中国人,在面对全世界的赞誉和邀请下,毅然坚持回国发展……许许多多的青年用青春、用行动、用生命践行了他们的爱国之情。南开大学张伯苓校长的"爱国三问"——"你是中国人吗?你爱中国吗?你愿意中国好吗?"仍犹在耳畔。广大青年作为大有作为、大有可为的一代,一方面要厚植爱国情怀,紧紧跟随党,致力于为建设中国特色社会主义、实现民族伟大复兴贡献自己的青春力量。另一方面,青年要站稳立场不动摇,明辨是非,自觉抵制不良思潮的腐蚀影响。这是青年成长的应有之义。

向上生长,胸怀青春鸿鹄志

广大青年应志存高远,胸怀理想。理想是人生之帆、梦想之桨,理想之火一经点燃就会产生巨大的精神力量。没有理想的人生如同鸟儿没有翅膀,如同航船没有桅杆。当代无数优秀青年立志高远,执着逐梦,焕发出了积极昂扬的斗志。初雯雯凭借着自身对于大自然和野生动物的热爱,多次开展保护河狸的活动,青春理想在丛林大漠中迸发光芒;徐颖作为北斗导航系统科研人员,信念笃定地走在自己的科学理想道路上,青春理想在宇宙中迸发光芒;宋玺从小树立参军报国的热血梦想,执着追梦,成功加入海军陆战队女子两栖侦察队,青春理想在绿色军营中迸发光芒……许许多多青年以梦为马,以远大理想作为前行的动力目标，青春在理想光芒的照射下更加熠熠生辉。新时代新征程，广大青年正处于自己人生的最好年华，也正处于国家、民族发展正需要人才的时候，恰是意气风发有为时，更应有凌云之志。一方面，青年应以远大理想指引自己人生的航向，勇于做梦，敢于追梦，努力实现个人人生价值。另一方面，青年也应明白个人理想与国家理想是密不可分的，要积极地将爱国之情与远大理想融合起来，让个人梦想与国家梦想交相辉映，这样才能真正更好地实现人生价值。这是青年成长应有之志。

向下扎根，筑就青春博闻识

广大青年应勤学善思，苦练本领。知识本领是个人成长发展的基业，只有个人有知识、有本领，才能够发强光、成大事、担大任。青年时代是个人增长知识本领的关键期，这一时期能够吸收多少养分、增长多少才干，直接影响着之后的人生道路。当代无数优秀青年勤于思考、善于学习，能力卓越，在各个领域闪闪发光。理科才女武亦姝在中国诗词大会上气定神闲、对答如流，强大的诗词储备令人叹服，真正展现了"腹有诗书气自华"。中国单板滑雪运动员苏翊鸣苦练本领，完成了中国单板滑雪史上首个反脚外转五周1800度动作，在冬奥会上取得了优异的成绩……许许多多的优秀青年以他们丰富的知识储备、卓越的个人本领在人生的道路上大放异彩，青年正处于人生成长的关键期，一方面要谦虚好学，不断充实自己的大脑和知识储备，刻苦学习科学文化知识和专业技能，打好扎实的理论知识基础；另一方面要躬身实践，在实践中磨炼本领，将知识通过实践转化为能力，在基层、群众、社会中磨炼过硬本领。这是青年成长应有之识。

向上生长，奋发青春拼搏力

广大青年应不懈拼搏，奋斗自强。唯奋斗者进，唯奋斗者强，唯奋斗者胜。人生因奋斗而精彩，奋斗是人生最亮丽的底色，只有奋斗才是创造美好生活的有力保障。青年时期作为人生成长发展的黄金期，唯有不懈奋斗，才能让自己的青春绽放光彩。当代无数优秀青年以拼搏奋斗的姿态书写着青春诗篇。许许多多青年人在各自不同的领域，自觉抵制惰气、暮气、邪气，始终充盈青春应有的蓬勃朝气与奋斗精神，热血拼搏，不断创造属于自己的美好未来、祖国的美好明天。新时代新征程，广大青年作为大有作为、大有可为的一代，恰逢盛世，重任在肩，奋斗正当时。青年要勇做时代的搏击者、创新者，以奋斗点亮青春年华。一方面要脚踏实地，实干兴邦。青年不能好高骛远，要把握当下，一步一个脚印去成长奋进；不尚虚谈、多务实工，敢于担苦、担难、担重、担险。另一方面要不畏艰难、不惧挫折。在奋斗的道路上不可能一帆风顺，难免会遇到艰难险阻，青年要"千磨万击还坚劲"，勇于迎难而上，不骄不馁。这是青年成长应有之力。

向下扎根，向上生长，青年应有情、有志、有识、有力，四者缺一不可，共同构筑起青年这一最具活力的生命体。其中爱国情怀是青年最深厚的底色，远大志向是青年最清晰的航标，高强本领是青年最扎实的抓手、不懈奋斗是青年最沸腾的活力。满怀爱国情怀的青年，以自身的高强本领朝着个人和国家的理想目标拼搏奋斗，使青春在实现个人价值的同时，也在为国家、民族、人民的奉献中展现蓬勃朝气和昂扬锐气。

青年作为最蓬勃向上的力量，如清晨之阳，是民族复兴的希望之光。青年是什么样子，国家就是什么样子。青年立场坚定、本领过硬，不断向下扎根；斗志昂扬、奋发向上，不断向上生长，国家、民族就有生生不息的力量源泉。作为新一代的接续奋斗者，青年肩负希望，目光坚定，脚步铿锵，是堪担大任、勇担大任的青春生力军。我们在向全面建成社会主义现代化强国的第二个百年奋斗目标奋进，实现中华民族伟大复兴的关键时刻，青年既面临着大好际遇，也面临着惊涛骇浪。广大青年要牢记习近平总书记的嘱托，向下扎根、向上生长，做有情怀、有本领、有理想、能奋斗的新时代好青年，将自己个人价值的实现与国家、民族、人民的腾飞共同书写在青春的画卷上。

东北师范大学马克思主义学部 2022级硕士研究生 陈雅丽

准确把握新时代好青年标准

作为大学生，我们要以有理想为首要标准、敢担当为时代要求、能吃苦为坚毅品格、肯奋斗为光荣传统，紧密围绕新时代中国青年运动的主题，为全面建设社会主义现代化国家、全面推进中华民族伟大复兴贡献青春力量。

有理想是新时代中国青年的首要标准，要以习近平新时代中国特色社会主义思想为指引奋勇前进

伟大建党精神的内涵中就有"坚持真理、坚守理想"，充分体现了中国共产党的先进性、信仰坚定的特质，展现了党的强大思想优势。习近平总书记强调："年轻干部接好班，最重要的是接好坚持马克思主义信仰、为共产主义远大理想和中国特色社会主义共同理想而奋斗的班。"[①]新时代中国青年的理想信念就是"对马克思主义的信仰，对社会主义和共产主义的信念"，以此作为政治灵魂和精神支柱。

一要树立对马克思主义的信仰。马克思主义是我们立党立国、兴

[①] 《习近平在中央党校（国家行政学院）中青年干部培训班开班式上发表重要讲话强调 筑牢理想信念根基树立践行正确政绩观 在新时代新征程上留下无悔的奋斗足迹》，《人民日报》2022年3月2日。

党兴国的根本指导思想。十月革命一声炮响，给中国送来了马克思列宁主义，身处迷茫困惑中的中国先进知识分子由此找到了破解困局、解决国家实际问题的方法与出路，有了新的希望。"主义譬如一面旗子，旗子立起了，大家才有所指望，才知所趋赴"①。百余年中，中国共产党把马克思主义基本原理同中国具体实际相结合、同中华优秀传统文化相结合，开创、坚持、捍卫、发展了中国特色社会主义，为我们不断从胜利走向胜利确立了伟大旗帜。

二要树立对社会主义和共产主义的信念。中国共产党从一开始就旗帜鲜明地将实现共产主义作为自己的奋斗目标，并为之不断奋斗。"砍头不要紧，只要主义真"；"敌人只能砍下我们的头颅，决不能动摇我们的信仰"，这些视死如归、坚贞不屈的誓言表达了共产党人对远大理想的坚贞。对马克思主义、共产主义的信仰，对社会主义的信念，是共产党人精神上的"钙"。一个人，没有理想信念，理想信念不坚定，就会得"软骨病"，就会在风雨面前东摇西摆。党旗所指就是团旗所向。团的一大就明确提出了建设共产主义社会的远大理想，亮出了社会主义的鲜明旗帜，在一代又一代青年心中点亮理想之灯、发出信念之光，这是共青团最根本、最持久的凝聚力。百年征程，塑造了共青团坚守理想信念的政治之魂，只有始终高举共产主义、社会主义旗帜，才能始终把青年凝聚在党的理想信念旗帜之下。

三要坚持用真理之光照亮理想之路。青年一代坚信远大理想离不开科学理论的指引。习近平新时代中国特色社会主义思想是中华文化

---

① 中共中央文献研究室、中共湖南省委《毛泽东早期文稿》编辑组编：《毛泽东早期文稿》，湖南人民出版社2013年版，第408页。

和中国精神的时代精华，实现了马克思主义中国化时代化新的飞跃，定能引导我们取得全面建成社会主义现代化强国的胜利。身为新时代青年，在时代浪潮下我们应积极践行时代赋予我们的责任，学思结合，将党和人民的力量、真理的力量、实践的力量、情感的力量转化为青春的力量，用青春之小我投入强国建设、民族复兴伟大事业之中，让真理之光、理想之火照亮新征程上青春奋进的脚步。

敢担当是新时代中国青年的时代要求，要在党和人民最需要的时刻勇担起应该担当的责任

习近平总书记强调："增强全党全国各族人民的志气、骨气、底气，不信邪、不怕鬼、不怕压，知难而进、迎难而上，统筹发展和安全，全力战胜前进道路上各种困难和挑战，依靠顽强斗争打开事业发展新天地。"① 这为我们发扬斗争精神、激流勇进注入了强大动力。作为大学生，我们要坚持"敢"字当头，以初生牛犊不怕虎，越是艰险越向前的英雄气概，扛起新一代中华儿女如山的青春责任。

长志气、强骨气、厚底气是中华儿女实现中国梦想的力量之源。长志气之志首先是坚定不移跟党走的忠诚之志；其次是将人民放在心头，一心为民的服务之志；最后是为实现中国梦踔厉奋进的发愤之志。强骨气首先应在磨炼自身道德品行中塑造个人品格；其次应在学思结合中净化个人风气；最后更应在爱国热潮中奉献自身，最终砥砺骨气。厚底气就是要厚积实力，有了实力，就有底气拥抱时代和未来；实力催生自信，有信心开创美好前景；实力产生定力，有定力把革命进行到底。

---

① 《习近平著作选读》第一卷，人民出版社2023年版，第23页。

不信邪、不怕鬼、不怕压意味着保持不信邪的正气。正如习近平总书记所言："中国人民不信邪也不怕邪，不惹事也不怕事，任何外国不要指望我们会拿自己的核心利益做交易，不要指望我们会吞下损害我国主权、安全、发展利益的苦果。"①塑造不怕鬼的气质。像毛泽东那样不怕封建神权、帝国主义等国内外反动势力；像邓小平那样坚持独立自主、稳住阵脚，敢于面对现实、韬晦图强；像习近平总书记那样任何时候都要有不当软骨头的风骨、气节、胆魄。要将"不怕鬼"的革命气质贯穿一生，涵养不怕压的风骨。不论遇到怎样的外部压力，都要丢掉幻想，敢于斗争、善于斗争，在原则问题上寸步不让、寸土不让。

知难而进、迎难而上，激流勇进、顽强斗争，排除万难、争取胜利，中华民族方能实现伟大复兴。习近平总书记指出："实现第二个百年奋斗目标也就是一两代人的事，我们正逢其时、不可辜负，要作出我们这一代的贡献。"②充分体现了习近平总书记对当代青年敢于担当的殷切期待。知难而进、迎难而上就是在担当中历练、在尽责中成长，撸起袖子加油干、风雨无阻向前行，担当起应该担当的责任；激流勇进、顽强斗争就是在内外复杂环境考验下敢于担当，在各种风险挑战接踵而至、风高浪急甚至惊涛骇浪冲击下敢于担当，沧海横流尽显英雄本色；排除万难、争取胜利就是在船到中流浪更急，人到半山路更陡的险境中肯于埋头苦干、拼命硬干，敢于在高处爬坡过坎，争做新时代中国的脊梁。

---

① 《习近平谈治国理政》第二卷，外文出版社 2017 年版，第 42 页。
② 《习近平在陕西延安和河南安阳考察时强调 全面推进乡村振兴 为实现农业农村现代化而不懈奋斗》，《人民日报》2022 年 10 月 29 日。

能吃苦是新时代中国青年的坚毅品格，要在吃苦耐劳中展现刚健有为的精神风貌

第一，青年学生应磨砺能吃苦的品格和精神。革命前辈们常常吃不饱穿不暖，在物质丰裕的时代，这样的苦已经一去不复返了。吃苦的表现形式变了，但吃苦的本质没有变。能吃苦展现的是自强不息、刚健有为的品格。在吃苦中锻炼意志、强壮筋骨，在吃苦中经受考验、实现锤炼；能吃苦展现的是一种厚德载物、迎难而上的精神，在吃苦中历练能力、提高本领，在吃苦中增长才干、实现价值。

第二，青年学生要掌握苦和甜的辩证法。先苦后甜是为甜，先甜后苦是为苦。有一副对联："无情岁月增中减，有味诗书苦后甜。"下联说的就是"苦"与"甜"的辩证统一。"诗书"是先苦后甜，吃多少"苦"就能收获多少"甜"。"诗书"可延伸至工作、事业、人生等方面，工作成绩是干出来的，事业进步是奋斗出来的，人生辉煌是打拼出来的，过程是苦的，经过努力拼搏以后才能收获甘甜。温室里长不出参天大树。太过舒适的生活，久而久之，富了物质，穷了精神，只会消磨意志，泯灭理想。

第三，青年学生须摒弃骄娇二气。习近平总书记希望年轻一代要"摒弃骄娇二气"，"骄"为"骄傲骄横"，"娇"为"娇惯娇弱"，有此"骄娇二气"者自视甚高，骄横跋扈，经不起一点磨难，受不了一点委屈。严重妨碍青年人健康成长和长远发展。多当几回"热锅上的蚂蚁"，在斗争中练胆魄、磨意志，把经历变成经验、把阅历变成能力，才能练就过硬的斗争本领。

肯奋斗是新时代中国青年的光荣传统，要在永久奋斗中为全面推进中华民族伟大复兴贡献力量

奋斗的青春最美丽。作为美术专业的学生，对于美好的事物最向往。有一种美，美在绽放的过程，美在追求的路上，美在改造世界的实践中，这种美，可能不如"夏花绚烂"，但更能夺人心魄，更能持久永恒。这就是奋斗之美。"最美奋斗者"陈景润，在旁人觉得枯燥无味的代数方程式中发现了美，在破解世界著名数学难题"哥德巴赫猜想"中创造了美；"最美奋斗者"袁隆平，一顶草帽、两脚泥土，一生奋斗、两个梦想，一辈子躬耕田野，只为苍生谋稻粮，在追求"禾下乘凉梦"和"杂交水稻覆盖全球梦"的过程中造就了惊心动魄之美。

奋斗要讲究方法。"奋斗"首先要解决的是肯不肯奋斗的问题，这是基本前提。现在多数青年是肯于奋斗的，只是苦于不得其法。这就要讲究奋斗的方法论。一是要找准方向。为了选准方向，就要下一番交换、比较、反复的功夫，在此阶段，选择比投入更重要，如果方向不对，在错误的方向上迅跑，就会南辕北辙，只有在正确的方向上努力，才能渐次达到目标。二是要行稳致远。我们富有激情，干劲十足，想做很多事情，恨不得一夜之间就把所有事情都做完，于是就会经常熬夜，可是这样做身体就会受不了，结果是欲速不达。习近平总书记对于年轻人的这种心态感同身受。年轻人应先把自己的心态摆顺了，内在有激情，外在还是要从容不迫。抓任何工作，都要有这种久久为功、利在长远的耐心和耐力。作为一名大学生，只有这样绵绵用力，才能实现未来奋斗生活的可持续。

东北师范大学美术学院 2022级本科生 王一

贡献青年力量，谱写青春华章

一代青年有一代青年的历史际遇，一代青年有一代青年的时代挑战。身处新时代，我们是中华民族快速发展的亲历者，同时也肩负着独特的历史使命。我们应始终牢记习近平总书记对青年的深情寄语，"坚定不移听党话、跟党走，怀抱梦想又脚踏实地，敢想敢为又善作善成，立志做有理想、敢担当、能吃苦、肯奋斗的新时代好青年"[1]。坚定信念、善于作为、勤学苦练、砥砺前行，积极为建设中国式现代化贡献青春力量，谱写青春华章。

树立远大理想，坚定理想信念

江山代有才人出，各领风骚数百年。每个时代都不乏人才，更不乏满怀斗志的青年，青年关乎着一个时代的发展，更代表了祖国的未来。没有中国共产党就没有朝气蓬勃的中国青年运动，"青年的命运，从来都同时代紧密相连"。青年从来都是与国家、民族同呼吸、共命运。建党以来，中国共产党人用血和铁的事实证明，中国共产党始终是有崇高理想和坚定信念的党。理想信念是中国共产党的精神支柱和

---

[1] 《习近平著作选读》第一卷，人民出版社2023年版，第58页。

政治灵魂，也是保持党的团结统一的思想基础。一个人是否有坚定的理想信念关乎他的信仰与忠诚，只有保持理想信念不动摇才是对党忠诚的最好体现。我们生在红旗下，就应当把马克思主义信仰刻在骨髓、融入血液，坚定不移听党话、跟党走，信念坚定、对党忠诚，做心中有党的新时代好青年。我们青年党员应始终保持信念坚定不动摇，将其作为我们的处事之基与立身之本，把对马克思主义的信仰作为我们的终身信仰，把对中国特色社会主义的信念作为我们的毕生追求，把对党忠诚作为检验各项工作的重要标准，认真接受政治训练、加强政治锻造、追求政治进步，用实际行动坚决拥护"两个确立"，增强"四个意识"、坚定"四个自信"、做到"两个维护"，向习近平总书记看齐，自觉在思想上政治上行动上同以习近平同志为核心的党中央保持高度一致。

勇于担当尽责，承担时代责任

时代需要有担当的青年，特别是在中华民族迎来了站起来、富起来到强起来的伟大飞跃，当代青年更需要认识到自身肩负的时代与历史重任，勇于担当尽责，不负人民的期待与重托。新时代青年勇于担当尽责要始终牢记初心使命、面对困难勇于斗争、不畏艰险敢为人先。新时代青年是党的事业的接班人，要始终不忘初心使命、牢记"国之大者"，扛起复兴大任，不负人民期望。中华民族伟大复兴绝不是轻轻松松、敲锣打鼓就能实现的，青年一代面对困难要敢于迎难而上，保持顽强的斗争精神、坚忍的斗争意志、高超的斗争本领，以不怕困难的信心和勇气战胜困难。新的历史方位，经济社会发展面临新的挑战与风险，青年要发扬不畏艰险、敢为人先的改革精神，有一分热便发一分光，扛起责任使命，做新时代敢担当的好青年。

带头吃苦耐劳，勤学苦练本领

习近平总书记指出："中华民族历史上经历过很多磨难，但从来没有被压垮过，而是愈挫愈勇，不断在磨难中成长、从磨难中奋起。"① 几千年来，华夏大地虽然经受了无数次大风大雨、大灾大难，但中华民族每每凤凰涅槃、浴火重生，顽强不屈成为中华文明在世界历史中延绵不断的重要精神密码。新时代青年肩负着更加艰巨的时代任务，在实现中华民族伟大复兴的道路上，新时代青年要做到不怕苦、能吃苦、甘吃苦，踏实干、埋头干、积极干。新时代青年要有不怕苦的意志品质、拿出能吃苦的闯劲干劲、坚定甘吃苦的理想信念，不避难、不畏难，积极走向基层、留在基层，把吃苦当作一种磨炼，乐于扎根艰苦环境，在广阔的基层天地中磨炼自己，在心理上甘于吃苦、在现实中战胜困难，挥洒无悔青春，为新征程上的每一份事业贡献自己的力量。

团结奋斗，砥砺前行

新时代青年要坚持勤俭节约、艰苦朴素的生活作风，不畏艰难、锐意进取的创业精神，履职奋斗的工作态度。回望历史，中国共产党依靠着艰苦奋斗一步步发展壮大，而艰苦奋斗的优良传统也逐渐成为共产党人的政治血脉。在新民主主义革命伟大胜利背后，是中国共产

---

① 中共中央党史和文献研究院编：《十九大以来重要文献选编》（中），中央文献出版社2021年版，第445页。

党吃苦耐劳、自强不息的精神；在社会主义革命和建设的背后，是中国共产党人坚持不懈、持之以恒的品性；在改革开放和社会主义现代化建设成功的背后，更是中国共产党人守正创新、不改初心的见证，成功开创了中国特色社会主义新时代。新时代青年不再面临着革命先辈那样的艰苦环境，但民族复兴之路不会一帆风顺。越是伟大的事业，越是吃劲的时刻，就越需要万众一心、众志成城。面对民族复兴进入关键时期，面对外部势力打压遏制，团结奋斗的时代意义更加凸显。青年一代重任在肩，更要有不畏艰难、锐意进取的创业精神，接过前辈手中艰苦奋斗的接力棒，立足自身岗位，履职尽责、肯干实干，以实干书写人生，用奋斗镌刻荣光。

青年正处于成长成才的关键时期，最应该懂得奋斗，也最值得去奋斗。中国青年运动有着永久奋斗的优良传统。在庆祝中国共产主义青年团成立100周年大会上的重要讲话中，习近平总书记对新时代青年"在脱贫攻坚战场摸爬滚打，在科技攻关岗位奋力攀登，在抢险救灾前线冲锋陷阵，在疫情防控一线披甲出征，在奥运竞技赛场奋勇争先，在保卫祖国哨位威武守护"等作了充分肯定，这也是新时代青年的主流风貌。青年们要认识到，奋斗是永恒主题。发展没有止境，实践没有止境，奋斗也不会有止境。青年们要认识到，奋斗必有所值。人的能力有大小，机遇各不同。有奋斗未必有回报，但我们要知道，不奋斗就注定一无所获；有的奋斗即使没有得到结果，但一定能够从中得到能力锻炼、吸取经验教训，也会受到很大教益。只有每个人肯奋斗，特别是青年要肯奋斗，社会才能越来越公平、越来越美好。"青年之文明，奋斗之文明也，与境遇奋斗，与时代奋斗，与经验奋斗。"①新时代青年当围绕党的二十大确定的各项重大目标、重大战略、重大部署，撸起袖子加油干，用奋斗的双桨划动青春之舟驶向瑰丽彼岸！

东北师范大学政法学院 2021级硕士研究生 寇丽娜

---

① 《李大钊全集》第一卷，人民出版社2013年版，第330页。

以青年进步谱写时代华章 |

毛泽东曾指出："夫青年乃国家之精华，进步青年尤属抗战之至宝。"①青年追求进步对国家前途命运的影响十分巨大。为何追求进步？新时代给予我们回答：青年在时代发展中遵循自身规律，追求个人进步与国家进步。

青年自身进步与时代同步，与世界同行。当代青年被称赞为"思考的一代""走在改革的最前列"，有着广阔的视野和开放的知识结构，具有对流行文化的独特见解，积极拥护和参与社会改革，崇尚自由又寻求集体、行为务实又充满梦想，自信自强，既拥有强烈的国家责任感，积极参与公共事务，又心态日益开放，以自身进步促进人类命运共同体的建设，以自身预示着社会发展的未来。

虽时代不同，但青年追求进步的特点未变。新时代青年生长在物质条件充裕的时代，更加具有追求幸福人生的心理特点，也更加需要在追求进步的价值引领下从小我转化为利他精神为主的大我。小我和大我二者不曾对立，利他中心的精神需求也不是要抛弃掉个人的价值追求，我们选择最能为人类工作的职业，所创造的幸福也将属于

---

① 《毛泽东选集》第二卷，人民出版社1991年版，第723页。

千百万人。青年为党和人民事业而追求进步，正是以睿智眼光强化"大我"精神，成长为胸怀"国之大者"的先进青年。

在党和人民事业的历史进程中，青年以时代主旋律之变奏响青春之歌。五四运动后，以李大钊为代表的一批先进知识分子推动学习马克思主义的热潮，张闻天19岁时就已发表《社会问题》一文宣传《共产党宣言》；同时期湖南学生运动领袖毛泽东在《湘江评论》中讴歌十月革命，撰写了气势恢宏的创刊宣言；青年周恩来即使在狱中仍坚持传播马克思主义学说。五四青年以自身进步成为新文化的接收者与传播者，奏响时代奋进之歌。立足今日，新时代呼唤新青年，新青年追梦新时代。当代青年生逢其时，青年小我进步助力党和国家未来希望、中华民族伟大复兴的大我。中国梦是国家梦也是青年的梦，青年梦筑基中国梦，中国青年以自身力量托举中国梦，以小我星星之火点燃大我燎原之势。

理想之灯、信念之光在漫漫历史征途中闪耀。青年在追求进步中坚持共产主义的政治方向，以马克思主义为方向指引武装青年，坚定不移地跟随党的领导，坚守理想信念的政治之魂。曾任团中央第一任书记的俞秀松，一生为救国救民参加革命、参与创建党团组织，实现学生时代立下的"做一个有利于国，有利于民的东南西北的人"①的远大志向，始终把理想信念作为自己精神上坚守的政治之魂；作为革命先锋的五四青年，满怀未来民族独立、人民解放的革命理想，沿着马克思主义的正确方向不断前进。思考如今诸多现实难题，我们或许未能看透其本质，但是掌握了马克思主义这个武器，就能更好分析问题

---

① 人民出版社编辑：《不屈的共产党人》（四），人民出版社1984年版，第292页。

本质。

"打铁必须自身硬"，我们青年要练就"学一行爱一行，钻一行精一行"的本领；同时学思结合，将自身专业素养与先进思想进行紧密结合，时刻准备为强国建设、民族复兴贡献聪明才智。微纳卫星"启明星一号"是武汉大学青年在专业领域攻坚克难的见证；"鸟巢一代""小白菜""绿羊羊""小青柠""志愿蓝""小青荷""小梧桐"等志愿文化是中国青年在服务人民中锻炼自身本领的见证。

中国青年重任在肩，要"早立志，立大志"，树立自觉担当意识，勇挑实现中华民族伟大复兴的神圣使命，在砥砺奋斗中实现党的事业薪火相传和中华民族永续发展。中国青年追求进步是一条永久奋斗的"长征路"和"传承路"。中国共产党与中国进步青年息息相关，命运与共，毛泽东、周恩来、邓小平等老一辈无产阶级革命家，都是在青年时代就立大志，确立了为党、为人民、为民族忘我奋斗革命理想。理想信念确立起来后，我们就要矢志奋斗，在一点一滴中见行动，以伟大的奋斗精神塑造自身品格，真正肩负起自身的历史使命与时代责任。

不同时代，青年担有不同的历史使命和历史责任。党的二十大擘画了全面建设社会主义现代化国家、以中国式现代化全面推进中华民族伟大复兴的宏伟蓝图。这一蓝图的实现既伟大又艰巨，需要广大青年积极参与、勇挑重担、冲锋在前，争当中国式现代化建设的生力军。新时代青年应始终坚定理想信念，铸牢听党话、跟党走的立身之本和政治之魂，在"当代青年必有可为"的新时代舞台展现属于中国青年追求"必将大有作为"的进步激情，在强国建设、民族复兴中苦练专业本领，用青年梦托举中国梦的实现，让新时代青年以更加蓬勃的朝气和更加无畏的担当续写无愧于时代的荣光!

东北师范大学马克思主义学部　2021级本科生　吕蕾

立志做追求进步的新时代青年

习近平总书记在庆祝中国共产主义青年团成立100周年大会上强调："'人生万事须自为，跬步江山即寥廓。'追求进步，是青年最宝贵的特质，也是党和人民最殷切的希望。"①

"人生万事须自为，跬步江山即寥廓。"出自元代范梈《王氏能远楼》。自为：自己去做。跬步：半步；后引申为举步、迈步。意思是，人生的许多事情都要靠自己去做，只要迈步向前，日积月累，就可以进入一个无比广阔的世界。

何为青年？

年少而有力者为青年？非也。青年，当抛头颅，洒热血，护家国；青年，当做到林则徐所说的"苟利国家生死以，岂因祸福避趋之"；青年，当以青春力量奔赴万丈理想。

国家的希望在青年，民族的未来在青年，那么青年之青，青在何处呢？梁启超先生在《少年中国说》中从"思将来""希望""进取"到"一切事无不可为"面面俱到地展现了青年的意气风发。青年之青，

---

① 《习近平谈治国理政》第四卷，外文出版社2022年版，第276页。

在于年少多轻狂，天高欲何妄，在于青涩迷茫，也在于敢于闯荡。青年"青"贵在心存高远，脚踏实地，勇于担当，是时代的倡导人、担当者，是当之无愧的弄潮儿，是一个国家和民族未来的希望。

何为追求进步的师范青年呢？

春风沐雨，德恩感育，摇落深知宋玉悲，风流儒雅亦吾师。古有学堂夫子传道授业，学生摇头晃脑吟诵"人之初、性本善"；今有教师兢兢业业，学生俯身侧耳虚心求教。知识需要传播，好马需要伯乐，育人育才，桃李天下，梦想的种子在此刻发芽。作为一名师范生，是未来的人民教师，首先要认同教师职业，需要发自内心地爱岗敬业。在东北师范大学的校园中，就有"人民教师的摇篮""教师是太阳底下最光辉的事业"等石刻时时刻刻提醒激励着我们。

习近平总书记指出："培养什么人、怎样培养人、为谁培养人是教育的根本问题，也是建设教育强国的核心课题。"①教育是国之大计、党之大计，立德树人是国家教育的根本任务，以为党育人、为国育才为根本目标。作为教育工作者需要扎根中国大地，以人民为中心培养高素质人才。一方面要自勉朝着这个方向努力，另一方面更要将这个理念贯彻到教育工作中，深入理解习近平总书记重要讲话精神。教育工作的目标：凝聚人心，是大家齐心协力为共同目标而奋斗；完善人格，是贯彻社会主义核心价值观，在"大教育"中培养健康人格、积极人格；开发人力，是将教育成果转化为发展动力；培育人才，是精英化教育，发展创新、独立思维；造福人民，是办好让人民满意的教

---

① 习近平：《扎实推动教育强国建设》，《求是》2023年第18期。

育，让学生在学校中得到好的发展。

2022年9月7日，习近平总书记回信勉励北京师范大学"优师计划"师范生，到祖国和人民最需要的地方去，努力成为党和人民满意的"四有"好老师。作为师范大学的学生，更应该努力达到习近平总书记对我们的要求。我们要把品行与规范，把思想品质、道德修养和自我管理能力作为重要的自我评价标准。青年兴，则国兴。身为东北师范大学的一员，同为新时代中国青年，应凭己之力，好好学习，掌握扎实的专业知识，练就过硬本领，锤炼品德修为，"吐辞为经，举足为法"，为以后积极参与培育新一代青少年，培育祖国未来的人才贡献自己的一份力量。

如何做追求进步的师范青年？

相信冯志远老师的事迹会给出我们答案。冯志远在20世纪50年代考进了东北师范大学，是家中五个兄妹中唯一的大学生。当祖国召唤的时候，他毅然决然地放弃了大城市安逸舒适的生活，只身投入偏远地区的支教。物质上的匮乏并未影响到冯志远授课的积极性，他扎根宁夏42载，双目失明后仍坚持授课，将一生奉献给教育事业，是"大漠里永远闪耀的红烛"。

东北师范大学是中国共产党在东北建立的第一所为党和国家培养优秀人民教师的社会主义大学，建校70余年来，培养了一大批"信仰坚实、学识扎实、为人朴实、作风踏实"的优秀人民教师和各类优秀人才。作为"人民教师的摇篮"，我校有着"因师而立、因师而生、因师而荣"的光荣传统，凝聚着"勤奋创新，为人师表"的传承力量。冯志远老师的从教事迹感动着塞上山川、白山黑水，也让全国人民动容；浸润着一代代东北师范大学学子的心灵，影响一批批东北师范大学的毕业生带着更加坚定的职业理想，到基层去、到祖国最需要的地方去。

在东北师范大学校园里，一批奋战教学一线的优秀教师，正在接续郑德荣的"精神火炬"，学楷模之行，续楷模之魂，始终爱生如子、甘为人梯，始终为人师表、以身作则，始终率先垂范，引领风尚，他们便是"郑德荣式好老师"。教育是有情怀的，是逐步传承的，教师授业之温度，传道之风度，有如春风化雨，润物无声，捧着一颗心来，不带半根草去，帮助学生行稳致远，给予学生力量。作为从鲁西南边陲小镇通过高考走出来的孩子，怀揣着"教育的本质是爱与关怀"这一理念，在填报志愿时我毅然决然地选择了自己一直向往的师范院校——东北师范大学。昔日怀揣着"中华儿女四海为家，哪里都精彩"这一念头，离家千里，奔赴吉林长春求学。但在外久了，难免会有离愁别绪，"强师报国"这一念头便是联结我们这群漂泊异乡求学学子们的纽带。

少年负壮气，奋烈自有时。习近平总书记指出："只要青年都勇挑重担、勇克难关、勇斗风险，中国特色社会主义就能充满活力、充满后劲、充满希望。青年要保持初生牛犊不怕虎、越是艰险越向前的刚健勇毅，勇立时代潮头，争做时代先锋。"党的十八大以来，我国教育事业取得了举世瞩目的成就，这离不开数千万名教师的辛勤耕耘、默默奉献。今天，我们踏上了实现第二个百年奋斗目标的新长征。老牛亦解韶光贵，不待扬鞭自奋蹄。我们作为未来教师更要以高标准要求自己，树立"躬耕教坛、强国有我"的志向和抱负，厚植教育情怀，学而思、学而行，做追求进步的师范青年，坚守三尺讲台，潜心教书育人，把青春播撒在中华民族教育发展的新征程上！

东北师范大学马克思主义学部 2021级本科生 沙慧敏